邢福义学术陈列室

汪国胜 敬题

汪国胜　匡鹏飞　邓天玉　沈 威　编

中国出版集团

世界图书出版公司

广州·上海·西安·北京

图书在版编目（CIP）数据

邢福义学术陈列室 / 汪国胜等编 . —广州：世界图书
出版广东有限公司，2014.3
　ISBN 978-7-5100-7617-6

　Ⅰ . ①邢…　　Ⅱ . ①汪…　　Ⅲ . ①语言学—文集
Ⅳ . ① H0-53

中国版本图书馆 CIP 数据核字（2014）第 032609 号

邢福义学术陈列室

策　　划　武汉中图图书出版有限公司
责任编辑　孔令钢
出版发行　世界图书出版广东有限公司
地　　址　广州市新港西路大江冲 25 号
http:// www.gdst.com.cn
印　　刷　虎彩印艺股份有限公司
规　　格　889mm × 1194mm　　1/16
印　　张　8.5
字　　数　203 千
版　　次　2014 年 3 月第 1 版　2015 年 6 月第 2 次印刷
ISBN　978-7-5100-7617-6/H · 0845
定　　价　90.00 元

目　录

（代）前言

华中师范大学的邢福义教授是闻名中外的汉语语言学家。他没有显赫的家庭背景，也没有骄人的教育经历，却有着 22 岁就在《中国语文》上发表论文的辉煌纪录。从小学到大学，他在校读书的时间总共只有 10 年，但到目前为止，已发表论文 461 篇，出版著作 50 本。他没有海外求学经历，但其汉语语言学理论却引起了海外学者的关注，论文被译成外文在国际期刊上发表。他的成长之路说明了有志不在年高、成才不在学堂。他的成功秘诀在于只争朝夕、勤思好问、敢于尝试、

邢福义先生（2013）

不惧失败。正如吕叔湘先生所言："福义同志的长处就在于能在一般人认为没什么可注意的地方发掘出规律性的东西，并且巧做安排，写成文章。"这其实就是对"创新"一词的最朴素的解释，邢福义教授本人把它解释为读别人的书、写自己的书。如今已是 77 岁高龄、走过 54 年学术生涯的邢福义教授正在带领他的学术团队开展"全球华语语法研究"大型国际项目的研究工作。《我的为学轨迹与领悟》将解密邢福义教授何以研究成果不断，探索勇气不减，学术灵感不竭。

——2012 年 4 月上海交通大学《当代外语研究》在邢福义先生《我的为学轨迹与领悟》正文前的编者按

邢福义简介

　　邢福义，1935 年 5 月生，海南省乐东县黄流乡人。华中师范大学文科资深教授，博士生导师。曾当选第八、九、十届全国政协委员，现任国家哲学社会科学研究规划语言学科组副组长、教育部社会科学委员会委员、华中师范大学学术委员会主任、教育部百所人文社科重点研究基地之一华中师范大学语言与语言教育研究中心名誉主任。

　　主攻现代汉语语法学，也研究逻辑、修辞、方言、文化语言学、国学和其他问题。主张"研究植根于泥土，理论生发于事实"，坚持走自我创新的道路，追求研究中显现学派意识。数十年来，着力于学术"据点"的建立，着力于研究路子、研究方法的探索，重视研究理念的总结与提升。其研究路数和特点，在语言学界影响最大的，可以概括为"小句中枢"理论和"两个三角"学说两大方面。其学说，引起了国内外学界的广泛关注。

　　先后承担国家课题（包括重点课题）多项。截至 2013 年年底，发表文章 482 篇，出版著作 50 部，其中个人独著 21 部。四次获得中国高校人文社会科学优秀研究成果一等奖，三次获得湖北省人文社会科学研究优秀成果一等奖，还获得国家级教学成果奖、中国图书奖、国家优秀教材奖等多个奖项。2001 年出版的《邢福义选集》，为季羡林主编《20 世纪现代汉语语法八大家选集》丛书之一，该丛书 2003 年获第六届国家图书奖。2010 年 11 月，被评为"首届荆楚社科名家"；2013 年 10 月，与章开沅先生一道，被评为"华大卓越教授"。

　　多次出国出境讲学。

中国语言研究

应该旗帜鲜明

面向世界

面向时代需求

根在中国

根在民族土壤

邢福义 2012-5-3

见《寻根》杂志 2012 年第 3 期

第一章

路在脚下 志在高山

个人简历

和吕叔湘先生

和朱德熙先生

1956. 华中师范学院中文系 2 年制中文专修科毕业并留系工作。

1978. 由助教越级提升为副教授。

1983. 晋升教授。

1985. 任湖北省语言学会会长（直至 1998 年）；5 月，去香港参加国际会议，宣读论文。

1986. 任国家哲学社会科学研究规划语言学科组成员（1998 年起任副组长至今）；9 月，去美国俄亥俄、纽约、华盛顿等地参加国际会议和做学术访问。

1988. 任华中师范大学语言学研究所所长；3—5 月，以"访问教授"的身份，赴美国夏威夷大学讲学。

1989. 9—10 月，去美国夏威夷大学参加国际会议和讲学。

1990. 国务院学位委员会批准为现代汉语专业博士生导师。

1991. 获国务院政府特殊津贴。

1993. 任中国第八届全国政协委员（此后，连任第九、第十届全国政协委员）；6 月，去新加坡参加国际会议，宣读论文。

1995. 被评为全国教育系统劳动模范，获人民教师奖章；11 月，去日本大阪、东京等地讲学和做学术访问。

1997. 任教育部人文社会科学研究专家咨询委员会委员、教育部高等学校文科教学指导委员会委员；4 月，应邀赴香港大学访问，并在香港参加国际会议，宣读论文。

1998. 3 月，去澳门参加国际会议和讲学。

1999. 在华中师范大学创建语言学系，任系主任；在中国对外汉语教学学会第六届理事会第一次会议上，当选会长；8 月，去德国汉诺威参加国际会议和讲学。

2000. 任国家语委咨询委员会委员；任教育部百所人文社科重点研究基地之一华中师范大学语言与语言教育研究中心主任；7 月，去英国牛津大学参加国际会议和讲学。

2001. 应聘担任新加坡教育部华文教材海外顾问（任期5年）；1月，去香港参加国际会议和讲学；5月，去新加坡履行海外顾问职责；7月，去澳门参加国际会议和讲学；8月，去新加坡参加国际会议和讲学。

2002. 被华中师范大学评聘为文科资深教授，终身任职；湖北省政府授予"湖北省杰出专业技术人才"称号（全省共10人）；9月，应香港理工大学校长潘宗光教授的邀请，以"中国杰出访问学人"的身份赴香港，于26日出席"杰出学人成就表扬典礼"，接受表彰，之后在香港做了3场学术讲演。

2004. 任教育部社会科学委员会委员；任《汉语学报》主编。

2006. 9月，去新加坡出席"华语论坛暨桃李聚会"。与会期间，于9月5日，同来自广州市、台湾地区、香港地区和美国的五位学者一道，由新加坡著名语言学家、李光耀内阁资政的华语教师周清海教授陪引，在总统府会见李显龙总理，并进行座谈。

2007. 参与《光明日报》国学版牵头的《三字经》修订活动，任《三字经》修订工程编审委员会副主任。

2009. 12月，去台北出席"第九届世界华语文教学研讨会"，会议开幕式于26日上午举行，上台就座。台湾地区的马英九先生应邀出席开幕式并讲话。开幕式之后，做了75分钟的主题讲演。

2010. 任华中师范大学学术委员会主任；中共湖北省委授予首批"荆楚社科名家"荣誉称号。

2011. 国家社科基金重大招标项目《全球华语语法研究》通过答辩，正式立项，任首席专家。

2013. 10月，获华中师范大学"华大卓越教授奖"（全校2人）；同年，去新加坡，主持全球华语语法研究主要负责人会议。

在家里接待俞正声同志

在家里接待俞正声同志

在家里接待陈至立同志

学术成果

和马敏书记

和杨宗凯校长

《汉语初稿（中册）》（与郑远志、郑远汉合作，高等教育出版社 1960 年出版）。

《现代汉语语法知识》（与高庆赐合作，湖北人民出版社 1972 年出版，日本学者加贺美嘉富翻译了该书，日本燎原书店 1976 年出版）。

《逻辑知识及其应用》（湖北人民出版社 1979 年出版）。

《现代汉语语法知识》（湖北人民出版社 1980 年出版）。

《词类辨难》（甘肃人民出版社 1981 年出版）。

《复句与关系词语》（黑龙江人民出版社 1985 年出版）。

《语法问题探讨集》（湖北教育出版社 1986 年出版）。

《现代汉语》（全国卫星电视教材，主编，高等教育出版社 1986 年出版）。

《文化语言学》（主编，湖北教育出版社 1990 年出版）。

《形容词短语》（人民教育出版社 1990 年出版）。

《现代汉语》（高等师范学校教学用书，主编，高等教育出版社 1991 年出版）。

《语法问题发掘集》（湖北教育出版社 1992 年出版）。

《邢福义自选集》（河南教育出版社 1993 年出版）。

《现代汉语》（主编，高等教育出版社 1993 年出版）。

《毛泽东著作语言论析》（主编，湖北教育出版社 1993 年出版）。

《语法问题思索集》（北京语言学院出版社 1995 年出版）。

《汉语语法学》（东北师范大学出版社 1996 年出版）。

《文化语言学（增订本）》（主编，湖北教育出版社 2000 年出版）。

《公关语言》（主编，华中师范大学出版社 2000 年出版）。

《汉语复句研究》（商务印书馆 2001 年出版）。

《邢福义选集》（东北师范大学出版社 2001 年出版）。

《汉语语法三百问》（商务印书馆 2002 年出版，此书已由韩国延世大学金铉哲教授翻译，在韩国出版）。

《现代汉语语法修辞专题》（主编，高等教育出版社 2002 年出版）。

《词类辨难（修订本）》（商务印书馆 2003 年出版）。

《邢福义学术论著选》（华中师范大学出版社 2003 年出版）。

《汉语句法机制验察》（与刘培玉、曾常年、朱斌合著，生活·读书·新知三联书店 2004 年出版）。

《语言运用漫说》（语文出版社 2005 年出版）。

《语法问题追踪集》（中国社会科学出版社 2008 年出版）。

2006 年 9 月新加坡总统府会见李显龙总理（面对着李总理）

2009 年 12 月台北华语会议上会见马英九先生

全球华语语法研究课题组主要负责人会议
2013 年 10 月在新加坡孔子学院举行

《现代汉语语法修辞》（与汪国胜共同主编，高等教育出版社 2008 年出版）。

《中国高校哲学社会科学发展报告 1978—2008·语言学》（与汪国胜共同主编，广西师范大学出版社 2008 年出版）。

《语法问题献疑集》（商务印书馆 2009 年出版）。

《大学语文》（主编，中国人民大学出版社 2009 年出版）。

获奖论著

1989 年，《语法问题探讨集》获湖北省社会科学优秀成果二等奖。

1995 年，主编的《现代汉语》获国家教委第三届普通高等学校优秀教材二等奖。

1995 年，《语法问题发掘集》获首届中国高校人文社会科学研究优秀成果一等奖。

1998 年，《汉语语法学》获中国高校第二届人文社会科学研究成果一等奖，并获第十一届中国图书奖。

2001 年，《文化语言学（增订本）》获第五届国家图书奖提名奖。

2001 年，《小句中枢说》获湖北省第二届社会科学优秀成果一等奖。

2001 年，《汉语语法教学与测试的若干问题》获澳门理工学院优秀论文一等奖。

2003 年，《汉语复句研究》获武汉市第八届社会科学优秀成果一等奖。

2004 年，《汉语复句研究》获湖北省第四届社会科学优秀成果一等奖。

2004 年，"面向 21 世纪的高校语言教材编写与语言教育研究"项目（与汪国胜、卢卓群合作）获湖北省高等学校教学成果一等奖。

2005 年，"面向 21 世纪的高校语言教材编写与语言教育研究"项目（与汪国胜、卢卓群合作）获国家级教学成果二等奖。

2006 年，《汉语复句研究》获中国高校第四届人文社会科学研究优秀成果一等奖。

2007 年，《汉语句法机制验察》获湖北省第五届社会科学优秀成果一等奖。

2011 年，《语法问题献疑集》获武汉市第十二次社会科学优秀成果一等奖。

2013 年，《语法问题献疑集》获第六届高等学校人文社会科学研究优秀成果一等奖。

1986 年 9 月在美国纽约

在美国俄亥俄州立大学作学术演讲　1986 年 9 月

1986 年 9 月在华盛顿（背后为白宫）

人生历程

一、只有十年学历

1935 年农历五月三十日，邢福义出生在海南岛乐东县黄流乡。黄流在海南岛西南端靠海处，从他家走到海边大约十分钟，黄流人把黄流靠近的大海叫作"面前海"。从黄流往东走数十里，便是现今属于三亚的著名景点"天涯海角"。黄流原属崖县，20 世纪 60 年代划归

邢福义1986年9月
在美国华盛顿

1988年在美国夏威夷大学任职

乐东县。

记录邢福义出生的日子是农历。到了20世纪80年代，留意查看当年农历和阳历的对照，才知道，阳历是1935年6月30日。由于1945年开始上学时，不知阳历，按农历填表，因此农历的日子便一直被当作阳历的日子定格在了档案里和户口薄、身份证、护照之上，改也改不过来了。

邢福义1岁时，抗日战争即将爆发，他父亲考入黄埔军校14期，离开了黄流，再回乡已是12年之后。他3岁时，家乡沦陷。日军占领期间，祖父教他认字，让他坐在腿上听念《薛仁贵征东》。说起来一般人不相信，如此1本《薛仁贵征东》念完，四五岁的邢福义便什么书都能找来看了。10岁之前，他读完了村子里所有能找得到的旧小说。有的能懂，有的懂个大意。于是，他喜欢读书在村里出了名。

作为启蒙老师，他的祖父当时开个小杂货铺。祖父当过药童，认得一些字，但有的字只会读不会写。给他念书，只是整体念读，用的是属于闽方言的海南黄流话，不讲究字的点横撇捺、部首偏旁、笔画笔顺，不求"字字过关"。由于缺乏最基本的训练，几十年来他都在"补课"，书桌上和枕头边总要放着字典词典，生怕读错字、写错字和用错词。

临近抗战胜利之时，祖父去世。抗战胜利后，1945年黄流乡筹办起了小学，入学时学生只考作文，按写作程度分到各个年级。参加考试后，老师把他分到四年级。于是，十岁的他，正式上学读书，从小学四年级读起。

1945年9月—1946年7月，他在黄流第二初级小学读了一年书；1946年9月—1948年7月，进入黄流中心小学，读五年级和六年级，完成了小学阶段的学习。1948年9月—1949年2月，他到设立在三亚的崖县榆亚中学读初中，读了1学期，因病休学1学期。1949年9月—1952年2月，转入黄流刚刚办起的崖县初级中学（现黄流中学的前身），完成了初中阶段的学习。1952年9月—1954年7月，经过考试，他进入设在海口的广东琼台师范学校的"专师班"学习，时间2年，主要学习画画。琼台师范有正规的"普师班"，时间3年。

他之所以选择"专师班",有两个方面的原因:一方面,是当时家里经济条件不好,对他来说3年时间太长了;另一方面,是酷爱画画,从小学到初中,他都显现出了能画画的潜力和兴趣。他打算,"专师班"毕业以后当个小学教师,努力发展绘画特长,争取成为画家。没想到,将要毕业的时候,学校同意并鼓励"专师班"一部分成绩优异的学生报考大学。他喜出望外,觉得不能放过这个机会。然而,由于经济问题不好解决,他决定报考大学里时间较短的2年制专修科;又由于想从画画方面发展,于是决定报考设有美术专修科的华中师范学院,即现在的华中师范大学。可是,按照要求,考美术必须加试"术科",而要参加"术科"的加试,必须去广州,那里才有考点。他没有去广州的路费。思来想去,他决定报考华中师范学院的中文专修科,希望考取报到之后能转到美术专修科去。

1954年9月,19岁的他来到武汉。在华师中文专修科报到之后,向领导提出了转到美术专修科去的要求,但没有得到批准。好在他对文学本来也很有兴趣,于是安下心来学习。他课余时间读了不少中外名著,并试着写点儿童文学。1955年的一个傍晚,他走进中文系资料室,翻看《语文学习》杂志,读到了几篇讨论主宾语问题的文章,立即对语言里居然存在那么神奇奥妙的规律大感惊讶。于是,他也试着思考一两个问题,越思考兴趣越浓,觉得有一股子力量吸引着自己。他是个从小就富有上进心的人。他在《光明日报》上发表过散文《桂山魂》,其中记录了这么一件事:华中师大老校址在昙华林,老校址的运动场旁边是个体育馆,体育馆墙上雕塑有"自强不息"四个大字,他只要看到这四个大字,心底里便自然而然地生发出了一条朴素的誓言:一定要自强不息,有所作为,绝对不能浪费青春年华。1956年7月,他从中文专修科毕业。将要毕业之时,又出现了一件让他意想不到的事:中文系领导宣布,让他留校当助教。从此,他成了一个永远的"华师人"。

算算他的学历:小学3年,初中3年,中师2年,大学2年,总共是10年。每次查户口,工作人员问他:"最高学历?"他的回答总是两个字:"大专!"

在美国夏威夷大学讲学 1988 年 3 月

1988 年在美国夏威夷

1988 年在美国夏威夷

二、"拱"出自己的学术人生

邢福义写过一篇《根在黄流》的散文，发表在1996年6月3日的《海南日报》上面。文中写道：黄流人热情好客且健谈，每天夜晚，祖父的杂货铺都成了邻居们谈天说地的热闹场所。从懂事的时候起，他就喜欢挤在祖父身边听老人们"讲古"，漫说人生。老人们经常慨叹着说："猪往前拱，鸡往后扒！"意思是说，人总要活，不同的人有不同的活路！这句话，深深地刻在了他的脑子里，影响了他的大半生。从这句话，他悟出了许多人生哲理。首先，要拱要扒。拱和扒，意味着奋斗求生存，求发展。其次，猪只能拱，鸡只能扒。猪有猪的特点，鸡有鸡的特点，这决定了它们各有各的办法。如果鸡往前拱，猪往后扒，猪和鸡都活不下去。再次，往前拱和往后扒没有优劣之分，关键在于怎么样才能发挥自身的优势。哲人们强调"扬长避短"，立意也是如此。

1956年9月初，中文系一位领导召集留校的新助教们开会，要大家分别填个简单的表格，说明希望分到哪个专业。邢福义毫不犹豫地填上了"汉语"。这是当时大家都不愿意搞的一门被认为十分枯燥的学科，但邢福义却已经对汉语语法规律的探求产生了浓厚的兴趣。大家把填好的表格交给了那位领导人，那位领导人翻看到邢福义的表格时，抬起头来看着他，赞许地笑了笑。

事实上，21岁的邢福义面临的问题很大。主要问题有两个：其一，先天不足，贫血缺钙。中师2年，主要学画画；大专2年，没有学过本科的许多课程，特别是没有听过逻辑课，学历和学力都比同事们低一两个层次。其二，当了助教不久，反右斗争开始，后来又紧跟着一个接一个的政治运动，因而专业上得不到教授或年长学者的指导。怎么办？他说："我属猪。1935年是乙亥年，那是猪年。我只有一个办法，就是：往前拱！"

现在，半个多世纪已经过去。总结他走过的路，大概可以分为以下三个阶段。

1988年在夏威夷李英哲先生家

1989年在美国夏威夷与朱德熙、戴庆厦先生

1989年在夏威夷与陆俭明先生

第一个阶段：练步（1956—1965）

他把这一阶段的"练步"方法幽默地概括为"偷学"，即"不交学费而能学到知识和提高能力"。

从1956年参加工作起，《中国语文》上每发表一篇重要语法论文，他都要潜心于"悟道道"：作者是怎么抓到这个题目的？是怎样展开这个题目的？在方法上有什么长处？在材料运用上有什么特点？几经反复，他终于养成了无言中求教于众多高明学者的习惯，众多高明学者也就在"函授"中成了他的导师。就靠这"偷学"，在不认识编辑部任何一个人的情况下，经历了"投稿—退稿—再投稿"的多次循环反复，1957年，也就是22岁那一年，他在《中国语文》上发表了第一篇文章。

练步阶段大约10年。在这个阶段里，他最大的收获有两点：第一点是，知道了应该充分发挥两只眼睛的功能，一只眼睛用来看懂别人文章的表面、正面和一行行文字，另一只眼睛用来探视别人文章的背面、反面和字里行间里隐藏着的奥秘。第二点是，学会了处处留心抓问题，练出了捕捉论题的敏锐感，摸索出了做小专题研究的适合自己的方式方法。

1957年到1965年，《中国语文》发表了他的7篇文章（不包括报道性文章）。之后，"文革"开始，《中国语文》停刊。他的"练步"阶段就此结束。

邢福义1995年11月在日本大阪

东京1995年11月

第二个阶段：自悟（1966—1989）

自悟阶段包括"文革"10年和"文革"之后的13年，共23年。他主要做了三件事，这三件事对他以后的进一步发展起到了重要的作用。

（1）学会写好万字文。"文革"前，他在《华中师范学院学报》上发表过2万多字的长文，但在《中国语文》上发表的，都是数千字的文章。这成了他的"心事"。"文革"期间，尽管不能集中精力于专业，但他从未放弃过对语言问题的思考，而且还时不时偷偷地写点东西，练练笔。特别是，1969—1971年，他被抽调到新组建的湖北省中小学语文教材编写

日本奈良 1995-11

邢福义1999年8月
在德国汉诺威

1999年8月于德国汉诺威 左右分别为日本和韩国语言学家

组。教材编写组组长，就是当时的全省军宣队总指挥长。这位将军，要他们编写组的成员别管社会上诸如"武斗"之类的事，专心编写好教材，他因此有机会联系中小学实际继续钻研某些问题，并且一有空隙，他就钻研1965年起开始注意到的一个现象，这就是定名结构充当分句的现象。"文革"之后，《中国语文》于1978年复刊，1979年《中国语文》第1期，将他花了12年时间、经过多次推敲修改才定稿的1万多字的《论定名结构充当分句》，作为重点文章发表出来了。1979年9月28日，吕叔湘先生给他写了一封信，其中写道："你的文章我看过不少。你很用功，写文章条理清楚，也常常很有见地，如今年发表的《论定名结构充当分句》就很好。"后来，吕先生答应他的请求，为他的第一个论文集《语法问题探讨集》（湖北教育出版社1986年版）作序。在1984年8月30日写成的序中，吕先生说："从事现代汉语语法研究的人很多，而有成就的却并不多，为什么？有人说，跟象棋比起来，围棋易学而难精。研究现代汉语语法跟研究古代汉语语法比较，好像也有类似的情况。研究现代汉语语法无需通过文字训诂这一关，自然容易着手。可也正因为研究的对象是人人使用的现代汉语，许多语法现象已为人们所熟悉，要是没有一点敏锐的眼光，是不容易写出出色的文章来的。福义同志的长处就在于能在一般人认为没什么可注意的地方发掘出规律性的东西，并且巧作安排，写成文章，令人信服。" 他大受鼓舞。自从发表《论定名结构充当分句》以后，他在《中国语文》上发表的文章便一般都是万字文了。

（2）学会读好一本书。"文革"期间，他既偷偷写文章，也偷偷读书。当时，他有个信念：读别人的书，是为了写自己的书。于是，在"厚书读薄，薄书读厚"上下了功夫。读什么书呢？学生时代，他没有机会听逻辑课，因而一直深为遗憾。"文革"期间，有位同学送他一本旧书，这就是苏联维诺格拉多夫、库兹明的《逻辑学》（生活·读书·新知三联书店1951年版）。他如获至宝，反复地读，反复地消化，在书中写批注，画红线蓝线，打上各种符号。他又联系汉语实际，检验逻辑定律和语言运用的联系和区别，有了不少收获。这本《逻辑学》，至今珍藏。"文革"后期，"复课闹革命"，他提出开逻辑课的建议，得到了领导的同意，便在中文系给当时的工农兵学员讲逻辑，实际上讲的是包含了他许多心得体会的"语言逻辑"。1979年湖北人民出版社出版了他在讲稿的基础上整理而成的《逻辑知识及其应用》。不仅如此，他在汉语语法研究中，还不断引进逻辑方法，写出了好些文章。这一点，引起了语言学界同行的注意，也引起了逻辑学界学者的注意。凡是"文革"以后出版的中国语法研究史，都提到了这一点。值得一提的是：俄罗斯国际刊物《语言研究问题》2010年第2期（Вопросы филологических наук №2[42] 2010г）译载了他1991年在《中国语文》上发表的一篇论文：《复句格式对复句语义关系的反制约》。译文未写明俄语翻译者是哪位学者。译文开头有一段作者介绍，说他是"汉语逻辑语法学派奠基人"。这跟上面述说的结合逻辑研究语法的事实显然有关。为此他谦逊地说："学派奠基人"的提法，过于溢美，不符事实，令我汗颜。

（3）在建立学术根据地上下功夫。

他认为，一个好的学者，必须有反映自己特长和优势的领域。"文革"以后，他从自己的实际情况出发，把复句研究作为"据点"，希望以点带面，摸索出能反映自己研究特色的道道。这一时期，他在《中国语文》上发表的文章，大都是复句研究方面的。商务印书馆2001年出版他的《汉语复句研究》，近50万字，大部分文字其实是这一时期写的。这本书，连续获得了三个一等奖：2003年，获武汉市第八届社会科学优秀成果一等奖；2004年，获湖北省第四届社会科学优秀成果一等奖；2006年，获中国高校第四届人文社会科学研究优秀成果一等奖。

第三个阶段：寻己（1990—今）

这个阶段，他对自己的要求是：注重学派意识，在理论与方法上进行探索，不仅要自己走路，而且要走自己路，在走过的路上能寻找到自己。1990年，国务院学位委员会批准他为博士生导师。也就是从这一年开始，他提出了一系列具有原创性的学说。这就是：1990年提出"两个三角"说，1991年提出"主观视点"说，1995年提出"小句中枢"说，2001年提出"句管控"说，等等。他于

柏林 1999年8月

在柏林 1999-8
'99 8.13

伦敦 2000年7月与吕必松先生

1998 年出版《汉语语法学》，"导言"中指出：本书的语法系统，是"小句中枢"语法系统。在他所提出的学说中，最受关注的应是"小句中枢"和"两个三角"。

"两个三角"的提出，早于"小句中枢说"。1990 年，他发表了《现代汉语语法研究的两个"三角"》（《云梦学刊》1990 年第 1 期，中国人民大学复印资料《语言文字学》1990年第 9 期，《高等学校文科学报文摘》1990 年第 6 期）。这篇论文，第一次提出并解释"两个三角"这一概念。所谓"两个三角"，即"表里值小三角"和"普方古大三角"，在论证方法上，分别要求"表里互证，语值辨察"和"以方证普，以古证今"。

他先后出版过系列性论文集五本，这就是：《语法问题探讨集》（湖北教育出版社 1986年版），《语法问题发掘集》（湖北教育出版社 1992 年版），《语法问题思索集》（北京语言学院出版社 1995 年版），《语法问题追踪集》（中国社会科学出版社 2008 年版），《语法问题献疑集》（商务印书馆 2009 年版）。《探讨集》收录的是练步阶段和自悟阶段的论说。《发掘集》中，收入《现代汉语语法研究的两个"三角"》，排为最后一篇，具有总结性，意在强调前边各组文章实际上都在贯彻"两个三角"的研究思路与方法。这部《发掘集》，获得了首届中国高校人文社会科学优秀研究成果一等奖。《发掘集》之后，从《思索集》到《追踪集》再到《献疑集》，不仅收入了《现代汉语语法问题的两个"三角"的研究》、《现代汉语语法研究的"小三角"和"三平面"》和《语法研究中"两个三角"的验证》等理论性文章，而且还有一组组描述具体事实的文章，或者分别应用了小三角和大三角的研究方法，或者综合应用了小三角和大三角的研究方法。特别是，到了《献疑集》，研究视野进一步突破了汉语语法本身，或者把视线投射到社会与文化，或者把视线投射到中文信息处理，或者把视线投射到国学。仅就国学问题而言，就相继在《光明日报》国学版上发表了《国学精魂与现代语学》等十多篇文章。正如汪国胜《读〈语法问题献疑集〉》一文所指出："这类雅俗共赏的文章，既是语言学，又走出了语言学。诚然，邢先

伦敦 2000 年 7 月

邢福义 2000 年 7 月
在英国牛津大学

2001 年新加坡学术讲演

生在研究汉语语法问题的同时，还在有意识地做着'大语学'的研究尝试。"（《光明日报》2009 年 12 月 7 日）《献疑集》于 2011 年获得了武汉市第十二次社会科学优秀成果一等奖，又于 2013 年获得了第六届中国高校人文社会科学研究优秀成果一等奖。

2001 新加坡

在为新加坡华文教师学会会长李彦溪先生

最早较为系统地阐释"小句中枢"这一理论的，是论文《小句中枢说》（《中国语文》1995 年第 6 期）。以"小句中枢"为理论基础建立起一个现代汉语语法系统的专著，是《汉语语法学》（东北师范大学出报社 1997 年版）。论文《小句中枢说》，2001 年获湖北省社会科学优秀成果一等奖；著作《汉语语法学》，1998 年先后获得中国高校第二届人文社会科学研究优秀成果一等奖和第十一届中国图书奖。对于"小句中枢"的理论，李芳杰教授明确表示支持："小句中枢说是对小句三论的引发和发展，无论是突破还是发展，其核心是创新。小句中枢说是富有创意的理论。"（《小句中枢说与句型研究和教学》，载《世界汉语教学》2001 年第 3 期）许嘉璐先生更从汉语语法研究发展史上检视过这个理论。许先生指出："邢福义先

1985年在香港与中新社资深记者钟淼发先生

生的新著《汉语语法学》的第一章就是'小句'，在该书《导言》中作者更直截了当地宣称：'汉语语法系统中各类各级语法实体以小句为中枢。''本书的语法系统，是小句中枢语法系统。'……黎锦熙的'句本位'说在相当长的一段时间里被'短语中心'说所代替。但是，近来后者引起的怀疑越来越多。从黎氏到邢氏，恰好盘旋着往上走了一个圆圈。"（《语言文字学及其应用研究》第 68—69 页，广东教育出版社 1999 年版）2004 年，《汉语学报》开辟专栏开展"小句中枢"理论的讨论，讨论从 2004 年第 1 期开始，直至 2005 年第 4 期终止，历时一年半。参与讨论的，既有中国大陆学者，也有美国、新加坡、越南、中国香港等国家和地区的学者。学者们从语法体系的构建、相关理论的比较、汉语的韵律层级、对外汉语教学、语言翻译、中文信息处理等方面对"小句中枢"理论进行了多角度深入的讨论。有学者指出："小句中枢说"是一个按照汉语的面貌建立起来的语法理论。无论从研究方法还是从语法体系的本质来讲，"小句中枢说"都提出了清晰的、概括性的见解（邓思颖的《从生成语法学

观点看"小句中枢说"》，载《汉语学报》2005 年第 1 期）。有学者指出：如果说上个世纪的"文法革新讨论"是我国语法学史上第一次有关汉语语法革新的讨论，那么这一次《汉语学报》发动的"小句中枢"问题的讨论也有可能形成为我国语法学史上的第二次汉语语法革新的讨论（范晓的《关于构建汉语语法体系问题——"小句中枢"问题讨论的思考》，载《汉语学报》2005 年第 2 期）。这次讨论的成果，由《汉语学报》编辑部结集成为《小句中枢说》一书，于 2006 年 12 月由东北师范大学出版社出版，近 40 万字。

到 2013 年 5 月，他发表大小文章 474 篇，其中 1990 年以后发表 306 篇；出版书籍 50 本（个人独著 21 本），其中 1990 年以后出版 34 本（个人独著 15 本）。他四次获得中国高等学校人文社会科学研究优秀成果一等奖，四次都是独撰专著，三次排在语言学一等奖获得者的第一位。据初步了解，在该奖项历届所设立的所有学科中，只有北京大学教授、经济学研究权威厉以宁先生，也已四次获得一等奖。厉先生获奖的著作中，三部是独著，一部是主编。另外，他还三次获得湖北省人文社会科学优秀成果一等奖，并获得国家级教学成果奖、中国图书奖、国家优秀教材奖等多个奖项。2001 年出版的《邢福义选集》，为季羡林主编《20 世纪现代汉语语法八大家选集》丛书之一，该丛书 2003 年获第六届国家图书奖。2010 年 11 月，他被褒奖为 13 名"首届荆楚社科名家"之一。所有这些，都是1990 年以后的事，都跟他论著中的"有我"存在因果关联。不过，他也一再强调：第一，任何学术见解都具有传承性，他提出的这种那种论说，不完全是他的独创，他只是承接前辈的某种主张进一步归结出名目，并且做了带有个性的阐明。第二，任何学术见解一开始都是粗糙的，他提出的这种那种论说，距离成熟还十分遥远，要使这些论说得到完善，具备程序清晰的可操作性，不是他个人的力量所能做到的。学而后知不足，研究而后更知不足！

他承担过省部级以上科研项目十多个，绝大多数都是 1990 年以后承担的。仅就国家社科基金项目而言，从 1990 年起，先后承担一般项目 2 个，重点项目 2 个。2009 年 9 月 13 日，全国哲学社会科学规划办公室发布国家社会科学基金项目成果

验收情况报告，其中写道："《汉语语法普方较视》这项成果由华中师范大学邢福义教授主持完成。过去的现代汉语语法研究往往重视共同语语法，对方言语法则关注不够。该成果运用'小句中枢'的基本理论、'句管控'的基本视角、'两个三角'的基本方法，对普通话语法和方言语法进行了择点性、多层面、多角度的比较和审视。鉴定专家认为，该成果'将以小句为中枢的语法理论系统地进行了阐发，从而坚实完整地确立起一套全新的语法学说'。"目前，由他担任首席专家的《全球华语语法研究》已经启动。这是 2011 年度国家社科基金重大招标项目，批准号为 11&ZD128。这一项目的提出，基于两个方面的背景。其一，为了适应国家发展的需要。开展该课题研究，有利于促进华语的交际畅通和国际传播，同时有利于增强全球华人的民族认同感，使华语成为全球华人大团结之纽带。其二，为了有效回应国际华人学者的倡议。2009年，在《全球华语词典》即将出版之时，新加坡著名语言学家周清海先生多次与邢福义及其学术团队沟通，希望将全球华语语法的研究提上日程，反映了世界华人的寄

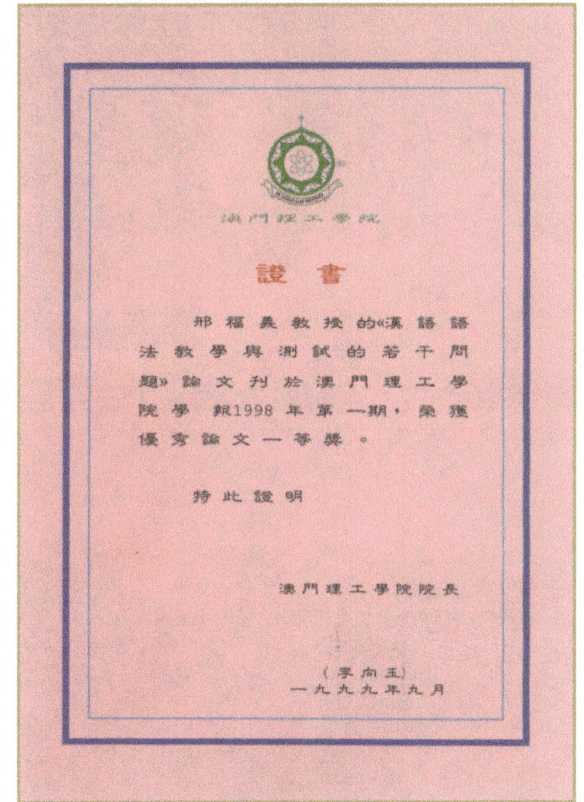

托和期待，邢福义及其学术团队感到有责任也有义务用实际行动做出积极而有效的回应。经过两年时间的思考与准备，已经组织起了一支国际性的研究队伍。目前"全球华语语法研究"的第一期工程正在顺利地开展，近三年里将完成《台湾卷》、《香港卷》、《澳门卷》、《新加坡卷》、《马来西亚卷》、《美国卷》的编撰工作。通过这一项目的实施，将能促进汉语语法研究出现一个新的起点。

从"学步"、"自悟"到"寻己"，这三个阶段反映出了邢福义是如何"拱"出他的学术人生的。

三、学术思想的"三维"结构

邢福义的学术思想，一直处在不断发展的过程之中。他的研究立足点，是现代汉语语法。但是，一方面，作为一名教师，他要把自己掌握的知识，特别是要把自己的研究成果，让学

在台北作学术讲演 2009.12.26上午

台湾高雄与李英哲先生 2009-12

生以及广大受众理解和接受，因此，不能不研究传授学。另一方面，为了研究的深化，他不把视野限制在现代汉语共同语，而是既注意方言现象，又注意古代汉语现象，跟国学研究存在相通之处，因此，一有机遇和条件，他便投入较多的精力，研究起国学问题来。这样，到了晚年，在他的学术思想中，令人注目地出现了三大维柱：语法思想，国学思想，传授学思想。当然，所谓"三维"结构，是就形成了具有系统性思想的三大方面而言的，事实上，他研究逻辑学，研究文化学，研究信息处理问题，如此等等，都是他学术思想中的支点。

（一）语法思想

2002年9月，邢福义先生应邀以"中国杰出访问学人"身份，赴香港出席香港理工大学举行的"杰出学人成就表扬典礼"，接受表彰。表彰辞中写道："邢福义教授是闻名中外的杰出汉语语言学家"，"邢教授在汉语教学和汉语语言学等方面的研究取得了开拓性的成果，他关于汉语研究的理论在海内外产生了重大影响。"

对于邢先生的语法研究，学界多有评价文字。1987年龚千炎的《中国语法学史稿》、2011年邵敬敏的《新时期汉语语法学史》、2012年林玉山的《中国语法思想史》都有论说。特别是林玉山的《中国语法思想史》，专门以"邢福义的语法思想"作为专节，进行了长达10页的一万多字的详细介绍。该书在结语部分，这么写道："邢福义作为新时期语法学家的代表之一，不仅成果多、质量高、影响大，而且有自己的鲜明特点。"

邢先生认为，真正适合于我国语言文字的理论，最终只能产生在我国语言文字事实的沃土之上。在"研究植根于汉语泥土，理论生发于汉语事实"研究理念的导引下，他提出了汉语语法学的著名理论"小句中枢说"。围绕"小句中枢说"，他拓展出了一系列语言观与方法论。

1. "小句中枢说"

1995年，《中国语文》第6期刊登了邢先生的《小句中枢说》，这是最早系统地阐释"小句中枢"理论的文章，标志着"小句中枢"理论的诞生。1997年出版的《汉语语法学》，是邢先生对自己多年来语法研究的一个总结，他以"小句中枢"为核心思想，建立起了一个富于特色的现代汉语语法系统。

邢先生认为："小句中枢"，实际上是对汉语语法事实进行研究的一种观测点的选择。孤立地看汉语的七种语法实体，语素也好，词也好，短语也好，小句也好，复句也好，句群也好，句子语气也好，没有哪一种不重要，没有哪一种不可以成为强调的重点。因此，人们可以根据自己研究视点的偏向性，各取所需，认定"本位"。从这个意义上说，"语素本位"也好，"词本位"也好，"句群本位"也好，"句子语气本位"也好，都有不可忽视的理据，都有可能成立的理由。然而，综观汉语语法，邢先生从全局的制高点上把汉语语法研究的基本观测点选定在小句。这是因为小句是其他所有语法实体所从属所依托的语法实体，能够控制和约束其他所有语法实体。在汉语语法机制的形成和运转中，居于中枢地位的是小句。没有其他任何一种语法实体，可以像小句那样起到"联络中心"和"运转轴心"的作用。

深入观察居于中枢地位的小句，可以知道小句有三律：成活律；包容律；联结律。就小句的形成和生效而言，小句存在成活律。成活律一：句子语气＋可成句构件语法单位＝小句成型。成活律二：句子语气＋可成句构件语法单位＋意旨的有效表述＝小句生效。就小句同短语和词的关系而言，小句存在包容律。包容律一：小句－句子特有因素＝短语。包容律二：小句－句子特有因素－短语常备因素＝合成词。就小句同复句句群的关系而言，小句存在联结律。联结律一：小句联结＋小句分句化＝复句。联结律二：小句直接间接联结＋句子集群化＝句群。

2. "句管控"

如果说，"小句中枢"是就小句在汉语各类各级语法实体中占据中枢地位而言，那么，"句管控"便是指小句如何在中枢地位上对汉语语法规则的方方面面发挥其管束控制的作用。词语进入小句，小句进入语篇，都是按特定的规约进行配置，形成特定的格局，显示特定的关系，产生特定的规则。汉语语法规则，无论属于哪一方面、哪个层次，都要直接或间接地在

"句管控"的局势之下完成。邢先生在《方言》2001年第2期上发表的《说"句管控"》，是他"句管控"思想的代表之作。

邢先生从各个角度举出了例证，令人信服地说明：词的语法性质，只有在接受了"句管控"之后，才得以落实；词语的表意传情，只有在接受了"句管控"之后，才得以显现 ；语句之间的关系，只有在接受了篇章的"句管控"之后，才得以确定；一般规律和特殊现象各自存在的条件，只有在"句管控"中才得以区别；普通话与方言的语法差异，只有通过"句管控"的分析，才能弄清楚。

3. "两个三角"

对语法进行多视角的观察和动态、立体性的研究，是当代语法学的明显特征。1990 年，邢先生发表《现代汉语语法研究的两个"三角"》，第一次提出并解释"两个三角"这一概念。所谓"两个三角"，是指"语表、语里、语值"构成的"表—里—值"小三角和由普通话、方言、古代汉语构成的"普—方—古"大三角。"表—里—值"小三角，主张表里互证、语值辨察；"普—方—古"大三角，主张以方证普、以古证今。所谓三角，其实就是观察现象、发掘规律和相互印证的三个视角。小三角是现代汉语语法研究的内部三视角，大三角是现代汉语语法研究的外部三视角。如果说"小三角"的论证是"内证"，那么"大三角"的论证就是"外证"。

"两个三角"理论是属于方法论的理论。翻阅邢先生的五个论文集《语法问题探讨集》、《语法问题发掘集》、《语法问题思索集》、《语法问题追踪集》和《语法问题献疑集》，可以知道，他不仅不断发表有关这一理论的阐释性文章，而且在对语言事实的分析研究中，不断深化地践行这一理论。

4. "三个充分"

邢先生的《现代汉语语法研究的三个"充分"》（《湖北大学学报》1991 年第 6 期），专门阐释他关于"三个充分"的研究思想。他的《从基本流向综观现代汉语语法研究四十年》

（《中国语文》1992年第6期），讨论了"一个目标"、"两个三角"、"三个充分"等问题。

　　所谓"三个充分"，一为观察充分。研究一种现象，首先要充分观察这种现象。观察的思路应尽可能地开放，努力做到由此及彼，随迹于逼进，四面八方地辨察，海阔天空地追踪。二为描写充分。观察，是寻求对事物的了解；而描写，则是深入地对事物做规律性的反映。为了做到这一点，描写的范围应尽可能地封闭，以便保证描写的穷尽性。三为解释充分。描写偏重于从微观上对语法事实做客观的反映，解释偏重于从宏观上对语法事实做理论的阐明。解释的充分，不是表现为"多"，不是表现为"细"，而是表现为"深"，表现为具有"一语破的"的概括力。邢先生认为，任何论著都不可能穷尽真理。观察也好，描写也好，解释也好，绝对的"充分"是不可能的，然而无论如何，必须尽力而为。

5."主观视点"

　　1991年第1期的《中国语文》，以邢先生的《汉语复句格式对复句语义关系的反制约》为打头文章。该文的论说全面贯彻了"主观视点"说。邢先生认为：复句语义关系具有二重性：既反映客观实际，又反映主观视点。复句格式一旦形成，就会对复句语义关系进行反制约，格式所标明的语义关系中就直接反映了格式选用者的主观视点。比方说，在顺列句式中，p、q间主观上表述为顺，客观上未必全顺。例如："一面挥着手巾，一面高声呼喊。""一面笑脸相迎，一面暗暗诅咒。""一面p，一面q"是典型的并列句式。后例在句式上标示为并列关系，实际上却还隐含着逆转关系，可以改用逆转句式，加上"但、却"之类关系词。说话人之所以采用并列句式，是由于表述时特别看重两种情况的并存，而不想强调出两种情况的逆转关系。从复句格式的形成看，复句格式直接反映主观视点，间接反映客观实际；从制约关系的走向看，复句格式标明复句语义关系，反制约于复句语义关系。李宇明在《邢福义选集·跋》中指出："在许多重要的研究工作中，关于'主观视点'的论述最具理论色彩。……邢先生所讲的主观视点，已经深入到说话人语言使用的

心理、旨趣和关照点。这种主观视点的主导作用，不仅适用于复句，而且也适用于所有语言现象，具有普遍的理论意义。"

6. "名词赋格"

在 1998 年发表的《说名词赋格》（《李新魁教授纪念文集》，中华书局 1998 年 8 月版）中，邢先生指出：汉语里最重要的两类实词是动词和名词。动词和名词在句子中的分工与配合，形成句子内在机制的最基本的脉络，可以概括为八个字："动词核心，名词赋格。"所谓赋格，指的是赋予词语组合特定的格局。比如"领导群众"和"领导干部"，尽管动词"领导"保持不变，但名词"群众"和"干部"的语义特征不同，因而形成了不同的结构。又如："烈日晒着行人"可以说成"行人晒着烈日"，"烈日"和"行人"分别表物和表人，二者前后互易，都能成立，但会形成不同的句法格局。

"动词核心，名词赋格"的事实，从小句基本结构经络的侧面反映了汉语小句中枢语法系统的特点。有学者指出：过去，人们多把精力集中在动词身上，对名词的研究相对较少。"名词赋格"说，不仅从一个侧面反映了汉语语法的特点，而且将名词的地位提到决定句子格局的高度。这种新思路，必然带来新的研究内容，形成新的研究方法，从而产生新的理论。

7. "兼容和趋简"

在 1997 年发表的《汉语语法结构的兼容性和趋简性》（《世界汉语教学》1997 年第 3 期）中，邢先生指出：如果从总体上综观小句的表里关系，又可以看到：小句所包容的种种结构，具有兼容性和趋简性。

从表意上看，同样一个语法结构，可以统括种种不同的情况，这是兼容性。比如"跑 X"，兼容了"跑县城"、"跑项目"、"跑车"等内容。从形式上看，表示同样一种语义蕴含。尽管全量形式和简化形式都可以采用，但人们偏向于更多地选择简化形式。于是，便形成运用的趋简性。比如"往年棉花卖议价"，这里的"卖议价"是由复杂形式"用议价的方式卖出去"移变而成的简化形式。简化有多种多

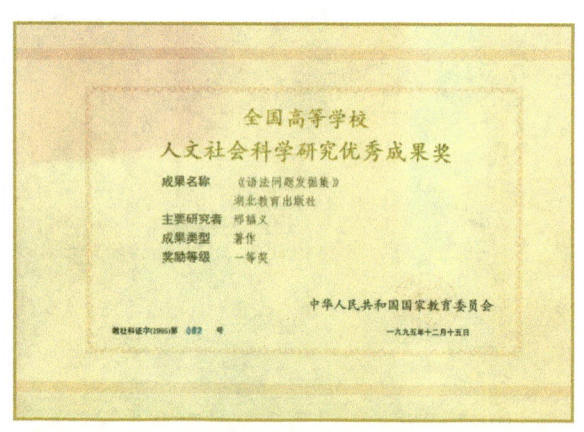

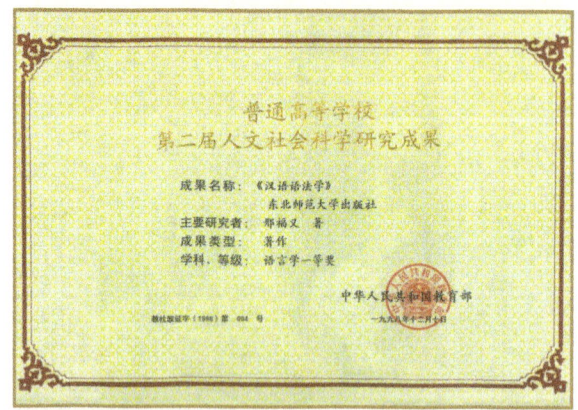

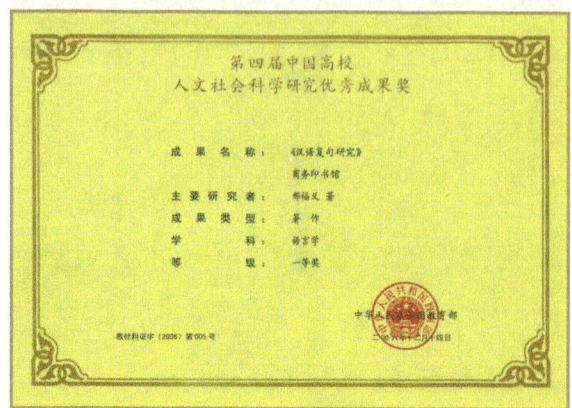

样的途径和办法，比较明显的有：谓词隐匿、结构移变、成分扣合、分句删减。

汉语语法重于意而简于形。在结构形式的选择上，常用减法；在结构语义的容量上，则常用加法。这从语法结构的表里关系的侧面反映出汉语小句中枢语法系统的又一个特点。

8. "词性判定"

邢先生的《词类辨难》，1981年甘肃人民出版社出版；其修订本，商务印书馆2003年出版。

邢先生强调，语法特征是划分词类、判别词性的根本依据。在这一前提下，他提出了词性判定的论证方法：直判；排他；类比。这是属于逻辑范畴的论证方法，可以起到特定的作用。

直判，是根据某类词的语法特点直接判定某个词属于某一类，这种方法适用于语法特点比较明显的词；排他，是通过排斥其他各种可能，借以肯定只有某种可能，这种方法适用于缺乏明显的作为某类词的语法特点的词；类比，是已知甲词属某类、由此推知只能跟甲词同类的乙词也属某类，这种方法也适用于缺乏明显的作为某类词的语法特点的词。

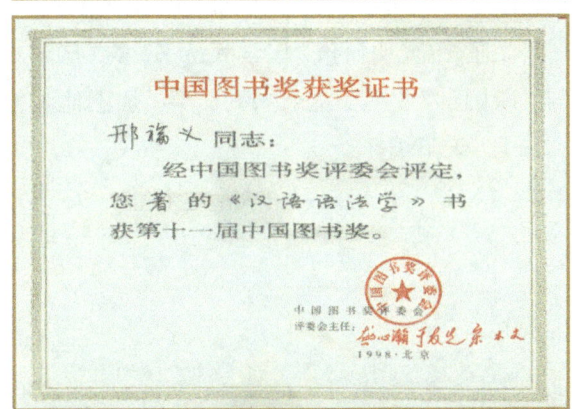

邢先生结合逻辑研究语法有多方面的贡献。用"直判"、"排他"和"类比"作为判定词性的辅助性办法，从一个具体问题上反映了邢先生语法研究与众不同的特点。

总体来看，邢先生的语法思想富于创造性。以《语法问题献疑集》一书为例。2013年4月初，教育部发布《教育部关于颁发第六届高等学校科学研究优秀成果奖（人文社会科学）的决定（教社科〔2013〕2号）》，社科司负责人就本届评奖答记者问，在提到"基础理论研究在创新思想理论、传承先进文明、推动学科建设上起到了重要作用"时，指出：邢福义先生的《语法问题献疑集》，提出了一系列具有中国特色的研究理论和研究方法，推动了汉语语法研究。

（二）国学思想

近年来，随着中国综合国力的迅速提升与国际影响力的日益增强，"国学"日渐成为表述中国文化的"主词"。2006年1月10日，《光明日报》正式创办国学版专栏，成了新时期国学热勃兴的标志。作为语法学家的邢福义，在研究中提出了"两个三角"的学说，其中"大三角"的一个角便是"古"。这决定了他的研究同国学之间存在着内在的联系与互通。于是，他将语言学与国学结合起来进行研究。在不到8年的时间里，在《光明日报》国学版上发表了十多篇文章，包括《重视语言研究的"向"和"根"》、《国学精魂与现代语学》、《"救火"一词说古道今》、《"人定胜天"一语话今古》、《漫话"有所不为"》、《"X以上"纵横谈》、《说"广数"》、《两次指点》、《"十来年"义辨》、《大器晚成和厚积薄发》、《"诞辰"古今演化辨察》、《邢梦璜与文化黄流》、《辞达而已矣——论汉语汉字与英文字母词》等。另外，在《〈光明日报〉国学版丛书》的《国学精华编》和《国学访谈录》中，还有他的《"国学"与"新国学"》等。这一系列文章，加上他其他"涉古"文章，展现了他形成风格的国学思想。

1. 天下情怀

《礼记·礼运》："大道之行也，天下为公。"邢先生的学术思想，反映了这一古朴的天下情怀。在《国学精魂与现代语学》中，他指出："讨论国学，不是要回归到国故，而是为了弘扬国学的精魂。把学习别人长处和创建自己特色结合起来，处理好'向'和'根'的关系，才有可能真正出现与国际接轨的局面。""中国学术，包括中国现代语学，应该也可以对世界学术做出贡献。……世界性与民族性是事物的一体两面，表面对立，实则统一。有鲜明的民族性，才有真正的世界性。没有各民族深入挖掘，慷慨奉献本民族的优质元素，就无法打造出内涵丰富、形式多样、色彩斑斓的世界性。"

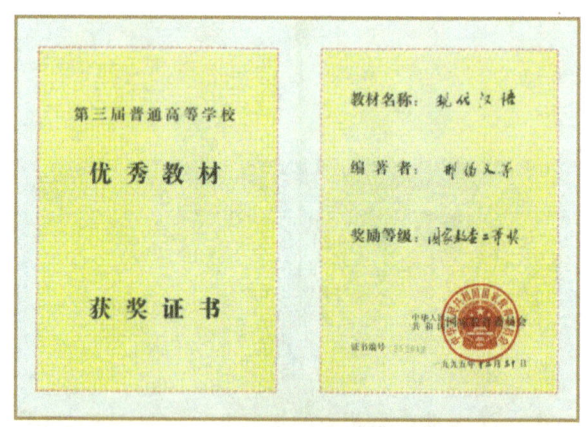

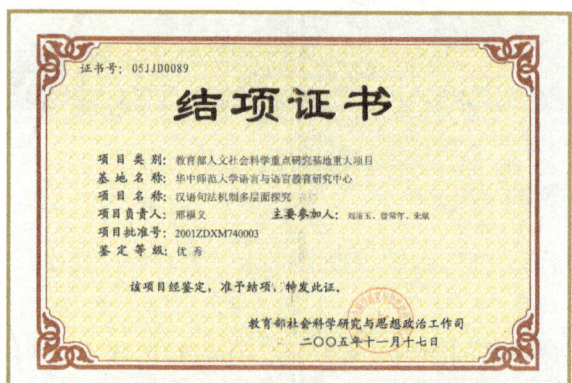

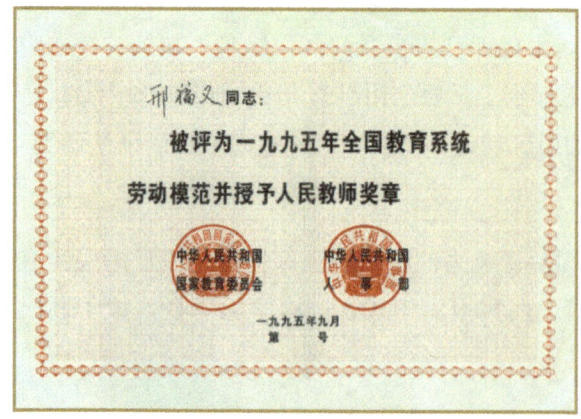

2011年11月，通过答辩，邢先生担任了国家社科研究重大招标项目"全球华语语法研究"的首席专家。这一项目的开展，意味着汉语语法研究迈上了一个新起点，将对中华文化的弘扬起到有力的推动作用，更有利于促进华语的交际畅通和国际传播，更有利于增强全球华人的民族认同感。

2. 力行意识

《礼记·儒行》："博学而不穷，笃行而不倦。"国学的力行意识以及力行意识蕴涵的入世品格与刚健精神，对中国文化的发展产生了巨大而深远的影响。

2006 年 3 月，邢先生写了《重视语言研究的"向"和"根"》，明确指出国学研究对语言研究的重要性；2006 年 8 月，邢先生又身体力行，写了长文《国学精魂与现代语学》，强调当今中国语言学的研究，必须以现代意识为前导，让国学精魂与现代意识结合起来，从而实现民族文化的振兴。2010 年 8 月，邢先生在对当今国学进行了跟踪性思考之后，又写作了《"国学"与"新国学"》一文。他指出："'古为今用，洋为中用'，这是永远正确的一条原则。其中的'今'和'中'，指的是'当今中国'。从古代承传下来的理论也好，从外洋引移而来的理论也好，都必须统一到服务于当今中国的应用实践上面来。这样，外来理论也许有可能溶入新国学，成为充实新国学内容的潜因素。" 2012 年 12 月，邢先生发表《邢梦璜与文化黄流》一文，结尾处强调："国学诸学派各有特出长处，各有卓越贡献。但起码就广度而言，儒学最为深入人心，作用巨大。黄流文教的古今演化，便是实证。然而，在今天，在同世界接轨的时代，儒学如何发扬其精华，开掘出若干普世性学理，特别需要努力为之。"如果说，"天下情怀"是力行意识的前提和基础，"力行意识"就是天下情怀的推广和延伸。

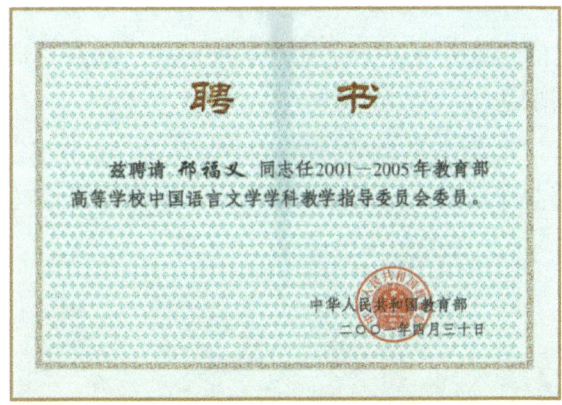

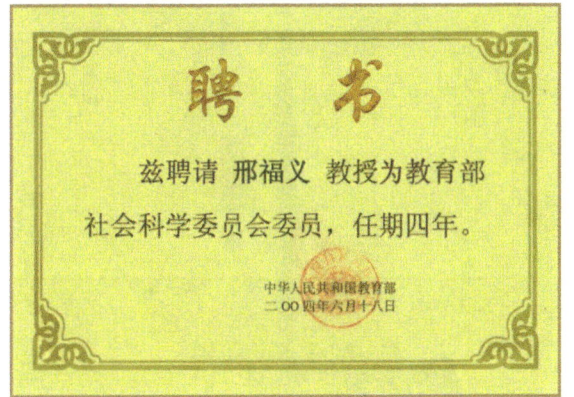

3. 朴学风气

老子曾提出"人法自然"的思想，主张人的一切思想和行为应与自然相一致、相协调。国学经典里，有很多警策论说，倡导保持和发扬人素朴的自然本性，提倡返朴归真、敦厚朴实，反对浮华轻薄。

邢先生大力倡导发掘汉语的客观规律。他指出：国外理论的"引进"和"汉化"，必须成为先后衔接的两大阶段。"引进"，是先发的第一个大阶段，重点在于把国外理论应用于汉语研究，举出若干汉语例子来加以演绎；而"汉化"，即中国化，重点在于让国外理论在汉语事实中定根生发，使国外理论溶入汉语研究的整体需求，从而建立起适合于汉语研究的理论和方法。

在学术作风上，邢先生反复强调"朴学精神"。他指出：朴学精神表现为质朴、实在、讲实据、求实证，是国学中最具生命力的一种学风。如何传承朴学精神？一方面，要充分占有材料，据实思辨，不应疏而漏之；另一方面，面对新的理论方法和科技手段，要以朴学精神反复验证，不应大而化之。他又指出：现代化的浪潮，激发了国家的大发展，但是，急于求成、醉心摩登、浮躁夸诞、弄虚作假也随之而泛滥，成了时弊。学术界华而不实的风气越来越严重，令人深感忧虑。因此，现阶段非常有必要强调"朴学"这种具有民族风格民族气派的风气。

4. 辩驳思维

《墨子·经说下》："辩也者，或谓之是，或谓之非。当者胜也。"这里表述的是一种辩驳思维。"当"即合宜，合理。

邢先生重视辩驳思维。他的《"十来年"义辨》，令人信服。 "十来年"是多少年？略少于十年，还是略多于十年，抑或是十年左右？《现代汉语规范词典》（2004）列出词条"来1"，其中义项4的解释是："来，助词，用在数词或数量词组后边，表示概数，通常略小于那个数目。"其实，"当者"应是"左右"。举个典型例子："周恩来同志写下'大江歌罢掉头东'和《雨中岚山》壮丽诗篇时，不过二十来岁。"（《人民日报》1984年9月24日）周恩来生于1898年3月5日。"大江歌罢掉头东"一诗，为1917年东渡日本前所写，当时19岁；《雨中岚山》一诗，为1919年回国前在京都游岚山时所写，当时21岁。可见，这里的"二十来岁"就涵盖了19岁和21岁。作为概数说法的"X来"，出现于晚唐。那么，在晚唐五代以来的近代汉语中，"X来"情况又如何？有学者写作专文，认为早期表示"略少"。然而，有这样的例子："师闻此消息，欲得去相公处，众中觅人随师。近有十来人，师领十人。恰到界首，十人怕，不敢进。师犹自入界内。"（《祖堂集》卷第十四）意思很明白：师要去相公处，找人伴随。师身边有十来人（概数），于是带领其中十人（定数）一起去。这里的"十来人"绝对不可能少于"十人"。《祖堂集》是能较好反映晚唐五代时期语言面貌的一部典籍。事实表明，早期的"X来"，

聘　书

兹聘请 **邢福义** 教授为教育部社会科学委员会委员，任期五年。

中华人民共和国教育部
二〇〇〇年十二月

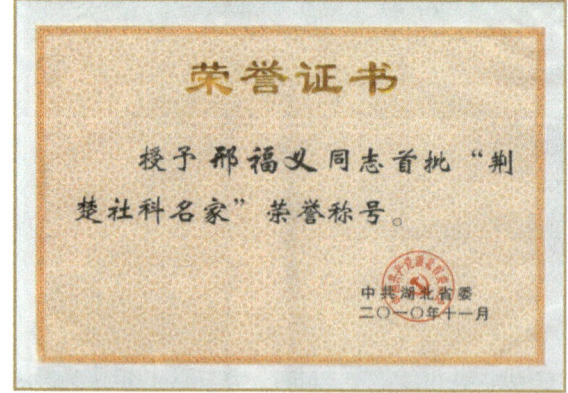

荣誉证书

授予 **邢福义** 同志首批"荆楚社科名家"荣誉称号。

中共湖北省委
二〇一〇年十一月

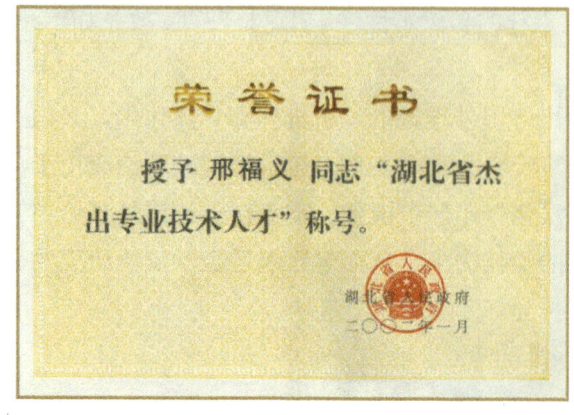

荣　誉　证　书

授予 **邢福义** 同志"湖北省杰出专业技术人才"称号。

湖北省人民政府
二〇〇一年一月

有时是略少，有时是略多，有时是左右，从总体上看，解释为"左右"最为恰切。

5. 古今串视

欧阳修《或问》："学必据迹。"现代汉语是由古代、近代汉语发展而来的。许多语言现象，要解释清楚，必须查考其发展轨迹。因此，邢先生非常重视语言事实的古今串视。

以他的《"人定胜天" 一语话今古》来说。古代原本用法，"人定胜天"的意思是"人定｜胜天"。人定，犹言人谋。"人定亦能胜天。"（刘祁《归潜志》）这一说法，可以证明。 现代通常用法，"人定胜天"的意思是"人｜定胜天"。在强调战天斗地的火热时期，这一用法成了一个口号，一种指导人们行动的思想，深入人心。语言发展的历史表明，"人定胜天"已经先后出现了两种用法。兼顾古今汉语的词典，"人定胜天"词条下面应立两个义项。对"胜"和"定"的解释，两个义项应有所不同。

除了《"人定胜天" 一语话今古》之外，他的《"救火"一词说古道今》、《漫话"有所不为"》、《"X以上"纵横谈》、《说"广数"》、《"十来年"义辨》、《"诞辰"古今演化辨察》、《辞达而已矣——论汉语汉字与英文字母词》等等文章，都具有古今串视的特点。

6. 精华品鉴

魏源《默觚·治学五》："学古之道，犹食笋而去其箨也。"箨，即笋壳。意思是，学习古代文化，要去其糟粕，取其精华。邢先生认为：这是一条基本原则。但是，也要注意，不要把精华和糟粕绝对化，应该对具体说法做科学的品鉴。

以他的《大器晚成和厚积薄发》来说。邢先生指出："大器晚成"和"厚积薄发"都属于精华，但是，作为成语，"大器晚成"的语用重点指向成才的某个时段，"厚积薄发"的语用重点指向成才的某种学风。凡是"大器晚成"的评说，都用于已过成才茂密期的人物。这种语用偏向性，决定了这一成语所表示的不是普遍适用的成才原理，因而不能成为教育学生、造就

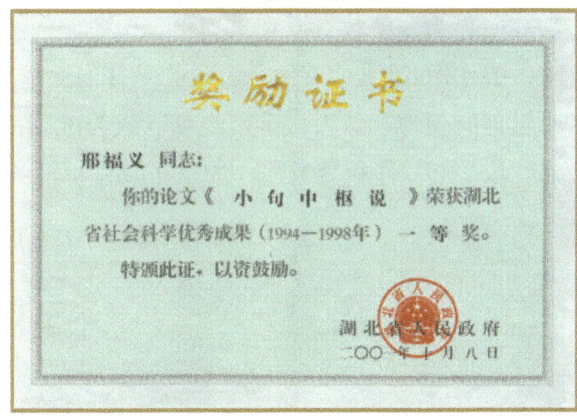

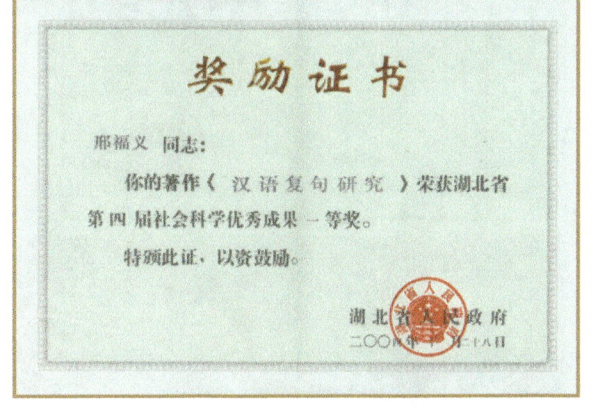

人才的定律。在大学中，对于青年学生，特别是20岁上下的本科学生，不应强调"大器晚成"。不然，会束缚他们聪明才智的及时闪光。至于"厚积薄发"，则适用于强调传统优良学风的发扬。这种语用偏向性，也决定了这一成语不属于普遍适用的成才原理。比方说，从治学方法和成才过程看，"厚积薄发"容易被理解为：先要厚积，然后才能薄发。其实，如果过于执着于"积"和"发"的先后关系，不肯或不敢轻易动笔，结果会越拖年龄越大，越出不了成果。常言："在游泳中学习游泳"，"在战争中学习战争"。会做学问的人，总是边积边发、边发边积，如此循环往复，螺旋上升，终于取得卓越的成就。可见，"厚积薄发"也不宜在对青年学生的培养中作为一条教育原则来提倡。国学宝库中，储存有许许多多名言，世世代代起着教育后来人的作用。但是，有的名言说的是普遍性道理，比如"有所不为"，"己所不欲，勿施于人"，不管何时何地，做人做事，都可以成为准则；有的名言却具有特定的语用适应性，比如"大器晚成"和"厚积薄发"，如果在教育年轻学子时被强调成为准则，便失之于保守。这一点，应该有所思辨。

7. 国学新化

在2006年发表的《国学精魂与现代语学》中，邢先生谈过国学的定格和涌流，指出国学已经定格在了中国历史的框架之上，而国学精魂则一直涌流在中国文化承传的长河之中。过了5年，在2011年发表的《"国学"和"新国学"》中，邢先生认为，经过《光明日报》国学版的推动，"新国学"的概念客观上已然形成。任何概念都有其内涵与外延。新国学与原义国学相对比而存在，都在特定历史背景下产生。原义国学专指国故，范围相对确定，词典里可以列出词条，加以解释；新国学却是当今中国在继承原义国学的基础上发展起来的国学，范围十分宽泛，正处在形成和演变之中，想要确认其内涵与外延，恐怕还需要若干年。从概念之间的关系来说，既然有原义国学和新国学的并列，二者的上位概念自然便是"国学"。这样，"国学"便有了狭义和广义两个含义。狭义国学指原义国学；广义国学则指包括原义国学在内的新国学，即当今国学。《光明日报》国学版上发表的文章，总体看，是广义国学的文章。"新国学"或"广义国学"

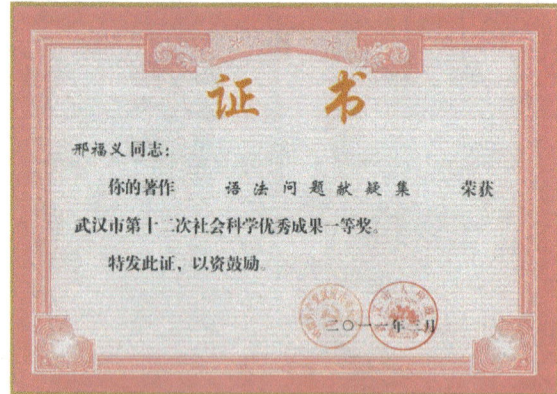

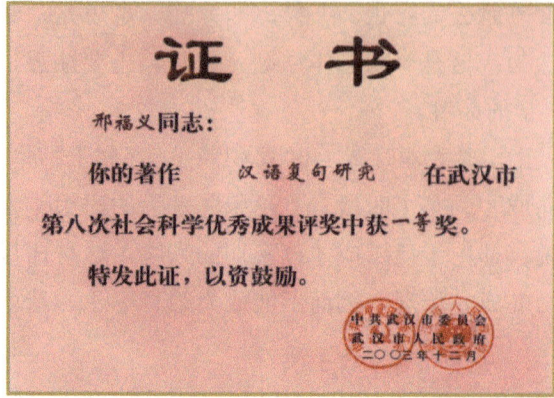

概念的形成，表明了学者们并非固守原来的国学阵地，而是在新的起点上研究国学，做继承创新的促进派。

是不是每一个国家都有"国学"？邢先生指出：从理论上讲，是这样。但是，不一定每一个国家都会提出该国"国学"的概念。因为，这一概念是建立在特定的文化根基之上，并且在特定历史背景下产生的。中国之所以出现"国学"的专名，是因为：第一，中国的学术文化有悠久的历史渊源，上下数千年；第二，中国的传统学术文化极其辉煌，并且具有独特性和多样性，有益于全人类；第三，在特定历史背景下，中国的古代学术文化面临外学的挑战，处于受欺凌、受排挤的状态。当年，西学东渐，"国学"的概念正是在西学的侵逼下提出的。今天，我们又一次面对西学的侵逼，就语言学而言，其严重程度比当年更强，强到几乎要让人高呼：警惕中国成为某一个国家的学术殖民地或半殖民地！正是在这样的状况之下，国学热潮又一次掀了起来。这有利于中华文化的伟大复兴，有利于助产具有中国特色的学术流派。这一点，意义极为重大。新国学的巨大生命力，就在于此。

邢先生国学视角的语言研究，引起了学界的高度关注。他这一视角文章，既是语言研究成果，又是国学研究成果，而且涉及了教育学、人才学、文化学、史学、逻辑学、文献学、科学学等范畴，表明他已经跨出了"小语学"的专业领域，进入到了"大语学"的天地。原中国音韵学学会会长、南京大学鲁国尧先生指出："王国维云：'国初之学大，乾嘉之学精，道咸以降之学新。'所拈出之'大精新'三字，实为引领学术的灵魂，据我的观察，邢兄的学术轨迹，尤其是近若干年的追求即在于斯，故

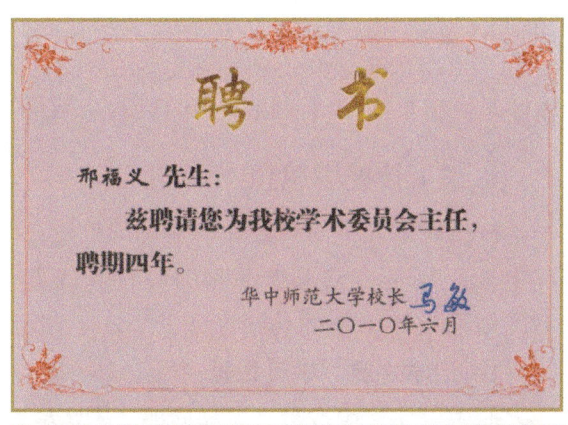

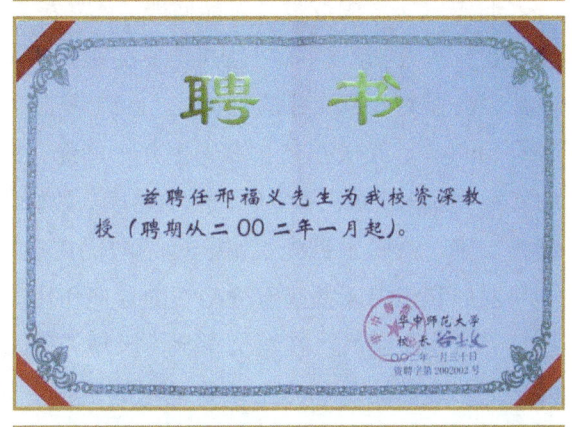

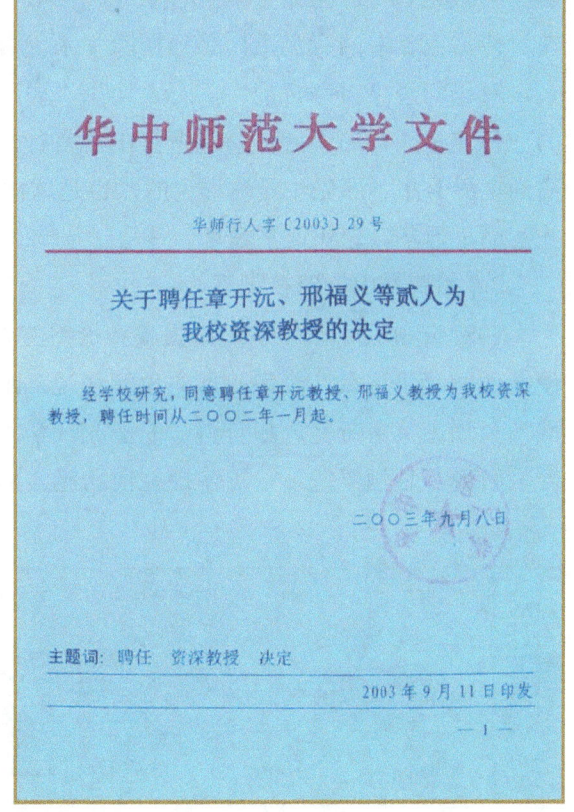

钦羡不已。"（2011 年 4 月 14 日电子邮件）

（三）传授学思想

传授学讲究学问的传递、知识的授受，是教育学的一个重要分支。邢先生不仅是一位语言学家，还是一位思想深刻的教育家。五十多年的教师生涯，凝结成了以下七句话，从不同侧面反映了他的传授学思想。

1. 治学之道，学风先导

邢先生非常注重学风文品问题，已发表了一系列的论文，如：《治学之道　学风先导》、《尊重事实　讲究文品》、《文品问题三关系》、《从吕先生不讲过头话说起》、《讲实据　求实证》、《社会公益对学风文品的管约》、《"复制"与"抄袭"》等等。

1993 年，在庆祝吕叔湘先生九十华诞之时，邢先生专门写了一篇《治学之道　学风先导》的文章。邢先生说："学风，治学之风。做好学问，首先要有良好的学风。"邢先生认为，"务实"二字，反映了吕先生富于远见的优良学风，具有很强的矫风针对性，对我国语法研究的不断发展和走向成熟起着战略性的导向作用。

"务实"学风，在写文章上，表现为"文品正"。"文品第一，文章第二。为人第一，为学第二"，这是邢先生一贯坚守的主张。他指出：首先，必须分清人己成果，任何时候都要"清澈见底"，而无"梁上君子"、"瓜田纳履"之类嫌疑；其次，必须矫正不良态度，在对待与己相左的意见上，必须摒除学术因素之外任何过激的言辞；再次，必须善于律己待人，对己切忌"自夸自销"，对人切忌"居高临下"，说理、友善和平等是人际间学术关系的一种定位。好的学者，总能摒弃出格言行，形成良好修养，借以引领自己向学风和文品的高尚境界升华。邢先生是这样说的，也是这样做的。他写文章，一贯极力做到踏实而不轻飘，扎实而不浮华，老实而不虚夸。

2. 抬头是山，路在脚下

1981 年 9 月，李宇明、萧国政和徐杰三人考取邢先生的硕士生。第一次上课时，邢先生便给他们写了这么八个字。邢先生解释说：眼里要有山，那山顶没有峨嵋佛影、昆仑雪莲、武当金顶、黄山奇雾，却有科学的圣光。学术研究没有现成的路，必须靠着坚忍不拔的意志劈荆斩棘，越涧攀壁，一步步地往前跨越。后来，这八个字成了华中师范大学语言研究所的

新时期语法学者学术研讨会（国际）
——第五届中青年语法学术研讨会 1996.10.25 中国·武汉

所训和语言学系的系训。凡是来华中师大学习语言学的本科生、硕士生、博士生，没有哪一个不知道的。

邢先生深知，人世间的山峰可以到顶，学术上的山峰却是无法登顶的。2001年，他的《汉语复句研究》由商务印书馆出版。序言里，他写道："晏殊《玉楼春》中有两句话，我改换了其中的两个字，说成：'天涯地角有穷时，只有学问无尽处！'这大概能表明自己现今的心绪。……这本书，总算为自己的复句研究打了个句号，但是，句号只意味过去，却不代表终结。句号放大是个0。往前又是0起点！"

3. 让大学生才智尽早闪光

邢先生认为：现在的大学，学生的结构跟过去有了很大的不同。过去，大学生，包括本科学生和专科学生，是绝对的主体；现在，大学生上面，有许多硕士研究生、博士研究生，甚至还有好些不算"生"但又仍像"生"的"博士后"。许多较为著名的大学，研究生的人数已经超过了大学生的人数。因此，相比之下，"大"学生"小"了。如何对待他们，成了如何弘扬办学优良传统的重要话题。

邢先生说：大学生就应该是大学生！"大学生"跟"高等学府"、"高等教育"相联系。一个人一旦成为一名大学生，便意味着他已真正长大成人，从此开始了高层次的专业训练，开始了高层次人才的自我塑造。现在的大学生，十七八岁到二十一二岁，正是想象力最强、可塑性最大的极其宝贵的一个时段。学会做研究，既是大学生凸现创新能力的重要途径，更是一个有为者成型成器的必要条件。学校领导和教师怎样塑造大学生，大学生本人怎样塑造自己，关系到民族素质的整体提高，关系到国家发展的万年大计。因此，不应该把他们看作小孩子，捆绑在课堂上，禁锢在教科书里，而是一方面要求他们学好课程，打好专业基础，一方面又引导他们通过研究来带动学习，把思想触角伸向新的角度、新的侧面甚至新的境域，让他们不辜负青春年华，让他们的才智尽早闪光。

汉语重叠问题国际学术研讨会
中国·武汉·华中师大 2000.1

4. 让学生永远站到问号的起跑点上

近年来，邢先生主要指导研究生。在跟研究生们的关系上，他定位为"亦师亦友"。在对研究生们的要求上，他强调"自己研究自己生"，说路要自己走，摔倒了要自己爬起来，遇到障碍了要自己爬过去。在指导研究生的方式上，他因人而异，因时而异。有时，他跟研究生合写论文，发表在权威性刊物上；有时，他鼓励学生把自己的独特见解写成论文，发表在权威性刊物上，然后他再写出辩驳性的文章，也发表到权威性刊物上面。许多时候，他会约某个学生散步，一边慢慢地走，一边交换意见，引导学生如何去解决问题。他反对给研究生特别是博士研究生上大课，反对给研究生特别是博士研究生编写全国性统一的教材。

邢先生提倡："让学生永远站到问号的起跑点上。"他解释道：句号比喻结论，问号比喻疑问。不应该让学生站到已有句号的后边，做句号的俘虏，而应该引导学生站到问号上面，永远把问号作为起跑点，不断向新的问号追逼挺进。只有这样，才能形成具有自己特点的研究习惯。

邢先生说：研究习惯，包括审察事物的习惯，寻根问底的习惯，论说己见的习惯。留心处处有学问。抓住一个事物，左看看，右看看，往上看看，往下看看，从里往外看看，从外往里看看，看出个子丑寅卯；看出问题之后，寻根究底，问个究竟，到底为什么，到底怎么样，打破沙锅问到底；形成自己的意见之后，清楚而有效地表述出来，不仅让人了解，而且令人信服。审察事物→寻问究竟→论说己见，这是一条治学链。对每一个人来说，多次实践，多次反复，就会成为惯性活动，就会形成习惯。凡是有研究习惯的人，能够永远站到问号起跑点上的人，要他搞哪一行，他就能干好哪一行！

5. 做学问，要重视总体发挥

邢先生说：一个学者，要在研究工作中做出成绩，需要同时具备多方面的素养。这就是：厚实基础＋惊人毅力＋灵敏悟性＋有效方法＋良好学风。其中，每一个方面的素养都是做好学问的必要条件。要做好学问，必须同时调动起各个方面的积极因素。换句话讲，各个方面的积极因素要来个"总体发挥"。以抓东西来作比。伸手拿东西，用一个手指是勾，用两个手指是拈，五个手指一起来，才是抓。面前放着一堆珍珠，用一个手指勾不起来，用两个手指只能拈起一两颗，五个手指一起来，就可以抓起一把。

中共湖北省委省政府领导与湖北省十位杰出专技人才优秀留学回国人员优秀博士后合影 2002.1.23 武昌

他说：我们传统上习惯于强调勤奋。做起学问来，勤奋表现为惊人毅力，是极为重要的条件。但是，光是勤奋还不行。如果问，在上述各种素养里面最重要的素养是什么？我个人反而以为，是悟性。悟性是能否创新的各种素养之中最重要的素养。当然，悟性仍然只是一个必要条件。只有各个方面的因素都结合起来，进行有效的"总体发挥"，才能形成必要而充足的条件。

6. 写文章，要让人看得懂，信得过，用得上

这是邢先生经常挂在嘴上的"文章九字诀"。不管是哪个学科，不管是长文还是短文，不管面向什么样的读者，都必须首先要让别人看得懂；然后，要让别人相信结论可靠；再然后，要让别人能够用到具体工作当中去，在实践中起到积极的作用。撰写现代汉语语法研究的文章，不能不考虑三大实践：其一，国内的语法教学实践；其二，对外汉语教学实践；其三，跟信息处理相结合的应用实践。

一些"浅入深出"的文章，实据不足，内容缺乏可靠性，文字又艰涩深奥，绘制出这样那样的图式，令人头昏眼花，望而生畏。不仅一般读者不知所云，就连同行专家也越看越糊涂。邢先生提到这么一件事：有一次，在北京跟邢公畹一起开会，一天晚饭后，在公畹先生的房间里，公畹先生说："福义啊，现在很多文章我读不懂了！"公畹先生已经去世，是国际著名的大师级学者。连公畹先生都看不懂，这样的文章，只能令人无限喟叹！

邢先生经常提到一代宗师吕叔湘先生所写的一首诗："文章写就供人读，何事苦营八阵图？洗尽铅华呈本色，梳装莫问入时无。"又经常提到吕叔湘先生晚年把自己的治学原则总结为："广搜事例、归纳条理，反对撷拾新奇、游谈无根"。邢先生认为，吕先生的感悟，值得大家一辈子细细咀嚼。

7. 作为一个教师，最大的希望是学生超过自己

1995 年 5 月 30 日，邢先生 60 周岁。他不准学生们送礼，更不准为他搞什么活动。那天，几位已走上工作岗位的学生相约去看望他。有学生问：您现在最大的希望是什么？他回答："作为一个学者，我的最大希望是能够永远不断地自我超越；作为一个教师，我的最大希望是我的学生能够超过我自己。"

邢先生说：形成汉语语法研究的中国学派，是创立中国特色汉语语法学的基本条件和突出标志。在这一点上，我们有明显的弱点，这就是：原创性理论不多，学派意识不浓，没有真正形成"百家争鸣"的繁荣局面。中国的语言研究必须"同国际接轨"。但是，接轨是双向的，要跟强者接轨，自己必须成为强者，小羊不可能和狼接轨。学派形成的时间，起码需

首届国际汉语方言语法学术研讨会全体代表合影（ICCDG—1）2002.12.27·哈尔滨

要三五十年，需要几代人的接力，因此，要寄希望于学生，学生的学生，学生的学生的学生！

邢先生说："作为一个教师，赞扬也好，提醒也好，都是希望自己的学生比自己更会走路和爬山，希望他们走得更远，爬得更高。如果到了那么一天，我没有力气了，坐在二十米的高度上，听到上头大声地喊：'先生，我们已经爬到了四十米的高度！''先生，我们已经爬到了六十米的高度！'那么，我会摸着白胡子欢快地笑：'啊，他们上去了！'"

邢先生既是学者又是教师，他的语法思想和传授学思想是一开始就紧密结合、融为一体的。等到较为系统地从国学视角研究语言问题，他的传授学思想中又十分自然地增加了国学的元素，其蕴蓄更为厚实而广博。诸如力行意识、朴学风气、精华品鉴等方面，都使提倡务实学风的论述得到了深化。综观邢先生的传授学思想，贯穿着"大爱"精神。爱国爱人，关注学术的健康发展，关心学生的成材成器，表现出了一种高尚的社会责任感。《孟子·离娄上》："爱人者，人恒爱之；敬人者，人恒敬之。"邢先生的言与行，将给人们留下永远的记忆！

四、"春夏秋冬"的感悟

1998年，邢先生写了一篇《年年岁岁　春夏秋冬》的散文，发表在当年11月22日的《海南日报》上面。此文开头写道："一年又一年，一岁又一岁，人的一生要经历数十个、百把个春夏秋冬。人要立志。人而无志，虚度时光，愧对人字。立了志，就要求成。人字一撇一捺，如果把立志比喻为一撇，那么求成便可以比喻为一捺。只有一撇是丰满粗壮的，一捺同时也是丰满粗壮的，人字才能丰满粗壮地站立起来，突现出来。不然，就只是一个疲软的人。立志求成的条件是什么？用个形象的说法，可以概括为：'春夏秋冬！'"

接着，邢先生分三个部分讲说他对"春夏秋冬"的感悟。听其言，观其行。让我们听听他是怎么说的，看看他是怎么做的。

（一）一解春夏秋冬

邢先生说："春夏秋冬是个时间概念。春夏秋冬意味着一年有四季，四季有十二个月，十二个月有三百六十五天。做什么事，做一天两天，做十天半个月，这还是比较容易的。要是一年三百六十五天天天如此，这就不容易。这就需要坚持不懈，需要韧性和毅力。"

1994年3月中旬，他收到东北师范大学出版社3月3日的来信，信中说，为了纪念《马氏文通》出版一百周年，东北师范大学出版社拟出版一套包括四部专著的《中国现代语言学丛书》，由季羡林先生任主编，希望他能撰写其中的一部《汉语语法学》。他的第一个反应，是东北师范大学出版社有学术远见，有干大事业的魄力；他的第二个反应，是一代宗师季羡林先生担任这套丛书的主编特别合适，特别有推动力。因此，他很快就答应了下来，并且跟出版社签订了合同，限定于1996年6月交稿。从此，他给自己立了"法"：一年多时间里，每天平均为这部书写一千字。假若哪一天没写，第二天一定得补起来。孤立地看，一天写一千字，这是轻而易举的事；然而，实践起来并不那么顺当。别说他的本职工作和各种杂务需要付出大量的时间，光是外出开会一年里就有好几次，思路常被打断，根本无法保证写作的连续性。为此，他感到苦恼。然而，苦恼归苦恼，一天一千字的要求他没有放弃。不管是因为有事，还是因为外出，只要哪一天或哪些日子没写作，他就加大工作量，算算耽误了多少天，然后补写多少个"一千字"。在他看来，如果放弃了这个要求，就等于自己为人做事的失败。1996年11月，他的40.3万字的《汉语语法学》按时出版。后来这部书多次印刷，多次获奖。从这件事，他品味到了"锲而不舍"的苦辣酸甜。

（二）二解春夏秋冬

邢先生说："春夏秋冬又是一个气候概念。春夏秋冬意味着有春天也有夏天，有秋天也有冬天，有鲜花和温暖，也有冰雪和严寒。这就要求能够应变，经得起各种考验。在困难面前，要学会自己考验自己的定性和承受力。'百折不挠'这几个字，对于人生实在太重要。"

1997年2月5日，在快到除夕的时候，他太太忽然中风瘫痪。一到武汉陆军医院，医院便下了病危通知。他太太在医院住了大半年，接回家后又不断变换法子治疗，然而，病情越来越严重，从生活不能自理，到只能躺在床上，拖了将近16年，于2012年5月5日晚上去世。

他儿子在美国工作，他女儿在上海工作。亏得请到了一位非常好的阿姨，照顾病人的重担由他和阿姨挑了16年。

病人住院期间，阿姨在医院陪床，日夜看护，夜间只能在一张帆布躺椅上睡觉。邢先生每天跑医院，中午一趟，晚上一趟，给病人送饭，送换洗衣服，不管是否刮风下雨，200多天从未间断。太太出院回家以后，有些事情，邢先生和阿姨谁有时间谁干。比如，给病人吃药、换"尿不湿"，给病人翻身、治褥疮，给病人喂饭、喂牛奶、喂水果。有些事情，必须两人一起干。比如，病人有时大便控制不住，一床皆是，这时得两人手忙脚乱地擦洗，换衣服换被单。又比如，把病人弄起来坐到定制的椅子上大小便时，病人滑到了地板上，这时必须两个人才能抱得起来。再比如，每个星期给病人洗个澡，把病人放到轮椅上，推到卫生间，两人上下抬起，放到浴缸里，洗过以后又得两人上下抱起，放到轮椅上，推进房间，放到床上。更多时候，有些事情，两人的分工各有重点。基本上是阿姨除了做饭洗衣洗被褥，主要负责"跑外"，去超市买菜买日用品，去医院拿药；邢先生"守内"，在家里一边照顾病人，一边坐在电脑前面写论文写著作。每个月给病人剪一次头发，每个星期给病人剪一次指甲，都是他的事。

邢先生尽量不离家。但是，在学校，他担任好几个职务，诸如校学术委员会成员、校学位委员会成员、校职称评审委员会委员、语言所所长、研究中心主任、《汉语学报》主编等等，免不了要开会；他每年都要带博士生，免不了要指导。在校外，有全国政协会议、国家社科基金课题评审会议、教育部社会科学委员会会议等等，不能不出席，免不了要外出。特别是，国外和境外，有时有重要的国际学术活动，不能不去参加。每出现诸如此类的情况，他觉得阿姨一个人太辛苦了，于是，在家里总要争着多做一点事。

邢先生说，困难可以压倒一个人，也可以成就一个人。在这16年的时间里，他要求自己：一定要挺住！学术上一定不能停下或放缓前进的步伐！他承担十来个国家和教育部的研究项目。只要一有空隙，他就立即坐到电脑面前，写起书文来。他的电脑中，两个文档记录他的论著。

第二届国际汉语方言语法学术研讨会　2004.12.4-6.中国·武汉

一个文档是"书文上1957—1996"，一个文档是"书文下1997—今"。为什么会这么分呢？因为他太太病倒的时间是在1997年。后一个文档，记录的是他太太病倒以后出版的著作和发表的文章。查看第二个文档，可以知道，太太病倒以后，他一共出版了16本书，其中个人独著为6本；一共发表了大小文章224篇，其中有不少是万字文。个人独著的书有：《汉语复句研究》（2001年）、《邢福义选集》（2001年）、《汉语语法三百问》（2002年）、《语言运用漫说》（2005年）、《语法问题追踪集》（2008年）、《语法问题献疑集》（2009年）。重要文章有：《"很淑女"之类说法语言文化背景的思考》、《汉语语法结构的兼容性和趋简性》、《V为双音节的"V在了N"格式》、《汉语小句中枢语法系统论略》、《关系词"一边"的配对与单用》、《说名词赋格》、《说"兄弟"和"弟兄"》、《"最"义级层的多个体涵量》、《说"V一V"》、《小句中枢说的方言实证》、《语法研究中"两个三角"的验证》、《小句中枢说的方言续证》、《说"句管控"》、《"由于"句的语义偏向辨》、《误用与误判的鉴别四原则》、《"起去"的普方古检视》、《社会公益对学风文品的规约》、《拟音词内部的一致性》、《承赐型"被"字句》、《研究观测点的一种选择——写在"小句中枢"问题讨论之前》、《语言学科发展三互补》、《新加坡华语使用中源方言的潜性影响》、《在广阔时空背景下观察"先生"与女性学人》、《〈西游记〉中的"起去"与相关问题思辨》、《国学精魂与现代语学》、《归总性数量框架与双宾语》、《新词语的监测与搜获》、《"人定胜天"的古代原本用法与现代通常用法》、《从研究成果看方言学者笔下双宾语的描写》、《测估词语＋反义AA》、《以单线递进句为论柄点评事实发掘与研究深化》、《"X以上"格式在现代汉语中的演进》、《事实终判："来"字概数结构形义辨证》、《说"数量名结构＋形容词"》、《词典的词类标注："各"字词性辨》、《辞达而已矣——论汉语汉字与英文字母词》等等。

艰难的16年，他不但没有趴下，反而更为挺拔，表现出了巨大的定性和极强的应变能力。人啊，在困难面前，一定要学会坚守，学会担当！

211重点学科建设验收会议 2011年

（三）三解春夏秋冬

邢先生说："春夏秋冬更是一个发展概念。一个春夏秋冬之后又出现一个春夏秋冬，周而复始，万象更新，循环往复，不断上升。人啊，在不同阶段的生命历程中，要不断地有新的开始，不断地站到新的起跑线上。"他又说："我体会，《周易·乾》里所说的'天行健，君子以自强不息'，就是教给我们这样的道理。"

1988 年 3 月至 5 月，邢先生到美国夏威夷大学讲学。期间，他看到了美国的学者们都在用"电脑"写文章，用"电脑"查资料，用"电脑"给学生上课，于是回国后，一直琢磨着这个"高新科技"。1990 年，在家庭经济窘迫的情况下，他咬着牙买了第一台"奔腾286"。当时，他住在老校区的教工宿舍，离学校所在地桂子山比较远。没人教，怎么办？自己学！他每天坐在电脑前，不停地"试用"。面对一次又一次的操作失败，他不但没有放弃，而且更坚定了"啃"下这块硬骨头的决心。他成功了！ 1995 年出版的《语法问题思索集》，初稿就是在这"奔腾286"上"敲"出来的。学会电脑，他如虎添翼。近十多年来，他能出那么多的成果，跟找到电脑这个"助手"分不开。如今，78 岁的邢先生，电脑操作水平更高了。他能熟练使用语料库查找语料，会自己用绘声绘影软件编辑视频资料、剪辑录像。他在国内外做学术讲演，都是自己制作 PPT。其 PPT 之精美，别说是老一辈的学者，即使是"很现代"的青年们，也自叹不如。

1999 年 8 月，《中国教育报》发表邢先生的文章《新世纪的呼唤》。他指出：21 世纪即将开始。感受着新世纪的呼唤，人类将以更加辉煌的篇章谱写出新的历史。对于中国语言的研究工作者来说，新世纪的呼唤是什么呢？按个人的十分粗浅的体会，特别应该强调"两个意识"和"两个沟通"。所谓"两个意识"，一个是世界意识，一个是现代意识。所谓"两

动词与宾语问题国际学术研讨会 2005. 11. 12. 武汉

个沟通"，一个是自然语言研究内部的沟通，一个是自然语言研究同计算机应用研究的沟通。我们固然需要不同方向的研究专家，我们也希望专家们尽可能地搞一些跨界性的研究。进一步，还必须沟通自然语言研究同计算机应用技术的研究。

2007年，《语文研究》刊登邢先生的文章《新词语的监测与搜获——一个汉语本体研究者的思考》。他写道："本文从汉语本体研究的角度，就如何监测与搜获新词语的问题提出若干思考意见。包括三个部分：1）从"粉丝"说起；2）关于跟踪相对新词语的问题；3）新词语监测工程及其实施方略。"他指出："在中文信息处理中，在新词语的监测与搜获问题上，必须同时依靠两支队伍，一支是从事计算机信息处理的学者，一支是从事汉语本体研究的学者。诚然，汉语研究者不懂或基本不懂相关工程技术问题，但是，可以从本体研究的角度提出意见。没有这方面的意见和由此而引得的相关成果，极难取得理想的成效。"在这篇文章中，他对"监测工程及其实施"提出了具体的"方略"，表明了在他的知识结构中已经出现"理工"的因素了。他是在做着学科交叉研究的尝试！

（四）结　题

在《年年岁岁　春夏秋冬》的末尾，有个"结题"。邢先生写道："总之，春夏秋冬这个概念对于一个人的立志求成具有多方面的启迪。这个概念启示我们，要有韧性，不然坚持不了春夏秋冬；要有承受力，不然适应不了千变万化的春夏秋冬；要有自强不息的精神，不然跟不上永远发展着的春夏秋冬。'四时行焉，百物生焉。'（《论语·阳货》）这里头，蕴含着很深很深的哲理。"先生的感悟，激励我们发出强烈的誓言："人要立志，不能愧对人字！"

第二届华文教学国际论坛代表合影　中国 武汉 华中师范大学 2005.12

第二章

五十余年 脚印绵延

书文目录

书的顺序号：(1)(2)(3)……

文的顺序号：1. 2. 3.……

【1957 年】

1．《动词作定语要带"的"字》，载《中国语文》1957 年第 8 期。

2．《谈谈关于语法学习的几个问题》，载《华中师院（报）》1957 年 8 月。

【1958 年】

3．《华中师范学院大力改革语言学课程》，载《中国语文》1958 年第 9 期。

4．《什么是修辞》，载《民校教师》1958 年第 1 期。

5．《消极的修辞和积极的修辞》，载《民校教师》1958 年第 2 期。

6．《用大家都懂的词》，载《民校教师》1958 年第 3 期。

7．《清楚明白》，载《民校教师》1958 年第 4 期。

8．《确切妥贴》，载《民校教师》1958 年第 5 期。

9．《造大家都懂的句子》，载《民校教师》1958 年第 6 期。

10．《通畅简洁》，载《民校教师》1958 年第 7 期。

11．《注意句子的表达效果》，载《民校教师》1958 年第 8 期。

12．《修辞格（一）》，载《民校教师》1958 年第 9 期。

13．《修辞格（二）》，载《民校教师》1958 年第 10 期。

吴长安董事长兼社长
在东北师大出版社会议室

【1959 年】

14. 《"数词＋量词"是词还是词组？》，载《华中师范学院学报》1959 年第 1 期。

15. 《互相 相互》，载《词义辨析》第二辑，人民教育出版社 1959 年 9 月版。

【1960 年】

(1)《汉语初稿（中册）》，高等教育出版社 1960 年 3 月版（与郑远志、郑远汉合著。撰写"概说"、"词法"部分。署名：华中师范学院中文系汉语教研室）。

(2)《拼音读物：奇袭虎狼窝》，湖北人民出版社 1960 年 6 月版。

(3)《拼音读物：马学礼》，湖北人民出版社 1960 年 6 月版。

16. 《强喻初探》，载《华中师范学院学报》1960 年第 2 期。

17. 《华中师范学院中文系掀起学习毛主席著作高潮》，载《中国语文》1960 年第 4 期。

18. 《论"们"和"诸位"之类并用》，载《中国语文》1960 年第 6 期。

19. 《谈一种宾语》，载《中国语文》1960 年第 12 期。

20. 《形式主义一例》，载《中国语文》1960 年第 12 期（署名：华中师范学院中文系语言学战斗组）。

【1962 年】

21. 《关于副词修饰名词》，载《中国语文》1962 年第 5 期。

22. 《谈谈复句的运用问题》，载《函授辅导教材》1962 年第 2 期。

23. 《木兰从军有几年——谈汉语里的数词》，载《武汉晚报》1962 年 12 月 5 日。

【1963 年】

24. 《略谈定语状语和补语》，载《函授辅导活页》1963 年第 1 期。

25. 《谈谈复杂谓语》，载《函授辅导教材》1963 年第 1 期。

26. 《我是怎样备课的》，载华中师范学院《教学经验专题汇编》，1963 年 5 月。

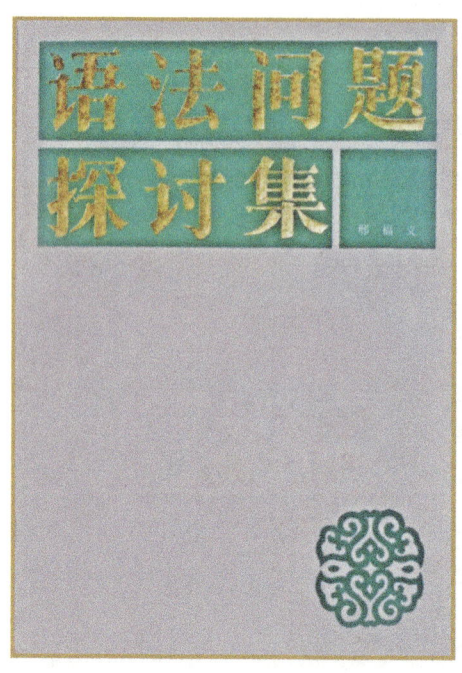

【1964 年】

27．《谈〈挥手之间〉的写作特点》，载《语文函授通讯》1964 年第 2 期。

【1965 年】

(4)《现代汉语语法》，华中师范学院印刷厂印刷，1965 年 5 月（署名：华中师范学院中文系语言教研室）。

28．《谈"数量结构＋形容词"》，载《中国语文》1965 年第 1 期。

29．《再谈"们"和表数词语并用的现象》，载《中国语文》1965 年第 5 期。

【1968 年】

30．《金猴奋起千钧棒　玉宇澄清万里埃——学习毛主席诗词〈七律和郭沫若同志〉》，载①《新华师战报》1968 年 4 月 25 日，②华中师范学院中文系编：《毛主席诗词》，1968 年 6 月。

31．《借问瘟君欲何往　纸船明烛照天烧》，载华中师范学院中文系编：《毛主席诗词》，1968 年 6 月。

【1970 年】

32．《二七烈士纪念碑》，载湖北省小学《语文》第七册。

33．《万恶的萧耀南》，载湖北省小学《语文》第八册（与王鄂生合作）。

34．《瞻仰毛主席武昌旧居和中央农民运动讲习所旧址》，载①湖北省小学《语文》第十册，②福建省初中《语文》第二册。

35．《标点符号·句号》，载湖北省小学《语文》第二册征求意见稿。

36．《标点符号·顿号》，载湖北省小学《语文》第三册征求意见稿。

37．《标点符号·省略号》，载湖北省小学《语文》第五册征求意见稿。

38．《消灭错别字》，载湖北省小学《语文》第六册征求意见稿。

39.《标点符号·破折号、括号》，载湖北省小学《语文》第七册征求意见稿。

40.《同义词》，载湖北省小学《语文》第七册征求意见稿。

41.《查字典》，载湖北省小学《语文》第八册。

42.《标点符号·分号》，载湖北省小学《语文》第九册征求意见稿。

43.《同义词》，载湖北省小学《语文》第九册征求意见稿。

44.《查字典》，载湖北省小学《语文》第十册。

45.《设问和反问》，载湖北省初中《语文》第四册。

46.《语文知识(二)关于复句运用的几个问题》，载湖北省高中《语文》第二册征求意见稿。

47.《文言虚词》，载湖北省高中《语文》第四册征求意见稿。

48.《几种文言句法》，载湖北省高中《语文》第四册征求意见稿。

【1972年】

(5)《现代汉语语法知识》，①湖北人民出版社1972年6月版（同高庆赐教授合作。撰写概说和前五节。署名：华中师范学院中文系现代汉语教研组），②〔日本〕加贺美嘉富译为日文本，日本燎原书店1976年6月出版。

【1976年】

49.《这是一颗老贫农的心》，载《前进在五·七大道上》1976年5月。

【1977年】

(6)《逻辑知识及其应用》，湖北人民出版社1977年4月版（署名：华中师范学院中文系现代汉语教研室）。

50.《从〈毛选〉五卷看"和""同"二词的词性》，载《华中师范学院学报》1977年第3期。

51. 《略论复句与推理》，载《华中师范学院学报》1977 年第 4 期。

52. 《逻辑知识讲话（一）　逻辑·逻辑学习·逻辑的基本规律》，载《语文函授》1977 年第 4 期。

53. 《逻辑知识讲话（二）　关于概念》，载《语文函授》1977 年第 5 期。

54. 《逻辑知识讲话（三）　关于判断》，载《语文函授》1977 年第 6 期。

55. 《逻辑知识讲话（四）　关于推理》，载《语文函授》1977 年第 7 期。

56. 《关于"个别性的前提得到了一个普遍性的结论"——简介假言直言演绎推理》，载《语文函授》1977 年第 8 期。

【1978 年】

57. 《关于大、小前提和结论的省略与位置变换》，载《语文函授》1978 年第 2 期。

58. 《简论二难推理》，载《语文函授》1978 年第 3 期。

59. 《关于概念的限定》，载《语文函授》1978 年第 4 期。

60. 《略论"把"字结构的句法地位》，载《语文函授》1978 年第 5 期。

61. 《充足·必要·充要》，载《语文函授》1978 年第 6 期。

62. 《关于"种"和"属"》，载《语文函授》1978 年第 6 期。

63. 《谈谈不同推理方式的配合使用》，载《语文函授》1978 年第 8 期。

【1979 年】

(7)《逻辑知识及其应用》，湖北人民出版社 1979 年 9 月版。

64. 《论定名结构充当分句》，载《中国语文》1979 年第 1 期。

65. 《湖北省语言学会召开代表会议》，载《中国语文》1979 年第 2 期。

66. 《论意会主语"使"字句》，载《江汉语言学丛刊》1979 年第 1 期。

67. 《谈谈多重复句的分析》，载《语文教学与研究》1979 年第 1 期。

68. 《湖北省语言学会积极开展活动》，载《中国语文通讯》1979年第1—2期。

69. 《定名结构充当分句一例之分析》，载《语文教学与研究》1979年第2期。

70. 《"五个日日夜夜"的说法对吗？》，载《语文教学与研究》1979年第2期。

71. 《"只有…才…"表示唯一条件，这种提法对吗？》，载《语文教学与研究》1979年第2期。

72. 《略说关联词语》，载《语文教学与研究》1979年第3期。

73. 《倒装成分和受事主语》，载《语文教学与研究》1979年第4期。

74. 《"一起"和使用"一起"的句子》，载《语文教学与研究》1979年第5期。

75. 《后分句主语的省略与意会》，载《中学语文教学》1979年第5期。

76. 《说"仿佛"》，载《语文教学与研究》1979年第6期。

77. 《"日日夜夜"含义补说》，载《语文教学与研究》1979年第6期。

【1980年】

(8)《现代汉语语法知识》，湖北人民出版社1980年8月版。

78. 《略论"结构"研究中的几个问题》，载《华中师范学院学报》1980年第1期。

79. 《略说"名物化"》，载《语文教学与研究》1980年第1期。

80. 《谈"点""面"并列》，载《中学语文教学》1980年第2期。

81. 《关于"从…到…"结构》，载《中国语文》1980年第5期。

82. 《略谈标点与语气》，载《语文教学与研究》1980年第5期。

83. 《"如果…就…"和"只要…就…"》，载《中学语文教学》1980年第11期。

【1981年】

(9)《词类辨难》，甘肃人民出版社1981年8月版。

84. 《现代汉语里的一种双主语句式》，载《语言研究》1981年第1期。

85．《"继续"词性的考察》，载《语文教学与研究》1981 年第 1 期。

86．《评"暂拟汉语教学语法系统"》，载①《中国语文》1981 年第 2 期（署名：华萍），②《汉语析句方法讨论集》，上海教育出版社 1984 年 1 月版。

87．《关于"暂拟系统"的几个问题》，载《语文教学与研究》1981 年第 3 期（署名：华萍）。

88．《关于概念、判断和推理》，载《湖北教育》1981 年第 12 期。

【1982 年】

89．《句子成分辨察》，载①《语文论坛》1982 年创刊号，②《教学语法论集》，人民教育出版社 1982 年 2 月版。

90．《从"灯火连篇"说到"亭亭玉立的小树"》， 载《汉语学习》1982 年第 2 期。

91．《关于同一律、矛盾律和排中律》，载《湖北教育》1982 年第 2 期。

92．《论"不"字独说》，载《华中师范学院学报》1982 年第 3 期。

93．《句子成分的配对性、分层性和连环套合现象》，载《语文教学与研究》1982 年第 7 期。

94．《关于"诸位……们"之类的说法》，载《湖北教育》1982 年第 7—8 期。

【1983 年】

（10）《语文知识千问》，湖北人民出版社 1983 年 3 月（与刘兴策等合作。撰写语、修、逻 300 问）。

95．《有关词性的几个问题》，载《湖北电大通讯》1983 年第 2 期。

96．《"但"类词对几种复句的转化作用》，载《中国语文》1983 年第 3 期。

97．《建立教学语法的教材结构系统的探索》，载《语文教学与研究》1983 年第 4 期。

98．《电大教材〈现代汉语〉中册学习问答（一）》，载《语文教学与研究》1983 年第 5 期。

99．《试论"Ａ，否则Ｂ"句式》，载《中国语文》1983 年第 6 期。

100. 《概念、判断和推理》，载①《小学语文教师之友》，《湖北教育》编辑部 1983 年 6 月，②《小学语文教师自修读本》，湖北教育出版社 1984 年 1 月版。

101. 《同一律、矛盾律、排中律和充足理由律》，载①《小学语文教师之友》，湖北教育编辑部 1983 年 6 月，②《小学语文教师自修读本》，湖北教育出版社 1984 年 1 月版。

102. 《电大教材〈现代汉语〉中册学习问答（二）》，载《语文教学与研究》1983 年第 6 期。

103. 《电大教材〈现代汉语〉中册学习问答（三）》，载《语文教学与研究》1983 年第 7 期。

104. 《论现代汉语句型系统》，载《语法研究和探索（一）》，北京大学出版社 1983 年 12 月版。

105. 《湖北省语言学会第二届年会以来学会工作报告》，载《湖北省语言学会通讯》第 2 期，1983 年 11 月。

【1984 年】

(11) 《电大语法教材学习问答》，湖北教育出版社 1984 年 6 月版。

106. 《"要不是 p 就 q"句式及其修辞作用》，载①《语言教学与研究》1984 年第 1 期，②《修辞和修辞教学》，上海教育出版社 1985 年 7 月版。

107. 《"不过""只是"的语法意义》，载《字词天地》1984 年第 1 期。

108. 《说"NP 了"句式》，载《语文研究》1984 年第 3 期。

109. 《"但"类词和"无论 p，都 q"句式》，载《中国语文》1984 年第 4 期。

110. 《数量名结构的重叠连用格式》，载《语法研究和探索（二）》，北京大学出版社 1984 年 4 月版。

111. 《关于"给给"》，载《中国语文》1984 年第 5 期。

112. 《"中学语法教学系统提要"的成分分析》，载《语文教学与研究》1984 年第 6 期。

113. 《浪淘沙·春节回海南》，载《华中师院（报）》1984 年 3 月 23 日（后为《海南日报》所转载）。

【1985 年】

(12)《复句与关系词语》，黑龙江人民出版社 1985 年 5 月版。

114.《关于"既然 p，就 q"句式》，载《语文教学与研究》1985 年第 1 期。

115.《复句问题论说》，载《华中师范学院学报》1985 年第 1 期（署名：华萍）。

116.《关于动宾配搭》，载武汉《普通话》1985 年第 1 期。

117.《死？喜？》，载香港《普通话》1985 年第 1 期。

118.《"越 X，越 Y"句式》，载①《中国语文》1985 年第 4 期，②《语法研究和探索（三）》，北京大学出版社 1985 年 12 月版。

119.《现代汉语的"即使"实言句》，载①《语言教学与研究》1985 年第 4 期，②《第一届国际汉语教学讨论会论文选》，北京语言学院出版社 1986 年 8 月版。

120.《谈谈语法规范化的问题》，载《文字改革》1985 年第 6 期。

121.《从"原来"的词性看词的归类问题》，载《汉语学习》1985 年第 6 期。

122.《关于〈中学教学语法系统提要（试用）〉——祝顺有〈新订中学语法系统讲析〉代序》，载《新订中学语法系统讲析》，华中师范大学出版社 1985 年 9 月版。

【1986 年】

(13)《语法问题探讨集》，湖北教育出版社 1986 年 1 月版。

(14)《现代汉语》（全国卫星电视教材）（主编），高等教育出版社 1986 年 7 月版。

(15)《〈现代汉语〉问题解答》（主编），湖北教育出版社 1986 年 11 月版。

123.《反递句式》，载《中国语文》1986 年第 1 期。

124.《让步句的考察》，载《汉语研究》1986 年第 1 期。

125.《转折词和"如果说 p，那么 q"句式》，载《语文建设》1986 年第 3 期。

126.《让学生永远站在问号的起跑点上》，载《高教与人才》1986 年第 3 期。

127. 《"比"字句中的"的"和"得"》，载《语文建设》1986 年第 5 期。

128. 《〈选美前后〉中的一些语法现象》，载香港《普通话》1986 年第 5 期。

129. 《奇巧的问答》，载香港《普通话》1986 年第 5 期。

130. 《从一个实例看标点符号的表意作用》，载《语文教学与研究》1986 年第 6 期。

131. 《首届青年现代汉语（语法）学术讨论会开幕词》，载《华中师范大学学报》1986 年第 6 期。

【1987 年】

132. 《关于"帮忙我"之类的说法》，载香港《普通话季刊》1987 年第 1 期。

133. 《香港人爱用的一个特别的叹词》，载香港《普通话季刊》1987 年第 1 期。

134. 《现代汉语的"要么 p，要么 q"句式》，载《世界汉语教学》1987 年第 2 期。

135. 《"像·（名·似的）"还是"（像·名）·似的"？》，载《汉语学习》1987 年第 3 期。

136. 《复句的分类》，载《句型和动词》，语文出版社 1987 年 4 月。

137. 《普通话语法、词汇、语音测试问题的探讨》，载①《华中师范大学学报》1987 年第 5 期，②香港普通话研习社、香港中国语文学会：《普通话测试论文集》，1988 年 12 月。

138. 《关于现代汉语的学习》（一），载《语文教学与研究》1987 年第 9 期。

139. 《关于现代汉语的学习》（二），载《语文教学与研究》1987 年第 10 期。

140. 《现代汉语的特指性是非问》，载①《语言教学与研究》1987 年第 4 期，②《第二届国际汉语教学讨论会论文选》，北京语言学院出版社 1988 年 12 月版。

141. 《语修沟通管见》，载①《修辞学习》1987 年第 5 期，②《语法修辞结合问题》，北京语言学院出版社 1996 年 5 月版。

142. 《前加特定形式词的"一 X，就 Y"句式》，载①《中国语文》1987 年第 6 期，②《中国语文 200 期纪念刊文集》，商务印书馆 1989 年 7 月版。

【1988 年】

143．《关于形容词短语》，载《荆州师专学报》1988 年第 1 期。

144．《"高三尺"之类说法中"高、重"等词的词性判别》，载《语言学通讯》1988 年第 3 期。

145．《"ＮＮ地Ｖ"结构》，载《语法研究和探索（四）》，北京大学出版社 1988 年 9 月版。

146．《湖北省语言学会第五届年会开幕词》，载《湖北省语言学会通讯》第 4 期，1988 年 1 月。

【1989 年】

147．《词类问题的思考》，载①《语言研究》1989 年第 1 期，②《语法研究和探索（五）》，语文出版社 1991 年 7 月版。

148．《词类判别四要点》，载《语言教学与研究》1989 年第 3 期。

149．《章震欧〈实用现代汉语〉序》，载《实用现代汉语》，海南人民出版社 1989 年 5 月版。

150．《务实求新　继往开来》，载《语法求索》，华中师范大学出版社 1989 年 6 月版。

151．《三点希望》，载《语法求索》，华中师范大学出版社 1989 年 6 月版。

152．《"有没有ＶＰ"疑问句式》，载①《双语双方言》，中山大学出版社 1989 年 7 月版，②《华中师范大学学报》1990 年第 1 期，③中国人民大学复印资料《语言文字学》1990 年第 4 期。

153．《深港片语言问题研讨会闭幕词》，载《双语双方言》，中山大学出版社 1989 年 7 月版。

154．《纪洪志〈普通话口语训练手册〉序》，武汉大学出版社 1989 年 11 月版。

【1990 年】

(16)《形容词短语》，人民教育出版社 1990 年 6 月版。

(17)《文化语言学》（主编），湖北教育出版社 1990 年 10 月版。

155. 《时间词"刚刚"的多角度考察》，载《中国语文》1990 年第 1 期（与丁力、汪国胜、张邱林合作）。

156. 《现代汉语语法研究的两个"三角"》，载①《云梦学刊》1990 年第 1 期，②中国人民大学复印资料《语言文字学》1990 年第 9 期，③《高等学校文科学报文摘》1990 年第 6 期。

157. 《高等师范院校本科系列教材〈现代汉语〉叙》，载《语言学通讯》1990 年 1—2 期。

158. 《良师与益友》，载《汉语学习》1990 年第 5 期。

159. 《实中求新　新而不怪》，载《语文建设》1990 年第 6 期。

160. 《关于方言语法》，载《语言文学论集》，广东教育出版社 1990 年 12 月版（与吴振国合作）。

【1991 年】

(18)《现代汉语》（高等师范学校教学用书）（主编），高等教育出版社 1991 年 5 月版。

161. 《汉语复句格式对复句语义关系的反制约》，载《中国语文》1991 年第 1 期。

162. 《现代汉语的特殊格式"V 地 V"》，载《语言研究》1991 年第 1 期。

163. 《序文两篇》（《序〈汉语辞格大全〉》，《序〈汉族儿童问句系统习得探微〉》），载《语言学通讯》1991 年 1—2 期。

164. 《汉语里宾语代入现象之观察》，载①《世界汉语教学》1991 年第 2 期，②《第三届国际汉语教学讨论会论文选》，北京语言学院出版社 1991 年 11 月版。

165. 《关键在于怎么讲语法》，载《语文学习》1991 年第 2 期。

166. 《现代汉语语法问题的两个"三角"的研究——80 年以来中国大陆现代汉语语研究的发展》，载①《语言教学与研究》1991 年第 3 期（署名：华萍），②《80 年代与 90 年代中国现代汉语语法研究》，北京语言学院出版社 1992 年 3 月版。

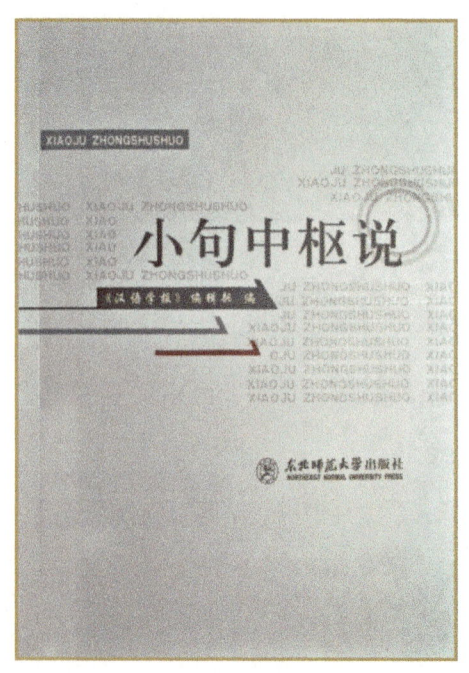

167.《关于辞格》，载《中文自学指导》1991 年第 5 期。

168.《从句法组织看现代汉语的丰富、优美与精炼》，载《语文建设》1991 年第 6 期。

169.《现代汉语语法研究的三个"充分"》，载①《湖北大学学报》1991 年第 6 期，②中国人民大学复印资料《语言文字学》1992 年第 1 期。

170.《南片话语中述谓项前移的现象》（选摘），载《深圳教育学院深圳师范专科学校学报》1991 年第 2 期。

171.《萧国政等〈新订教学语法精讲〉序》，载《新订教学语法精讲》，武汉测绘科技大学出版社 1991 年 7 月版。

172.《湖北省语言学会第六届年会开幕词》，载《语言学通讯》1991 年 3—4 期。

173.《湖北省语言学会第七届年会开幕词》，载《语言学通讯》1991 年 3—4 期。

【1992 年】

(19)《语法问题发掘集》，湖北教育出版社 1992 年 5 月版。

(20)《规范汉语教程》（主编），华中师范大学出版社 1992 年 6 月版。

174.《从基本流向综观现代汉语语法研究四十年》，载①《中国语文》1992 年第 6 期，②《中国语文四十周年纪念刊文集》，商务印书馆 1993 年 10 月版，③《中国语文研究四十年纪念文集》，语文出版社 1993 年 10 月版（提要），④中国人民大学复印资料《语言文字学》1993 年第 1 期。

175.《现代汉语转折句式》，载《世界汉语教学》1992 年第 2 期。

176.《南片话语中述谓项前移的现象》，载①《双语双方言》（二），香港彩虹出版社 1992 年 8 月版，②《汉语研究论集》第一辑，语文出版社 1992 年 12 月版。

177.《语法问题发掘集自序》，载《语言学通讯》1992 年 1—2 期。

178.《关于"一个星期的第一天"》，载香港《普通话》1992 年第 2 期。

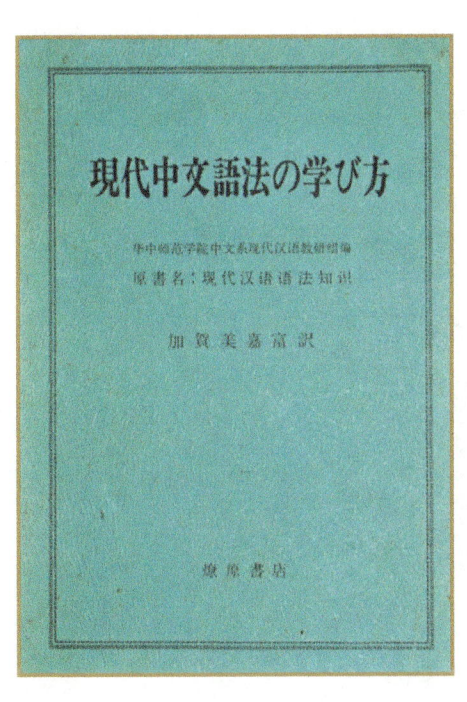

179．《第二届双语双方言研讨会闭幕词》，载《双语双方言》（二），香港彩虹出版社1992年8月版。

180．《抬头是山　路在脚下》，载《中师生报》第146期，1992年5月17日。

181．《毛泽东语言运用的群众性原则》，载《理论月刊》1992年第5期（与卢卓群合作）。

182．《〈汉语复句与单句的对立和纠结〉摘要》，载《第一届国际汉语语言学会议论文摘要》，新加坡国立大学高等研究中心1992年6月版。

183．《毛泽东语言运用的理论和实践》，载《语言文字规范化文集》，香港彩虹出版社1992年10月版。

184．《忆秦娥·艳阳方好》，载《流韵》第1期，1992年7月29日。

185．《卜算子·杨柳桥道别》，载《流韵》第2期，1992年10月29日。

【1993年】

(21)《邢福义自选集》，河南教育出版社1993年11月版。

(22)《毛泽东著作语言论析》（主编），湖北教育出版社1993年12月版。

(23)《现代汉语》（主编）（大学专修科用书，卫星电视教材修订本），高等教育出版社1993年11月版。

(24)《现代汉语辅导》（主编），高等教育出版社1993年11月版。

(25)《中学汉语》第一册（对外汉语教材，挂"主编"之名），华中师范大学出版社1993年9月版。

(26)《中学汉语》第二册（同上），华中师范大学出版社1993年9月版。

(27)《中学汉语》第三册（同上），华中师范大学出版社1993年7月版。

(28)《中学汉语》第四册（同上），华中师范大学出版社1993年8月版。

(29)《中学汉语》第五册（同上），华中师范大学出版社1993年10月版。

（30）《中学汉语》第六册（同上），华中师范大学出版社1993年10月版。

186．《形容词的ＡＡＢＢ反义叠结》，载《中国语文》1993年第5期（与李向农、丁力、储泽祥合作）。

187．《汉语复句与单句的对立和纠结》，载①《世界汉语教学》1993年第1期，②中国人民大学复印资料《语言文字学》1993年第5期。

188．《治学之道　学风先导》，载①《世界汉语教学》1993年第4期，②《吕叔湘先生九十华诞纪念文集》，商务印书馆1995年1月版。

189．《从"似Ｘ似的"看"像Ｘ似的"》，载①《语言研究》1993年第1期，②中国人民大学复印资料《语言文字学》1993年第10期。

190．《现代汉语数量词系统中的"半"和"双"》，载①《语言教学与研究》1993年第4期，②西北大学国际文化交流学院、西北大学汉学研究所《国际汉学论坛》，西北大学出版社1994年9月版，③《第四届国际汉语教学讨论会论文选》，北京语言学院出版社1995年6月版。

191．《关于毛泽东著作语言的分析》，载《语言文字应用》1993年第2期。

192．《关于毛泽东著作语言的论析》，载《武汉市成人教育学院学报》1993年第1期。

193．《"半"的词性判别和词形规范》，载香港《语文建设通讯》1993年第4期。

194．《"学者＋教育家"的气度》，载①《张志公语言和语文教育思想研讨会论文选集》，语文出版社1993年7月版，②《云梦学刊》1993年第4期。

195．《〈红楼梦〉中的"因Ｙ，因Ｇ"》，载①《湖北大学学报》1993年第4期，②中国人民大学复印资料《语言文字学》1993年第9期。

196．《选择问的句群形式》，载①《汉语学习》1993年第6期，②中国人民大学复印资料《语言文字学》1994年第2期，③《语法研究和探索》（七），商务印书馆1995年12月版。

197．《从"龙的子孙"说到"星期七"》，载《学语文》1993年第1期。

198．《〈现代汉语〉教材的三个"讲求"》，载《高教书讯》1993年5月15日。

199．《亦师亦友　志在高山》，载《研究生教育理论与实践》1993年第4期。

200．《文字问题二议》，载①《全国中师生汉字规范知识竞赛赛题汇编·专论》，华中师范大学出版社1993年6月版，②《语文建设》1994年第4期。

201．《序徐杰〈汉语描写语法十论〉》，载《汉语描写语法十论》，河南教育出版社1993年7月版。

202．《序萧国政〈现代汉语语法问题研究〉》，载《现代汉语语法问题研究》，华中师范大学出版社1993年12月版。

【1994年】

(31)《现代汉语教程》（主编），湖北科学技术出版社1994年5月版。

203．《ＮＶＮ造名结构及其ＶＮ｜ＮＶ简省形式》，载《语言研究》1994年第2期。

204．《现代汉语语法研究的"小三角"和"三平面"》，载①《华中师范大学学报》1994年第2期，②中国人民大学复印资料《语言文字学》1994年第5期。

205．《关于现代汉语复句研究》，载《黄冈师专学报》1994年第2期。

206．《尊重事实　讲究文品——文章写作反思》，载《语言文字应用》1994年第3期。

207．《形容词动态化的趋向态模式》，载①《湖北大学学报》1994年第5期，②中国人民大学复印资料《语言文字学》1994年第12期。

208．《南味"好"字句》，载①《双语双方言》（三），汉学出版社1994年8月版，②《华中师范大学学报》1995年第1期，③中国人民大学复印资料《语言文字学》1995年第5期。

209．《文字问题二议》，载《语文建设》1994年第3期。

210．《一个有朝气有作为的出版社》，载《高教书讯》1994年5月18日。

211．《我谈语文规范化》，载《语文建设》1994年第6期。

212．《对于未来我们充满希望》，载①《汉语学习》1994年第4期，②邵敬敏主编《句

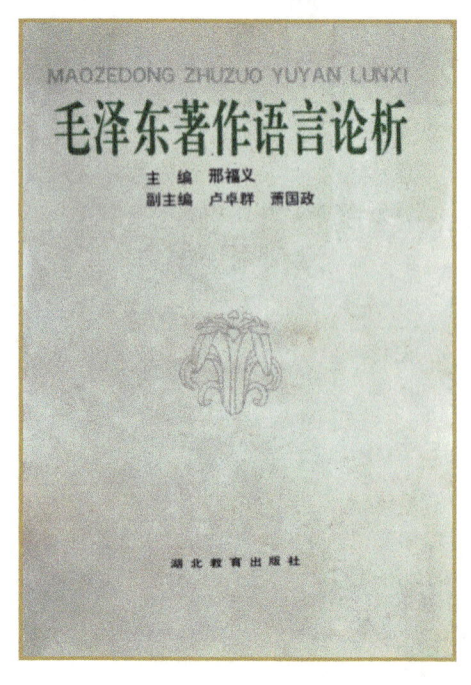

法结构中的语义研究》，北京语言文化大学出版社 1998 年 10 月版。

213．《谈谈高师教材〈现代汉语〉》，载《语文建设》1994 年第 11 期。

214．《第三次双语双方言研讨会开幕词》，载《双语双方言》（三），汉学出版社 1994 年 8 月版。

215．《序王群生〈湖北荆沙方言〉》，载《湖北荆沙方言》，武汉大学出版社 1994 年 4 月版。

216．《序吴永德〈现代汉语词汇学简论〉》，载《现代汉语词汇学简论》，华中师范大学出版社 1994 年 6 月版。

217．《序骆小所〈现代修辞学〉》，载《现代修辞学》，云南人民出版社 1994 年 8 月。

218．《序邓衍铨等〈修辞大观〉》，载《修辞大观》，武汉大学出版社 1994 年 11 月。

219．《序卢卓群〈语法语汇问题论集〉》，载《语法语汇问题论集》，武汉工业大学出版社 1994 年 12 月版。

【1995 年】

(32)《语法问题思索集》，北京语言学院出版社 1995 年 9 月版。

220．《"更"字复句》，载《中国语言学报》第 5 期，商务印书馆 1995 年 6 月版。

221．《小句中枢说》，载①《中国语文》1995 年第 6 期，②人大复印资料《语言文字学》1996 年第 3 期。

222．《从海南黄流话的"一、二、三"看现代汉语数词系统》，载①《方言》1995 年第 3 期，②中国人民大学复印资料《语言文字学》1995 年第 11 期。

223．《选择问句群与前引特指问的同指性双层加合》，载日本《中国语研究》第 37 期，株式会社白帝社 1995 年 10 月。

224．《从语言不是数字说起》，载《语言文字应用》1995 年第 3 期。

225．《否定形式和语境对否定度量的规约》，载①《世界汉语教学》1995 年第 3 期，

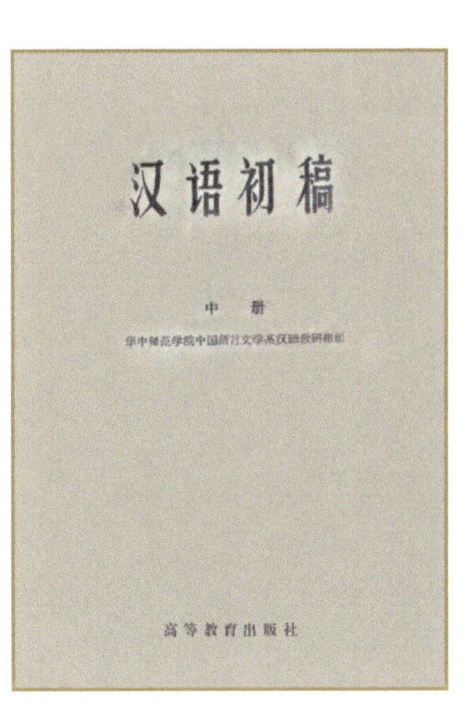

②中国人民大学复印资料《语言文字学》1996年第1期。

226．《汉语语法研究之走向成熟》，载《汉语学习》1995年第1期。

227．《序〈文化语言学〉》，载《文化语言学中国潮》，语文出版社1995年1月版。

228．《湖北省语言学会第八届年会开幕词》，载《湖北省语言学会通讯》第6期，1995年2月。

229．《语言文字论著序文两篇》，载《语文教学与研究》1995年第3期。

230．《语文现代化的理论与实践——写在中国语文现代化学会正式成立的时候》，载《语文现代化论丛》，山东教育出版社1995年10月。

231．《研究工作的思考和一个教师的企盼——序李宇明〈儿童语言的发展〉》，载《学语文》1995年第3期。

232．《与语文工作者谈治学》，载《语文教学与研究》1995年第6期。

233．《祝贺全国汉语方言学会第八届学术讨论会隆重举行》，载《师范生周报》1995年12月10日第312期。

【1996年】

(33)《汉语语法学》，东北师范大学出版社1996年11月版。

234．《说"您们"》，载①《方言》1996年第2期，②中国人民大学复印资料《语言文字学》1996年第9期。

235．《方位结构"X里"和"X中"》，载《世界汉语教学》1996年第4期。

236．《"却"字和"既然"句》，载《汉语学习》1996年第6期。

237．《文品问题三关系》，载《语言文字应用》1996年第3期。

238．《关于成语换字活用》，载《语文建设》1996年第12期。

239．《亦师亦友　"导"字当先》，载《华中师范大学学报》1996年第5期。

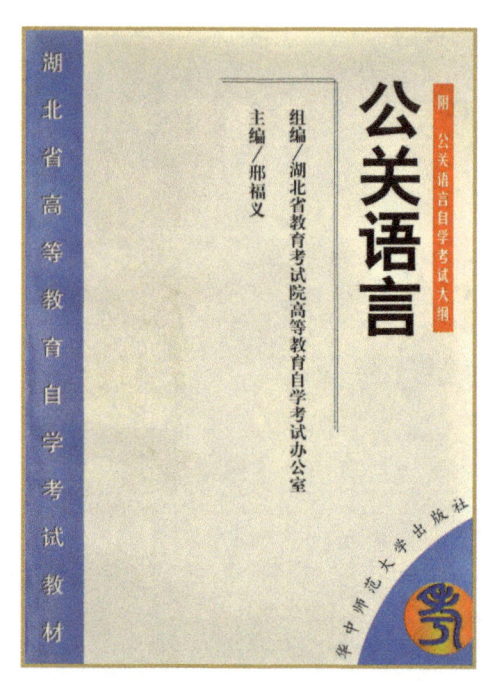

240．《"八五"期间的现代汉语研究》，载《中国语言学现状与展望》，外语教学与研究出版社 1996 年 8 月版（与汪国胜、吴振国、萧国政合作）。

241．《文品问题三议》，载《华中师大报》1996 年 4 月 10 日。

242．《汉语学习被当成了日中友好的桥梁》，载《汉语学习》1996 年第 3 期。

243．《汉语学习与日中友好》，载《语文教学与研究》1996 年第 4 期。

244．《根在黄流》，载《海南日报》1996 年 6 月 3 日。

245．《建设"夕阳红"工程》，载《政协信息》1996 年第 20 期。

246．《序卢卓群主编〈学生常用成语词典〉》，载《学生常用成语词典》，湖北教育出版社 1996 年 6 月版。

247．《着力于"学者素质"的培养》，载《华中师大报》1996 年 12 月 20 日，总第 676 期。

248．《注意句子中词语之间的照应》，载《中国报刊月报》1996 年第 4 期。

249．《序常春〈现代汉语教学与测试研究〉》，载《现代汉语教学与测试研究》，华中师范大学出版社 1996 年 10 月版。

【1997 年】

250．《"很淑女"之类说法语言文化背景的思考》，载①《语言研究》1997 年第 2 期，②中国人民大学复印资料《语言文字学》1998 年第 3 期。

251．《汉语语法结构的兼容性和趋简性》，载①《世界汉语教学》1997 年第 3 期，②中国人民大学复印资料《语言文字学》1997 年第 12 期，③《汉语法特点面面观》，北京语言文化大学出版社 1999 年 3 月版。

252．《V 为双音节的"V 在了 N"格式——一种曾经被语法学家怀疑的格式》，载①《语言文字应用》1997 年第 4 期，②中国人民大学复印资料《语言文字学》1998 年第 2 期。

253．《从吕先生不讲过头话说起》，载《语文建设》1997 年第 4 期。

254．《说说言语风趣》，载《语文建设》1997年第11期。

255．《〈汉语层次分析录〉序》，载①《语言教学与研究》1997年第2期，②饶长溶：《汉语层次分析录》，北京语言文化大学出版社1957年5月版。

256．《面对更新的未来——新时期语法学者国际学术讨论会欢迎词》，载①《汉语学习》1997年第2期，②《汉语法特点面面观》，北京语言文化大学出版社1999年3月版。

257．《邢福义（自述）》，载国务院学位委员会办公室编：《中国社会科学家自述》，上海教育出版社1997年12月版。

258．《读晓苏的小说》，载《长江日报》1997年2月11日。

259．《给祝敏彻教授的信》，载潘攀：《金瓶梅语言研究》，武汉出版社1997年2月版。

260．《屈哨兵〈广告语言方略〉序》，载屈哨兵：《广告语言方略》，科学普及出版社1997年7月版。

261．《十年辛苦不寻常》，载《双语双方言》（五），汉学出版社1997年8月版。

262．《周国光〈汉语句法结构习得研究〉鉴定意见》，载周国光：《汉语句法结构习得研究》，安徽大学出版社1997年9月版。

263．《现代汉语课程改革的思路和目标》（署名邢福义　汪国胜，汪国胜执笔），载《语文建设》1997年第12期。

264．《〈华中语学论库〉序》，载李向农：《现代汉语时点时段研究》，华中师范大学出版社1997年11月版。

265．《李向农〈现代汉语时点时段研究〉推荐书》，载李向农：《现代汉语时点时段研究》，华中师范大学出版社1997年11月版。

266．《储泽祥〈现代汉语方所系统研究〉推荐书》，载储泽祥：《现代汉语方所系统研究》，华中师范大学出版社1997年11月版。

【1998 年】

267.《汉语小句中枢语法系统论略》，载①《华中师范大学学报》1998 年第 1 期，②中国人民大学复印资料《语言文字学》1998 年第 7 期，③《中国语言学的新拓展》，香港城市大学出版社 1999 版。

268.《关系词"一边"的配对与单用》，载①《世界汉语教学》1998 年第 4 期，②中国人民大学复印资料《语言文字学》1999 年第 3 期，③《面临新世纪挑战的现代汉语语法研究》，山东教育出版社 2000 年 12 月版。

269.《说名词赋格》，载《李新魁教授记念文集》，中华书局 1998 年 8 月版。

270.《令人忧虑的汉字"繁体错位"》，载《语文建设》1998 年第 1 期。

271.《李宇明等〈语言的理解与发生〉审读报告》，载李宇明等：《语言的理解与发生》，华中师范大学出版社 1998 年 5 月版。

272.《一代宗师 百世楷模——吕叔湘先生永远指导着我们》，载《语文教学与研究》1998 年第 8 期。

273.《汉语语法教学与测试的若干问题》，载①澳门理工学院《理工学报》1998 年 8 月第 1—2 期，②澳门理工学院语言暨翻译高等学校《ACTAS 论文集》。

274.《周建民〈广告修辞学〉序》，载周建民：《广告修辞学》，武汉出版社 1998 年 8 月版。

275.《湖北省语言学会第九届年会开幕词》，载《湖北省语言学会通讯》第 7 期，1998 年 5 月。

276.《年年岁岁 春夏秋冬》，载《海南日报》1998 年 11 月 22 日。

277.《丁力〈现代汉语列项选择问研究〉推荐书》，载丁力：《现代汉语列项选择问研究》，华中师范大学出版社 1998 年版。

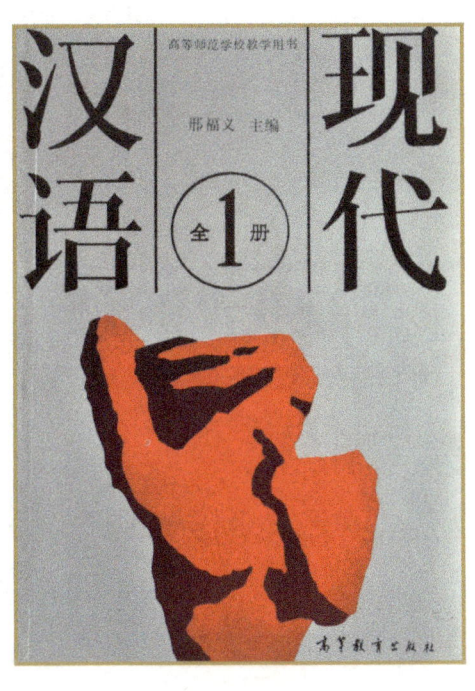

【1999 年】

(34)《汉语法特点面面观》（主编），北京语言文化大学出版社 1999 年 3 月版。

278.《〈现代汉语方言大词典〉分卷本出版座谈会上的讲话》，载《方言》1999 年第 2 期。

279.《说"兄弟"和"弟兄"》，载①《方言》1999 年第 4 期，②中国人民大学复印资料《语言文字学》2000 年第 3 期。

280.《中国语言学的发展——读许嘉璐先生的信》，载①《语言文字应用》1999 年第 3 期，②《教学与教材研究》1999 年第 4 期（题为《大力促进中国语言学的兴盛——读许嘉璐先生的信》）。

281.《汉语语法研究的展望》，载《语法研究入门》，商务印书馆 1999 年 2 月版。

282.《时间方所》（与李向农、储泽祥合作），载《语法研究入门》，商务印书馆 1999 年 2 月版。

283.《复句》，载《语法研究入门》，商务印书馆 1999 年 2 月。

284.《序〈数里乾坤〉》，载①《语言文字应用》1999 年第 2 期，②张德鑫《数里乾坤》，北京大学出版社 1999 年 7 月版。

285.《语言学系建立与发展的三点认识》，载《华中师范大学学报》1999 年第 3 期。

286.《〈双语双方言与现代中国〉序》，载《双语双方言与现代中国》，北京语言文化大学出版社 1999 年 3 月版。

287.《一位可以不设防的朋友——我心底里的方言学家詹伯慧教授》，载①《语文教学与研究》1999 年第 1 期，②《立说传薪风雨人》，暨南大学出版社 1999 年 3 月版。

288.《湖北省语言学会第十届年会开幕词》，载《湖北省语言学会通讯》第 8 期，1999 年 1 月。

289.《新世纪的呼唤》，载《中国教育报》1999 年 8 月 10 日。

290.《从新世纪的呼唤说到对外汉语教学》，载《武汉大学学报》1999年对外汉语教学论集。

291．《语言哲学对话摘登》，载于根元等：《语言哲学对话》第 117、134、139、147、150、161 页，语文出版社 1999 年 5 月版。

292.《"狂飙"？》，载《湖北广播电视报》1999 年第 39 期第 4 版（1999 年 9 月 27 日）。

293．《大写的"爱"字》，载《华中师大报》1999 年 9 月 30 日。

294.《序吴松贵〈"三字一话"通用教程〉》，载吴松贵：《"三字一话"通用教程》，中国地质大学出版社 1999 年 9 月版。

295．《序邵则遂〈湖北方言词〉》，载邵则遂：《湖北方言词》，湖北人民出版社 1999 年 10 月版。

296．《〈根在黄流〉代序后记》，载邢福壮主编：《黄流村志》，1999 年 10 月。

297．《卜算子·杨柳桥道别》，载邢福壮主编：《黄流村志》第 177 页，1999 年 10 月。

298．《忆秦娥·艳阳方好》，载邢福壮主编：《黄流村志》第 178 页，1999 年 10 月。

299．《卜算子·松柏万年青》，载邢福壮主编：《黄流村志》第 178 页，1999 年 10 月。

300．《让大学生才智闪光》，载《华中师大报》1999 年 12 月 29 日。

【2000 年】

(35)《文化语言学》（主编）修订本，湖北教育出版社 2000 年 1 月版。

(36)《公关语言》（主编），华中师范大学出版社 2000 年 8 月版。

301．《"最"义级层的多个体涵量》，载①《中国语文》2000 年第 1 期，②《第六届国际汉语教学讨论会论文选》，北京大学出版社 2000 年 6 月版，③中国人民大学复印资料《语言文字学》2000 年第 6 期。

302．《说"V 一 V"》，载《中国语文》2000 年第 5 期。

303.《小句中枢说的方言实证》，载①《方言》2000 年第 4 期，②中国人民大学复印资料《语

言文字学》2001 年第 3 期。

304．《语法研究中"两个三角"的验证》，载①《华中师范大学学报》2000 年第 5 期，②中国人民大学复印资料《语言文字学》2001 年第 2 期。

305．《往前又是 0 起点——〈汉语复句研究〉自序》，载《汉语学习》2000 年第 4 期。

306．《〈文化语言学〉增订本序》，载《文化语言学》修订本，湖北教育出版社 2000 年 1 月版。

307．《"很＋名词"的语言文化问题辨察》，载《文化语言学》修订本，湖北教育出版社 2000 年 1 月版。

308．《汉语句法形式的趋简性和人文性》，载《文化语言学》修订本，湖北教育出版社 2000 年 1 月版。

309．《一本描写武汉俗语的好书》，载《语文教学与研究》2000 年第 7 期；又《序〈武汉俗语纵横谈〉》，载朱建颂：《武汉俗语纵横谈》，中国档案出版社 2002 年 6 月版。

310．《序储泽祥〈名词及其相关结构研究〉》，载储泽祥：《名词及其相关结构研究》，湖南人民出版社 2000 年 4 月版。

311．《序卢卓群〈汉语小论文写作初步〉》，载卢卓群：《汉语小论文写作初步》，华中师范大学出版社 2000 年 9 月版。

312．《关于对外汉语教学》，载张德鑫主编：《回眸与思考》，外语教学与研究出版社 2000 年 10 月版。

313．《〈现代汉语状位形容词的"系"研究〉推荐书》，载郑贵友：《现代汉语状位形容词的"系"研究》，华中师范大学出版社 2000 年 1 月版。

314．《调研高校男女毕业生和社会需求的关系》，载《人民政协报》2000 年 7 月 31 日。

315．《〈汉语学报〉发刊词》，载《汉语学报》2000 年第 1 期，湖北教育出版社 2000 年 10 月版。

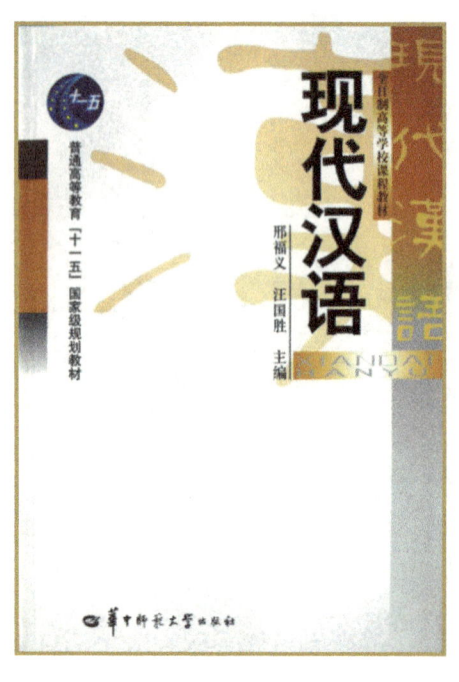

【2001 年】

（37）《汉语复句研究》，商务印书馆 2001 年 1 月版。

（38）《邢福义选集》，东北师范大学出版社 2001 年 12 月版。

316．《小句中枢说的方言续证》，载①《语言研究》2001 年第 1 期，②中国人民大学复印资料《语言文字学》2001 年第 10 期。

317．《说"句管控"》，载①《方言》2001 年第 2 期，②中国人民大学复印资料《语言文字学》2001 年第 9 期。

318．《表述正误与三性原则》，载①《湖北大学学报》2001 年第 2 期，②中国人民大学复印资料《语言文字学》2001 年第 7 期，③《语言教育问题研究论文集 2000》，华语教学出版社 1991 年版。

319．《汉语语法现象的句管控》，载《HNC 与语言学研究》，武汉理工大学出版社 2001 年 10 月版。

320．《序李英哲〈汉语历时共时语法论集〉》，载《汉语历时共时语法论集》，北京语言文化大学出版社 2001 年 4 月版。

321．《教材里的论断要留有余地》，载《中国大学教学》2001 年第 5 期。

322．《序杨烈雄〈汉语素质教学论〉》，载杨烈雄：《汉语素质教学论》，暨南大学出版社 2001 年 2 月版。

323．《萧国政〈汉语语法研究论〉推荐书》，载萧国政：《汉语语法研究论》，华中师范大学出版社 2001 年 11 月版。

324．《"护根"情结》，载《语文教学与研究》2001 年第 7 期。

325．《说说做学问》，载《华中师大报》2001 年 4 月 10 日。

326．《有所不学——再谈做学问》，载《华中师大报》2001 年 6 月 20 日。

327．《含笑芙蓉城》，载《华中师大报》2001 年 10 月 18 日。

328．《建筑学科队伍的金字塔》，载《华中师大报》2001 年 12 月 10 日。

329．《我们的事业在前进——第三届双语双方言国际研讨会开幕词》，载《双语双方言》（七），汉学出版社 2001 年 12 月版。

【2002 年】

（39）《汉语语法三百问》，商务印书馆 2002 年 5 月版。

（40）《现代汉语语法修辞专题》（主编），高等教育出版社 2002 年 6 月版。

330．《"由于"句的语义偏向辨》，载《中国语文》2002 年第 4 期。

331．《误用与误判的鉴别四原则》，载《语言文字应用》2002 年第 1 期。

332．《"起去"的普方古检视》，载①《方言》2002 年第 2 期，②中国人民大学复印资料《语言文字学》2002 年第 8 期，③徐杰主编：《汉语研究的类型学视角》，北京语言大学出版社 2005 年 8 月版。

333．《有关"起去"的两点补说》，载《方言》2002 年第 3 期。

334．《短语问题二论》，载《江汉大学学报》2002 年第 3 期。

335．《社会公益对学风文品的规约》，载《语言文字应用》2002 年第 4 期。

336．《汉语的复句系统和复句句式》，载《对以英语为母语者的汉语教学研究》，人民教育出版社 2002 年 1 月版。

337．《"没"不一定就是"0"》，载《语文教学与研究》2002 年第 1 期。

338．《"最"的实际运用》，载《语文教学与研究》2002 年第 2 期。

339．《漫谈语言与文化的关系》，载《中学语文》2002 年第 2 期。

340．《从"黄人"说开去》，载《语文教学与研究》2002 年第 3 期。

341．《注意语言运用的动态性》，载《语文教学与研究》2002 年第 4 期。

342．《从木兰从军多少年谈起》，载《语文教学与研究》2002 年第 5 期。

343．《以薛宝钗说的"我们"为引子》，载《语文教学与研究》2002年第6期。

344．《序〈现代汉语语法研究的基本理论与实践〉》，载郑贵友：《现代汉语语法研究的基本理论与实践》，韩国汉城新星出版社2002年6月版。

345．《关于"学生了"》，载《语文教学与研究》2002年第7期。

346．《换个说法》，载《语文教学与研究》2002年第8期。

347．《斟酌斟酌》，载《语文教学与研究》2002年第9期。

348．《语言中的文化蕴含——兼谈文化语言学的研究》，载《中学语文》2002年第9期。

349．《莫羡三春桃与李》，载《华中师大报》2002年9月10日。

350．《是非问和特指问的溶合》，载《语文教学与研究》2002年第10期。

351．《"夜里"和"途中"》，载《语文教学与研究》2002年第11期。

352．《二十年前的一份奖状》，载《华中师大报》2002年11月30日。

353．《语言表达的地域民俗性》，载《语文教学与研究》2002年第12期。

354．《序〈汉语篇章语言学〉》，载郑贵友：《汉语篇章语言学》，外文出版社2002年第1版。

355．《汉语之美》，载《文明》2002年第12期。

356．《语言的文化与文化的语言》，载《光明日报》2002年12月5日C1版。

357．《语言学研究跨越式发展令人瞩目》（接受《光明日报》通讯员和记者采访的谈话记录），载《光明日报》2002年12月22日第1版。

358．《专家评审意见》，载郭锐：《现代汉语词类研究》，商务印书馆2002年7月版。

359．《序〈语法研究录〉》，载李宇明：《语法研究录》，商务印书馆2003年12月版。

【2003年】

（41）《词类辨难》（修订本），商务印书馆2003年4月版。

（42）《邢福义学术论著选》，华中师范大学出版社 2003 年 6 月版。

360．《说"生、死"与"前"的组合》，载①《中国语文》2003 年第 3 期，②中国人民大学复印资料《语言文字学》2003 年第 8 期，③《汉语语法研究的新拓展》（二），浙江教育出版社 2005 年 2 月版。

361．《"起去"的语法化与相关问题》，载①《方言》2003 年第 3 期，②《汉语方言语法研究和探索》，黑龙江人民出版社 2003 年 12 月版。

362．《双语教育与民族精神》，载《中国教育报》2003 年 3 月 11 日。

363．《语法知识在语言问题思辨中的应用》，载①《华中师范大学学报》2003 年第 5 期，②中国人民大学复印资料《语言文字学》2004 年第 1 期。

364．《关于世界语的两点看法》，摘入《失语的世界语》，载香港《凤凰周刊》2003 年第 25 期（总 122 期）。

365．《〈现代汉语的用事成分与工具范畴〉推荐书》，载吴继光：《现代汉语的用事成分与工具范畴》，华中师范大学出版社 2003 年 4 月版。

366．《重读旧文话备课》，载《华中师大报》2003 年 6 月 20 日。

367．《三点意思》，载《咬文嚼字》2993 年第 8 期。

368．《莫羡三春桃与李　桂花成实向秋荣》，载《华中师大报》2003 年 10 月 18 日。

369．《〈汉语模糊语义研究〉推荐书》，载吴振国：《汉语模糊语义研究》，华中师范大学出版社 2003 年 6 月版。

370．《语言学系本科生举行学术报告会有感》，载《华中师大报》2003 年 12 月 31 日。

【2004 年】

（43）《汉语句法机制验察》（与刘培玉、曾常年、朱斌合著），生活·读书·新知三联书店，2004 年 1 月版。

371．《拟音词内部的一致性》，载《中国语文》2004 第 5 期。

372．《承赐型"被"字句》，载《语言研究》2004 第 1 期。

—华中师范大学语言与语言教育研究中心 2007 年 10 月 27 日

373. 《研究观测点的一种选择——写在"小句中枢"问题讨论之前》，载①《汉语学报》2004年第1期，②中国人民大学复印资料《语言文字学》2004年第11期。

374. 《本刊的愿望》（署名：《汉语学报》编辑部），载《汉语学报》2004年第1期。

375. 《新意浓浓——序周荐〈汉语词汇结构论〉》，载《汉语学习》2004年第5期。

376. 《学科建设与学科流派》，载《华中师大报》2004年9月3日。

377. 《敬业乐业 以身作则》，载《华中师大报》2004年11月20日。

378. 《给济华兄的一封信》，载《黄济华〈憨夫诗文选集〉五人谈》，《新作家》2004年第12期。

379. 《黄流水土黄流人——叙泰钦〈奋进人生〉》，载陈泰钦：《奋进人生》，花城出版社2004年12月版。

【2005年】

(44)《语言运用漫说》，语文出版社2005年1月版。

380. 《语言学科发展三互补》，载①《汉语学报》2005年第2期，②中国人民大学复印资料《语言文字学》2005年第7期，③教育部语言文字应用研究所《语文信息》第11期（总第119期），2005年11月28日。

381. 《新加坡华语使用中源方言的潜性影响》，载①《方言》2005年第2期，②《汉语方言研究》，华中师范大学出版社2007年7月版。

382. 《在广阔时空背景下观察"先生"与女性学人》，载①《世界汉语教学》2005年第3期，②《双语双方言》（八），汉学出版社2005年5月版。

383. 《〈西游记〉中的"起去"与相关问题思辨》，载《古汉语研究》2005年第3期。

384. 《关于语言规划》，载《语言教学与研究》2005年第3期（序《中国语言规划论》，载李宇明：《中国语言规划论》，东北师范大学出版社2005年8月版）。

385．《语言学》，载教育部社会科学委员会秘书处组编：《中国高校哲学社会科学发展报告 2005》，高等教育出版社 2005 年 12 月版。

386．《高档次的华中师大学报》，载《华中师范大学学报》2005 年第 6 期。

387．《黄流民歌的美学境界》，载《语文教学与研究》2005 年第 3 期。

388．《何人不起故园情》，载《海南日报》2005 年 4 月 17 日第 8 版。

389．《何人不起故园情——序〈崖州民歌〉》，载《海南汽运》2005 年第 5 期（2005 年 4 月 9 日）。

390．《我们的研讨活动充满活力（开幕词）》，载《双语双方言》（八），汉学出版社 2005 年 5 月版。

391．《序〈语法〉》，载丁力：《语法》，三秦出版社 2005 年 8 月版。

392．《华中师大历史画卷上一个永远的亮点》，载《华中师大报》2005 年 9 月 20 日。

【2006 年】

393．《处理好词典编撰中结论与事实的关系》，载《语言文字应用》2006 年第 1 期。

394．《语言研究的"向"和"根"》，载《光明日报》2006 年 3 月 21 日第 5 版。

395．《国学精魂与现代语学》，载《光明日报》2006 年 8 月 8 日第 5 版。

396．《〈汉语学报〉的基本走向》，载《汉语学报》2006 年第 1 期（署名"本刊编辑部"）。

397．《归总性数量框架与双宾语》，载①《语言研究》2006 年第 3 期，②中国人民大学复印资料《语言文字学》2006 年第 11 期。

398．《语言学》（与汪国胜、徐杰共同执笔），载教育部社会科学委员会秘书处组编：《中国高校哲学社会科学发展报告 2006》，高等教育出版社 2006 年 11 月版。

399．《三点意见（关于"的"和"地"）》，载《咬文嚼字》2006 年第 11 期。

400．《汉语复句语料库的建设与利用》（与姚双云合作，姚双云执笔），载《中文信息处理的探索与实践——第三届 HNC 与语言学研究学术讨论会论文集》，北京师范大学出版

"句子功能"国际学术研讨会合影　2009.10.17—10.19于华中师范大学

社 2006 年 12 月版。

401.《我们的研讨活动充满活力》，载《双语双方言》（八），汉学出版社 2005 年 5 月版。

【2007 年】

402.《"救火"一词说古道今》，载《光明日报》2007 年 2 月 1 日第 9 版。

403.《"人定胜天"——语话今古》，载《光明日报》2007 年 7 月 19 日第 9 版。

404.《连词"为此"论说》（与姚双云合作），载《世界汉语教学》2007 年第 2 期。

405.《新词语的监测与搜获——一个汉语本体研究者的思考》，载《语文研究》2007 年第 2 期（又见《双语双方言》（八），汉学出版社 2005 年 5 月版）。

406.《讲实据　求实证》，载《世界汉语教学》2007 年第 3 期。

407.《语言学》（与汪国胜、徐杰共同执笔），载教育部社会科学委员会秘书处组编：《中国高校哲学社会科学发展报告 2007》，高等教育出版社 2007 年 10 月版。

408.《"救火"和"救人"》，载《咬文嚼字》2007 年第 7 期。

409.《读书与做学问》，载《华中师大报》2007 年 4 月 20 日。

410.《汉语的简匀美》，载《中学语文报》2007 年 4 月 28 日。

411.《汉语的节奏美》，载《中学语文报》2007 年 5 月 2 日。

412.《汉语的情味美》，载《中学语文报》2007 年 5 月 8 日。

413.《汉语的人文美》，载《中学语文报》2007 年 5 月 12 日。

414.《邢福义教授贺词》，载周清海：《全球化背景下的华语文与华语文教学》，新加坡青年书局 2007 年 8 月版。

415.《新的刊物　新的高度》，载《汉藏语学报》2007 第 1 期，商务印书馆 2007 年 9 月版。

416.《进取意识　榜样意识》，载《华中师大报》2007 年 9 月 20 日。

417.《母校黄流中学怀想——黄流中学校志序》，载《华中师大报》2007 年 11 月 10 日。

语言学学科建设研讨会合影　2009.11.21　武汉

418. 《黄流中学怀想》，载《光明日报》2007 年 12 月 25 日第 4 版。

419. 《序黄树先〈汉藏语论集〉》，载黄树先：《汉藏语论集》，华中科技大学出版社 2007 年 1 月版。

420. 《序何洪峰〈汉语语法的多维探究〉》，载何洪峰：《汉语语法的多维探究》，华中科技大学出版社 2007 年 11 月版。

421. 《序陈淑梅〈语法问题探究〉》，载陈淑梅：《语法问题探究》，湖北人民出版社 2007 年 12 月版。

【2008 年】

(45)《现代汉语语法修辞》（与汪国胜共同主编），高等教育出版社 2008 年 6 月版。

(46)《语法问题追踪集》，中国社会科学出版社 2008 年 9 月版。

(47)《中国高校哲学社会科学发展报告 1978—2008·语言学》（与汪国胜共同主编），广西师范大学出版社 2008 年 11 月版。

422. 《漫话〈有所不为〉》，载《光明日报》2008 年 1 月 14 日第 12 版。

423. 《"X 以上"纵横谈》，载《光明日报》2008 年 9 月 1 日第 12 版。

424.《"人定胜天"的古代原本用法与现代通常用法》，载《山西大学学报》2008 年第 1 期。

425. 《从研究成果看方言学者笔下双宾语的描写》，载《语言研究》2008 年第 3 期。

426. 《理论的改善和事实的支撑——关于领属性偏正结构充当远宾语》（与沈威合作），载《汉语学报》2008 年第 3 期。

427. 《语言学》（与汪国胜共同执笔），载教育部社会科学委员会秘书处组编：《中国高校哲学社会科学发展报告 2006》，高等教育出版社 2008 年 11 月版。

第四届语言与国家高层论坛暨第三届全国应用语言学系主任（所长）论坛 2010.10.9

428．《陈淑梅和她的〈语法问题探究〉》，载《语文教学与研究》2008 年第 6 期。

429．《序卢卓群、普丽华〈中文学科论文写作〉》，载卢卓群、普丽华：《中文学科论文写作》，中国人民大学出版社 2008 年 9 月版。

430．《序屈哨兵〈现代汉语被动标记探究〉》，载屈哨兵：《现代汉语被动标记研究》，华中师范大学出版社 2008 年 6 月版。

【2009 年】

(48)《大学语文》（主编，汪国胜为副主编），中国人民大学出版社 2009 年 4 月版。

(49)《语法问题献疑集》，商务印书馆 2009 年 10 月版。

431．《测估词语＋反义 AA》，载《世界汉语教学》2009 年第 1 期。

432．《说"广数"》，载《光明日报》2009 年 5 月 18 日第 12 版。

433．《两次指点》，载《光明日报》2009 年 8 月 8 日第 12 版。

434．《桂山魂》，载《光明日报》2009 年 12 月 24 日第 10 版。

435．《语言学》（与汪国胜共同执笔），载教育部社会科学委员会秘书处组编：《中国高校哲学社会科学发展报告 2009》，高等教育出版社 2009 年 11 月版。

436．《永远站到问号的起跑点上》，载《华中师大报》2009 年 2 月 20 日。

437．《华中师大发展的启示》，载《华中师大报》2009 年 3 月 27 日。

438．《加强对学生思辨能力的培养——关于精品课程教材〈现代汉语〉的编写》，载《教改论坛》2009 年 3 月第 1 期（总第 35 期）。

439．《序张邱林〈"方—普"语法现象与句法机制的管控〉》，载张邱林：《"方—普"语法现象与句法机制的管控》，中国社会科学出版社 2009 年 6 月版。

440．《话说三亚（代序）》，载林勇：《走进三亚》，陕西人民出版社 2009 年 5 月版。

【2010 年】

(50)《现代汉语》（高等院校小学教育专业教材，与汪国胜共同主编），高等教育出版社 2010 年 3 月版。

华中师范大学语言研究所 2012 届毕业研究生合影留念 2012.6.21

441. ОЬРАТНАЯ ОЬУСЛОВЛЕННОСТЬ МОДЕДЯМИ ЛОЖНОГО ПРЕДЛОЖЕНИЯ СМЫСЛОВЫХ ОТНОШЕНИЙ СЛОЖНОГО ЛРЕДЛЖЕНИЯ В КИТАЙСКОМ ЯЗЫКЕ 俄国莫斯科《语言科学问题》2010年第2期（Волросы филологических наук №2[42] 2010г）（说明：《语言科学问题》为国际性语言研究期刊，国际刊号 ISSN。本期刊登文章的，有俄国、中国、美国、土耳其、阿塞拜疆等五个国家的学者。本文的中文题目为《汉语复句格式对复句语义关系的反制约》，原载《中国语文》1991年第1期。近20年之后，俄国刊物详细摘选转载此文，并于开头处这么介绍作者：邢福义，汉语逻辑语法学派创始人，华中师范大学教授，中国国立语言与语言教育研究中心名誉主任。翻译者是谁，未见说明）。

442.《论单线递进句》，载《中国社会科学文摘》2010年第6期（全文转载）（原载《汉语学报》2010年第1期，原题《以单线递进句为论柄点评事实发掘与研究深化》，载①《澳门语言学刊》2010年第1期全文刊登，②中国人民大学复印资料《语言文字学》2010年第6期全文转载，③《中国语言学报》第5期全文转载，北京大学出版社2010年版）。

443.《"X以上"格式在现代汉语中的演进》，载《语言研究》2010年第1期。

444.《"广数"论略》，载《华中师范大学学报》2010年第2期。

445.《"十来年"义辨》，载《光明日报》2010年6月21日第12版。

446.《〈新时期汉语语法学史〉序》，载《汉语学习》2010年第4期。

447.《治学管见略陈》，载《华中人文论丛》2010年第1期。

448.《我的治学经历与心迹》，载《湖北师范学院学报》2010年第3期。

449.《从"黄人"说开去》，载《语文建设》2010年增刊。

【2011年】

(51)《汉语语法三百问》韩文译本，韩国延世大学金铉哲教授翻译，韩国出版社 CHINA HOUSE，2011年7月版。

450.《事实终判："来"字概数结构形义辨证》，载《语言研究》2011年第1期（《中国社会科学文摘》2011年第6期全文转载，题目改为《"来"字概数结构形义辨》）。

451.《"复制"与"抄袭"》，载《光明日报》2011年3月25日（又见《华中师大报》

2011 年 3 月 10 日）。

452．《大器晚成和厚积薄发》，载《光明日报》2011 年 7 月 4 日。

453．《大家小书　形小义大》，载《汉语学报》2011 年第 2 期。

454．《"国学"和"新国学"》，载《光明日报》国学版丛书《国学精华编》（梁枢主编），商务印书馆 2011 年 8 月版。又，载《光明日报》国学版丛书《国学访谈录》（梁枢主编），商务印书馆 2011 年 8 月版。

455．《语法研究史志识》，载《汉藏语学报》第 5 期（2011），商务印书馆版。

456．《治学管见四则》，载《华中师大报》2011 年 1 月 20 日。

457．《护卫母语尊严——访语言学家、华中师范大学资深教授邢福义》（宋晖访谈），载《中国社会科学报》2011 年 4 月 12 日。

458．《关注语言生活，做好语言研究》，载《北华大学学报》2011 年第 5 期。

459．《加强学风建设　深化事实发掘——华中师范大学文科资深教授邢福义访谈录》（崔乐、高媛媛），载《中国语言生活》2011 年第 4 期。

460．《第十届双语双方言研讨会开幕词》，载《双语双方言（十）》，深圳报业集团出版社 2011 年 6 月版。

461．《从"黄人"说开去》，载《语文建设》2011 年增刊。

【2012 年】

462．《光明之路越走越宽敞》，载《光明日报》2012 年 2 月 25 日。

463．《"诞辰"古今演化辨察》，载《光明日报》2012 年 4 月 16 日。

464．《俚俗化北味说法"一十名"》，载《光明日报》2012年8月27日。

465．《邢梦璜与文化黄流》，载《光明日报》2012年12月31日。

466．《说"数量名结构＋形容词"》，载《汉语学报》2012年第2期（又见，①中国人民大学复印资料《语言文字学》2012年第9期，②《澳门语言学刊》2012年第1期）。

467．《全球华语语法研究的基本构想》（与汪国胜合作，由汪国胜执笔），载《云南云南师范大学学报》2012年第5期。

468．《我的为学轨迹与领悟》，载《当代外语研究》2012年第4期。

469．《好教师必须是个好学者》（与晓苏合作），载《语文教学与研究》2012年第1期。

470．《中国语法思想史·邢序》，载林玉山：《中国语法思想史》，语文出版社2012年5月版。

471．《序〈自然口语中的关联标记研究〉》，载姚双云：《自然口语中的关联标记研究》，中国社会科学出版社2012年5月版。

472．《加强对新语言的跟踪研究》，载《字斟句酌》2012年1月15日。

【2013 年】

473．《辞达而已矣——论汉语汉字与英文字母词》，载《光明日报》2013年4月22日（《新华文摘》2013年第13期全文转载）。

474．《现代汉语语法研究中理论与事实互动》（与谢晓明合作），载《汉语学报》2013年第3期（《中国社会科学文摘》2013年12期部分转载）。

475．《词典的词类标注："各"字词性辨》，载《语言研究》2013年第1期（又，中

2013届方言调查高级研修班合影　2013.8于华中师范大学

国人民大学复印资料《语言文字学》2013年第5期）。

476．《全球华语语法研究的总体框架和基本内容》（与汪国胜合作，由汪国胜执笔），载《高等学校文科学术文摘》2013年第1期。

477．《说"永远"：从孔子到老舍》，载《光明日报》2013年11月18日。

478．《为学轨迹与领悟》，载吴晋升等主编：《感悟人生启后学》，华中师范大学出版社2013年11月版。

479．《海南邢氏历史文化长廊序言》，载《文学教育》2013年第2期。

480．《序〈汉语复句句序和焦点研究〉》，载朱斌：《汉语复句句序和焦点研究》，中国出版集团世界图书出版公司2013年5月版。

481．《海南邢氏历史文化长廊（序言）》、《邢梦璜与文化黄流》，载《澳门报告》2013年第3期（排在澳门柯建刚《"文化黄流"海南文化的奇葩》一文之后，合成一组）。

482．《"大器晚成"和"厚积薄发"》（缩写），载《字斟句酌》2013年第11期。

第七届汉语语法化问题国际学术讨论会合影 2013.10.12于华中师范大学

独撰参撰和主编的 50 本书

（1）《汉语初稿（中册）》，高等教育出版社 1960 年 3 月版（与郑远志、郑远汉合著。撰写"概说"、"词法"部分。署名：华中师范学院中文系汉语教研室）。

（2）《拼音读物：奇袭虎狼窝》，湖北人民出版社 1960 年 6 月版。

（3）《拼音读物：马学礼》，湖北人民出版社 1960 年 6 月版。

（4）《现代汉语语法》，华中师范学院印刷厂印刷，1965 年 5 月（署名：华中师范学院中文系语言教研室）。

（5）《现代汉语语法知识》，①湖北人民出版社 1972 年 6 月版（同高庆赐教授合作。撰写概说和前五节。署名：华中师范学院中文系现代汉语教研组），②〔日本〕加贺美嘉富译为日文本，日本燎原书店 1976 年 6 月出版。

（6）《逻辑知识及其应用》，湖北人民出版社 1977 年 4 月版（署名：华中师范学院中文系现代汉语教研室）。

（7）《逻辑知识及其应用》，湖北人民出版社 1979 年 9 月版。

（8）《现代汉语语法知识》，湖北人民出版社 1980 年 8 月版。

（9）《词类辨难》，甘肃人民出版社 1981 年 8 月版。

（10）《语文知识千问》，湖北人民出版社 1983 年 3 月版（与刘兴策等合作）。

（11）《电大语法教材学习问答》，湖北教育出版社 1984 年 6 月版。

（12）《复句与关系词语》，黑龙江人民出版社 1985 年 5 月版。

（13）《语法问题探讨集》，湖北教育出版社 1986 年 1 月版。

（14）《现代汉语》（全国卫星电视教材）（主编），高等教育出版社 1986 年 7 月版。

现代汉语语法学术研讨会1986年9月
朱德熙先生、陈章太先生和邢福义（主席台上）

与张斌先生和张德鑫先生

与学生辛承姬博士（韩国）

（15）《〈现代汉语〉问题解答》（主编），湖北教育出版社 1986 年 11 月版。

（16）《形容词短语》，人民教育出版社 1990 年 6 月版。

（17）《文化语言学》（主编），湖北教育出版社 1990 年 10 月版。

（18）《现代汉语》（高等师范学校教学用书）（主编），高等教育出版社 1991 年 5 月版。

（19）《语法问题发掘集》，湖北教育出版社 1992 年 5 月版。

（20）《规范汉语教程》（主编），华中师范大学出版社 1992 年 6 月版。

（21）《邢福义自选集》，河南教育出版社 1993 年 11 月版。

（22）《毛泽东著作语言论析》（主编），湖北教育出版社 1993 年 12 月版。

（23）《现代汉语》（主编）（大学专修科用书，卫星电视教材修订本），高等教育出版社 1993 年 11 月版。

（24）《现代汉语辅导》（主编），高等教育出版社 1993 年 11 月版。

（25）《中学汉语》第一册（对外汉语教材，挂"主编"之名），华中师范大学出版社 1993 年 9 月版。

（26）《中学汉语》第二册（同上），华中师范大学出版社 1993 年 9 月版。

（27）《中学汉语》第三册（同上），华中师范大学出版社 1993 年 7 月版。

（28）《中学汉语》第四册（同上），华中师范大学出版社 1993 年 8 月版。

（29）《中学汉语》第五册（同上），华中师范大学出版社 1993 年 10 月版。

（30）《中学汉语》第六册（同上），华中师范大学出版社 1993 年 10 月版。

（31）《现代汉语教程》（主编），湖北科学技术出版社 1994 年 5 月版。

（32）《语法问题思索集》，北京语言学院出版社 1995 年 9 月版。

（33）《汉语语法学》，东北师范大学出版社 1996 年 11 月版。

（34）《汉语法特点面面观》（主编），北京语言文化大学出版社 1999 年 3 月版。

（35）《文化语言学》（主编）修订本，湖北教育出版社 2000 年 1 月版。

与裘锡圭先生

与戴庆厦先生

与鲁国尧先生

（36）《公关语言》（主编），华中师范大学出版社 2000 年 8 月版。

（37）《汉语复句研究》，商务印书馆 2001 年 1 月版。

（38）《邢福义选集》，东北师范大学出版社 2001 年 12 月版。

（39）《汉语语法三百问》，商务印书馆 2002 年 5 月版。

（40）《现代汉语语法修辞专题》（主编），高等教育出版社 2002 年 6 月版。

（41）《词类辨难》（修订本），商务印书馆 2003 年 4 月版。

（42）《邢福义学术论著选》，华中师范大学出版社 2003 年 6 月版。

（43）《汉语句法机制验察》（与刘培玉、曾常年、朱斌合著），生活·读书·新知三联书店 2004 年 1 月版。

（44）《语言运用漫说》，语文出版社 2005 年 1 月版。

与李行健先生

与刘焕辉先生

五十多年师友情

舒邦新研究员　汪文汉教授　　卢卓群教授

（45）《现代汉语语法修辞》（与汪国胜共同主编），高等教育出版社 2008 年 6 月版。

（46）《语法问题追踪集》，中国社会科学出版社 2008 年 9 月。

（47）《中国高校哲学社会科学发展报告 1978—2008·语言学》（与汪国胜共同主编），广西师范大学出版社 2008 年 11 月版。

（48）《大学语文》（主编，汪国胜为副主编），中国人民大学出版社 2009 年 4 月版。

（49）《语法问题献疑集》，商务印书馆 2009 年 10 月版。

（50）《现代汉语》（高等院校小学教育专业教材，与汪国胜共同主编），高等教育出版社 2010 年 3 月版。

独撰的 21 本书

挪威奥斯陆大学教授何莫邪院士来访

（1）《逻辑知识及其应用》，湖北人民出版社 1979 年 9 月版。

（2）《现代汉语语法知识》，湖北人民出版社 1980 年 8 月版。

（3）《词类辨难》，甘肃人民出版社 1981 年 8 月版。

（4）《电大语法教材学习问答》，湖北教育出版社 1984 年 6 月版。

（5）《复句与关系词语》，黑龙江人民出版社 1985 年 5 月版。

（6）《语法问题探讨集》，湖北教育出版社 1986 年 1 月版。

（7）《形容词短语》，人民教育出版社 1990 年 6 月版。

（8）《语法问题发掘集》，湖北教育出版社 1992 年 5 月版。

与周清海教授

（9）《邢福义自选集》，河南教育出版社 1993 年 11 月版。

（10）《语法问题思索集》，北京语言学院出版社 1995 年 9 月版。

（11）《汉语语法学》，东北师范大学出版社 1996 年 11 月版。

与几位学生交谈

（12）《汉语复句研究》，商务印书馆 2001 年 1 月版。

（13）《汉语语法三百问》，商务印书馆 2002 年 5 月版。

（14）《邢福义选集》，东北师范大学出版社 2001 年 12 月版。

（15）《词类辨难》（修订本），商务印书馆 2003 年 4 月版。

（16）《语言运用漫说》，语文出版社 2002 年 1 月版。

（17）《词类辨难修订本》，商务印书馆 2003 年 4 月版。

（18）《邢福义学术论著选》，华中师范大学出版社 2003 年 6 月版。

（19）《语言运用漫说》，语文出版社 2005 年 1 月版。

（20）《语法问题追踪集》，中国社会科学出版社 2008 年 9 月版。

（21）《语法问题献疑集》，商务印书馆 2009 年 10 月版。

《中国语文》上的 29 篇文章

【"文革"前】

1. 《动词作定语要带"的"字》，载《中国语文》1957 年第 8 期。
2. 《华中师范学院大力改革语言学课程》，载《中国语文》1958 年第 9 期。
3. 《华中师范学院中文系掀起学习毛主席著作高潮》，载《中国语文》1960 年第 4 期。
4. 《论"们"和"诸位"之类并用》，载《中国语文》1960 年第 6 期。

5. 《谈一种宾语》，载《中国语文》1960 年第 12 期。

6. 《形式主义一例》，载《中国语文》1960 年第 12 期。

7. 《关于副词修饰名词》，载《中国语文》1962 年第 5 期。

8. 《谈"数量结构＋形容词"》，载《中国语文》1965 年第 1 期。

9. 《再谈"们"和表数词语并用的现象》，载《中国语文》1965 年第 5 期。

【"文革"后】

10. 《论定名结构充当分句》，载《中国语文》1979 年第 1 期。

11. 《湖北省语言学会召开代表会议》，载《中国语文》1979 年第 2 期。

12. 《评"暂拟汉语教学语法系统"》，载《中国语文》1981 年第 2 期。

13. 《"但"类词对几种复句的转化作用》，载《中国语文》1983 年第 3 期。

14. 《试论"A，否则B"句式》，载《中国语文》1983 年第 6 期。

15. 《"但"类词和"无论p，都q"句式》，载《中国语文》1984 年第 4 期。

16. 《关于"给给"》，载《中国语文》1984 年第 5 期。

17. 《"越X，越Y"句式》，载《中

华中师大语言所迎春晚会 2013 年 1 月

语言所迎春晚会上讲话 2013-1

2012 年 6 月与青年博士硕士研究生们

国语文》1985 年第 4 期。

18.《反递句式》，载《中国语文》1986 年第 1 期。

19.《前加特定形式词的"一Ｘ，就Ｙ"句式》，载《中国语文》1987 年第 6 期。

20.《时间词"刚刚"的多角度考察》，载《中国语文》1990 年第 1 期（与丁力、汪国胜、张邱林合作）。

21.《汉语复句格式对复句语义关系的反制约》，载《中国语文》1991 年第 1 期。

22.《从基本流向综观现代汉语语法研究四十年》，载《中国语文》1992 年第 6 期。

23.《形容词的ＡＡＢＢ反义叠结》，载《中国语文》1993 年第 5 期（与李向农、丁力、储泽祥合作）。

24.《小句中枢说》，载《中国语文》1995 年第 6 期。

25.《"最"义级层的多个体涵量》，载《中国语文》2000 年第 1 期。

26.《说"Ｖ一Ｖ"》，载《中国语文》2000 年第 5 期。

27.《"由于"句的语义偏向辨》，载《中国语文》2002 年第 4 期。

28.《说"生、死"与"前"的组合》，载《中国语文》2003 年第 3 期。

29.《拟音词内部的一致性》，载《中国语文》2004 第 5 期。

2008 年在华中师大语言所召开

在武汉大学作学术讲演
左为萧国政教授 右为赵世举教授

在研究生院讲演

《光明日报》上的 21 篇文章

1. 《语言的文化与文化的语言》，载《光明日报》2002 年 12 月 5 日。
2. 《在突破口上》，载《光明日报》2004 年 10 月 21 日。
3. 《语言研究的"向"和"根"》，载《光明日报》2006 年 3 月 21 日。
4. 《国学精魂与现代语学》，载《光明日报》2006 年 8 月 8 日。
5. 《"救火"一词说古道今》，载《光明日报》2007 年 2 月 1 日。
6. 《"人定胜天"一语话今古》，载《光明日报》2007 年 7 月 19 日。
7. 《黄流中学怀想》，载《光明日报》2007 年 12 月 25 日。
8. 《漫话〈有所不为〉》，载《光明日报》2008 年 1 月 14 日。

9. 《"X 以上"纵横谈》，载《光明日报》2008 年 9 月 1 日。

10. 《说"广数"》，载《光明日报》2009 年 5 月 18 日。

11. 《两次指点》，载《光明日报》2009 年 8 月 10 日。

12. 《桂山魂》，载《光明日报》2009 年 12 月 24 日。

13. 《"十来年"义辨》，载《光明日报》2010 年 6 月 21 日。

14. 《"复制"与"抄袭"》，载《光明日报》2011 年 3 月 25 日。

15. 《大器晚成和厚积薄发》，载《光明日报》2011 年 7 月 4 日。

16. 《光明之路越走越宽敞》，载《光明日报》2012 年 2 月 25 日。

17. 《"诞辰"古今演化辨察》，载《光明日报》2012 年 4 月 16 日。

18. 《俚俗化北味说法"一十名"》，载《光明日报》2012 年 8 月 27 日。

19. 《邢梦璜与文化黄流》，载《光明日报》2012 年 12 月 31 日。

20. 《辞达而已矣——论汉语汉字与英文字母词》，载《光明日报》2013 年 4 月 22 日（《新华文摘》2013 年第 13 期全文转载）。

21. 《话说"永远"：从孔子到老舍》，载《光明日报》2013 年 11 月 18 日。

主持的 15 项课题

【国家项目】

1.《全球华语语法研究》，国家社会科学基金重大项目，2011—2016。

2.《现代汉语选择问》，国家社科基金项目，1990—1993。

3《现代汉语时间方所语言形式之研究》国家"八五"重点项目，1992—1995。

4.《现代汉语复句系统和复句句式》，国家社科基金项目，1997—2000。

5.《现代汉语句法语义"普—方"比较研究》，国家社会科学基金重大项目，2003—2008。

【教育部项目】

1.《现代汉语复句研究》，国家教委"七五"重点项目，1986—1990。

2.《现代汉语复句深入研究》，国家教委基金项目，1993—1995。

3.《现代汉语小句三律和小句中枢语法系统》，国家教委基金项目，1996—1997。

4.《汉语句法机制多层面探究》，教育部人文社科重点研究基地重大项目（2001ZDXM74003）。

著名语言学家张振兴教授和张惠英教授

画家邢述评

2013 年 1 月 13 日在老家与家人合照

5.《20 世纪汉语词汇学和汉语语用学的总结与研究》，教育部人文社科重点研究基地重大项目（05JJD740010）。

6.《汉语小句联结机制研究》，教育部人文社科重点研究基地重大项目（08JJD740062）。

7.《中国高校哲学社会科学发展报告 1978—2008（语言学卷）》和《中国高校哲学社会科学发展报告 2008》子课题——"语言学"部分，教育部哲学社会科学研究 2008 年度专项任务项目（教社科司函〔2008〕65 号）。

8.《中国高校哲学社会科学发展报告 2009》子课题——"语言学"部分，教育部哲学社会科学研究 2009 年度专项任务项目（教社科司函〔2009〕14 号）。

9.《中国高校哲学社会科学发展报告 2010》子课题——"语言学"部分，教育部哲学社会科学研究 2009 年度专项任务项目（教社科司函〔2009〕213 号）。

10.《中国高校哲学社会科学发展报告 2011》子课题——"语言学"部分，教育部哲学社会科学研究 2010 年度专项任务项目（教社科司函〔2010〕194 号）。

第三章

选择一隅 品读其文

2002 年 12 月 5 日　　星期四　　农历壬午年十一月初二　　今日 05 版

光明网网址 :http://www.gmw.cn　　国内统一刊号 CN 11-0026　第 19325 号 (代号 1-16)

语言的文化与文化的语言

邢福义

语言与文化关系之密切，也许可以用"水乳交融"来形容。例子俯拾皆是。庾信《马射赋》中有"落花与芝盖同飞，杨柳共春旗一色"一联，王勃在《滕王阁序》中化为"落霞与孤鹜齐飞，秋水共长天一色"，于是成了千古传诵的名句。"……与……齐……，……共……一……"之类是语言格式，但它一旦撑起了名句，充当了名句的基本框架，便同名句一起升华成具有特殊价值的文化现象。因此当我们读到金庸《天龙八部》三十二回中"不知此人请了哪一个腐儒撰此歌功颂德之辞，但听得高帽与马屁齐飞，法螺共锣鼓同响"这样的描写，就很自然地想起王勃的佳句，也就很自然地产生强烈的对比，为那是何等淡雅清丽和这是多么醌龊庸俗而不禁哑然失笑。

语言是文化的符号，文化是语言的管轨。好比镜子或影集，不同民族的

语言反映和记录了不同民族特定的文化风貌；犹如管道或轨道，不同民族的特定文化，对不同民族的语言的发展，在某种程度、某个侧面、某一层次上起着制约的作用。当然，严格地讲，语言和文化不是一般的并列关系，而是部分与整体的对待关系。文化包括语言，语言是文化中的一种特殊的文化。我们研究语言与文化之间符号与管轨的关系，立足点是它们之间的点面对待关系。

语言工作者应该关注语言与文化的关系的研究。结合文化来研究语言，是语言学研究特别是中国语言学研究的一个传统。举例来说，汉民族文化对于汉语词汇的发展、汉语词义的演变、汉字的创造和使用等等的影响，这是十分明显的。那么，汉语语法的形成和发展会不会也有深刻的文化背景呢？这是一个很值得思索的问题。汉语语法重"意"不重"形"。

形式上框架简明，没有繁多的标记；表意上灵活多样，隐性语法关系十分丰富。理解汉语，特别是阅读汉语古籍，最主要的障碍不是语法。正因为如此，我国古代率先出现的语言学著作是讲词义、讲文字、讲语音的《尔雅》、《说文解字》、《广韵》等等，而不是语法学专著。琼瑶的小说《哑妻》中有这么一段描述：

雪儿望着爸爸，然后垂下头去，找了一根树枝，在地下写："你是我的爸爸？"

柳静言点点头，雪儿又看了他好一会儿，然后写："爸爸，你想死我们了！"

不必在形式上有什么特定的标记，以汉语为母语的人都懂得，"你想死我们了"等于"我们想死你了"，也等于"你让我们想死了"。这种特殊句法的成立，有其自身的规律，但那是语法研究的专题，可以不说。这里我们

感兴趣的是这个句子表面上像是主动句，表意上却是被动句或使动句，对话者和我们读者理解起来不仅不困难，反而感到自然而亲切。这是不是表明彼此具有共同的文化心态？是不是表明，汉语的这种重"意"不重"形"的语法，跟汉民族的含而不露的文化心态等因素存在着一定的因果联系？

文化语言学的体系组建，不妨提倡不同角度、不同途径的探索。探索的结果，或许可以形成文化语言学的不同分支或不同流派。本书着重从相互关系上阐述文化语言学。这并不意味着文化语言学的结构只能如此，也不意味着这样的文化语言学的结构是最理想的。我们深信，作为一门学问，文化语言学同其它任何学问一样，一定会随着研究工作的逐步深入而不断发展，不断成熟，不断完善。

光明日报

2004 年 10 月 21 日　星期四　农历甲申年九月初八　今日 C1 版

光明网网址 :http://www.gmw.cn　国内统一刊号 CN 11-0026　第 20011 号（代号 1-16）

在突破口上
——邢福义谈建立中国特色的汉语语法学

记者　郭生

邢福义，华中师范大学文科资深教授，语言与语言教育研究中心主任，教育部社会科学委员会委员，第八、九、十届全国政协委员。

教育部重大研究课题"汉语句法机制多层面探究"日前在华中师范大学结题，并以《汉语句法机制验察》为书名由三联出版社出版。这项历时三年完成的科研课题是我国汉语语法研究领域的最新成果。近日，笔者采访了课题主持人邢福义先生。

问：马建忠于 1898 年问世的《马氏文通》成就了作为一门科学的汉语语法学的第一个篇章。一百多年来，汉语语法研究经历了不同的发展时期，但研究始终指向一个目标：揭示汉语语法事实的客观规律性。这是汉语语法研究的具有一贯性的优良传统。请问近几年，我国汉语语法研究在哪些方面比较活跃？

答：仅就 2000—2004 年而言，值得注意的是这么几个方面：其一，在研究思路和研究方法上，有理论化的追求；其二，在问题的论述上，单句式式研究、复句式研究、词类研究、虚词研究、语法化研究、类型学研究、认知研究和配价研究等，都有相当多的高质量成果；其三，结合共同语语法的研究，方言语法受到了前所未有的关注；其四，汉语语法研究者和中文信息处理研究者的合作研究，开始成为热门话题。

更值得关注的是，我国语法学者的研究，从近五年的研究成果，大体说已形成了三大倾向：其一，"形义语法"。重视形式与语义的相互验证，

注意考察语用对语法的影响，崇尚多角度、多侧面的动态研究思路。其二，"认知功能语法"。借鉴认知语法和功能语法的理论，重视从句法外因素来观察、分析汉语语法的现象，从认知和功能角度来揭示或解释汉语语法的规律。其三，"形式语法"。借鉴乔姆斯基的生成语法理论，研究汉语问题。从一些青年研究者的成果，可以看出前两种倾向有融合的趋势。不过汉语语法学虽然发展速度很快，但至今仍然缺乏显示成熟的鲜明标志，距离真正成熟还十分遥远，这是可以肯定的。

问：学派的形成和中国特色汉语语法学的创立，二者的关系如何？

答：形成汉语语法研究的中国学派，是创立中国特色汉语语法学的基本条件和突出标志。在这一点上，我们有明显的弱点，这就是：原创性理论不多，学派意识不浓，没有真正形成"百家争鸣"的繁荣局面。当前，中国语言学应该以"能够跟国外理论平等对视"作为第一追求。了解和引进国外语言学理论很有必要，但是，不能总是跟着跑。只有努力摆脱附庸地位，在深入研究汉语特点的基础之上，提出能够跟别人平等对话相互交流的学说，中国的语言研究才能真正做到"同国际接轨"。须知，接轨是双向的。要图强者接轨，自己必须成为强者。小羊，不可能和狼接轨！

问：学派的形成，应该具备哪些条件？需要多少时间？

答：学派形成的条件，择要地讲，应该是：第一，开辟了富于特色的学术领地，有自己的"特区"。第二，提出了富于个性的学术路数，有标帜性理论和自己成套的理论。第三，展示了自成体系的学术成果，有供人罗列称说的代表著作。其四，造就了强势团队，有轴心人物，有核心成员，有上传下承、日益壮大、可以穿越时空的学者队伍。学派形成的时间，起码需要三五十年，需要几代人的接力，

绝对不能一蹴而就。从无到有，从小到大，这是事物发展的必由之路。现在，必须大声疾呼，要有一种学派的意识，要有一种形成学派的追求。有没有这个开端，至关重要。正像一部大剧，没有序幕，就不会有剧情的发展。

问：三联书店最近出版的《汉语句法机制验察》一书，反映什么样的研究路数？

答：我们一直在追求形成富于个性的研究路数。我们的研究路数，可以概括为四点：其一，基本主张："研究植根于汉语泥土，理论生发于汉语事实"；其二，基本理论："小句中枢说"；其三，基本视角："句管控"；其四，基本方法："两个三角"（"表—里—值"小三角＋"普—方—古"大三角）。《小句中枢说》（1995）、《汉语语法学》（1996）等论著，是这一研究路数的奠基之作。《汉语句法机制验察》一书，既反映这一研究路数，又通过研究实践，使这一研究路数得到了改善与提升。任何理论的出现都不可能是突兀的，以"小句中枢"为代表的理论与方法的提出，是对前辈学者种种理论进行学习与钻研之后提炼己见的结果。目前，我们的研究路数还很不完善。新创刊的《汉语学报》（商务印书馆出版，国内外公开发行），已从 2004 年第 1 期起开辟专栏，开展"小句中枢"理论的讨论，这一讨论将延续一年半的时间。这么做，就是希望国内外语言学者都来审视我们的研究路数，提供宝贵的意见，以便不断去粗存精，补缺加固。

问：句法机制的研究，对汉语语法研究的深入有什么重要意义？

答：汉语语法重句法。要深化汉语语法研究，必须从不同角度、不同层面去深入研究汉语的句法机制。举个例子："生前"和"死前"，"生"和"死"是公认的一对反义词，怎么组合成"生前"和"死前"之后变成同义词语了呢？"死前"等于"死之前"，这好理解；"生前"不等于"生之前"，

这是怎么回事？再举个例子："心里"和"心中"意思相同，"教室里"和"教室中"意思相同。一般认为"里"和"中"相通，可以互换。但是，"夜里"（夜里做了一个梦）不能说成"夜中"，"途中"（他正在来武汉的途中）不能说成"途里"，为什么？诸如此类的问题，都需要通过句法机制的研究才能得到圆满的解释。《汉语句法机制验察》一书中，就有《"生前"和"死前"》与《"X 里"和"X 中"》两节，详细地回答了有关问题。从学科发展看，逐步深入地开展汉语句法机制的研究，将成为汉语语法研究趋于成熟的重要突破口。汉语信息处理，"句处理"是特别重要的内容，因此，从这一角度看，汉语句法机制的研究同样具有极为深远的意义。

问：展望未来，中国语言学的发展前景如何？

答：学科的发展，映射伟大的民族精神。尽管需要时日，然而，中国的语言学家，有志气也有能力创建有中国特色的汉语语言学，形成自己的学术流派。提一个发人深省的历史事实。当年，王明从苏联带回来一套一套的理论，但是，不符合中国的国情。毛泽东把马列主义跟中国革命实际结合起来，写出了《论联合政府》、《新民主主义论》等论著，特别是写出了哲学著作《实践论》和《矛盾论》。毛泽东很了不起。在哲学社会科学领域，毛泽东创建了一个特别大的"中国学派"！我们应该总结"毛泽东的启示"，从而得出一个明确的结论：中国人，能够干出令世界震惊的任何事情。现在，中国已经进入了民族复兴的伟大时代，我们应该，也可以大有作为。我深信，中国正在阔步走向世界，中国的语言学，也必将阔步走向世界。

光明日報

2006 年 3 月 21 日　星期二　农历丙戌年二月廿二　今日 05 版

光明网网址 :http://www.gmw.cn　国内统一刊号 CN 11–0026　第 20507 号 (代号 1–16)

语言研究的"向"和"根"

华中师大语言与语言教育研究中心主任

邢福义

我们提出"研究植根于汉语泥土，理论生发于汉语事实"的主张，凸显富于个性的学术特色。已经确定以"小句中枢说在汉语与临界领域研究中的应用与验证"为总研究项目，把研究视点投射到现代汉语共同语、汉语方言、古代近代汉语、汉外语言比较、中文信息处理和汉语教育问题等 6 个方位，"十一五"期间将研究其中若干子课题。

我们充分重视语言研究的"向"和"根"。所谓"向"，即面向世界，面向时代需求；所谓"根"，即根在中国，根在民族土壤。这决定了我们对国学的尊重与景仰。跟现代学术相比较，"国学"作为一个在特定历史阶段上形成和发生重要影响的事物，自然有其历史局限。以现代中国语言学来说，目前已经涵盖了汉语汉字研究、语言理论与语言应用研究、少数民族语言研究、外国语言研究四大分支的数十个学术领域，远非国学范围中的文字、训诂、音韵等之可比。但是，中国语言学要得到理想的发展，用一句话归总，最重要的是形成"语言学的中国学派"。而要做到这一点，研究国学，承传其优点，无疑具有特殊的意义。

光明日报

2006年8月8日 星期二 农历丙戌年七月十五 今日05版

光明网网址：http://www.gmw.cn 国内统一刊号 CN 11-0026 第20647号（代号1-16）

国学

一、国学的定格和渊流

二、朴学精神的传承

"辞达而已"的启示

三、"辞达而已"的启示

四、中国语学的特色探求

孔子像

三羊开泰

华中师范大学第三十一期"博雅大讲坛"

时间：2006年6月3日
地点：华中师范大学学会堂

国学 讲演厅
国学精魂与现代语学

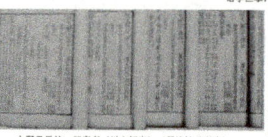

《马氏文通》

中国最早的一部字书《说文解字》（平律馆丛书本）

汉代木简

压题图片为刻有鸟虫书的汉代错金银壶（河南省博物馆）

光明日报

2007年2月1日 星期四 农历丙戌年十二月十四 今日09版

光明网网址:http://www.gmw.cn 国内统一刊号 CN 11-0026 第 20824 号(代号 1-16)

"救火"一词说古道今

邢福义

邢福义,生于1935年5月,华中师范大学文科资深教授,博士生导师,语言与语言教育研究中心主任,教育部社会科学委员会委员,国家哲学社会科学研究规划语言学学科组副组长。主攻现代汉语语法学,也研究其他方面的问题。主要著作有《语法问题发掘集》、《汉语语法学》、《汉语复句研究》、《文化语言学》(主编)。前三种著作分别获得中国高校人文社会科学优秀成果一等奖;《文化语言学》修订本获第五届国家图书奖提名奖。

《國學講座》

"救命"是命被救,等于说挽救生命;"救火"不是火被救。就词语结构成分之间的关系而言,"救命、救人"这一类型更为多见,比方"买菜、卖花、送信、取款"等等都是。然而,"救火"说法自古有之。这个语言形式,最早见于相传为春秋时左丘明所著的《国语》。如:"于是吕甥、冀芮畏偪,悔纳文公,谋作乱,将以己丑焚公宫,公出救火而逢焉杀之。"题目中的"一词",是个笼统说法。严格地讲,"救火"应称为"词语"。因为,即使现代汉语里已经成了一个

词,但在古代,特别是在初始出现的时候,应是一个短语。

现代汉语里,"救火"相当常用。有意思的是,火与水都能成灾,但现代人只说"救火",没听到过有说"救水"的。查现当代作品,看不到"救水";查明清时代的作品,也看不到"救水"。《现代汉语词典》里,只有"救火"的词条,没有"救水"的词条。这是为什么?想来应属"人力可控"的语义特征有关。在一般情况下,在一定范围内燃烧起来的火是人力可控的,因此可以说"灭火",也可以说"救火",而就生活中通常情况来说,突然汹涌而至的大水人力很难管控,因此,既不能说"灭水",也不能说"救水"。

然而,对于语言的使用状况,不能下绝对化的结论。查古代典籍,也可以看到"救水"说法,尽管很少。情况有二:其一,反映一种迷信的习俗。罗竹风主编《汉语大词典》既收了"救火"的词条,也收了"救水"的词条。对于"救水",该词典解释道:古代迷信,遇水灾时,必击鼓祈祷,激发阳气以救治,称"救水"。《梁传·庄公二十五年》:"救日以鼓兵,救水以鼓。"范宁注:"救水以鼓?者,皆所以发阳也。"明杨慎《秋大水鼓用牲于社于门》:"日之食人力不可救也,鼓以充阳也。水之灾,人力可救也,鼓庸愈哉!"(第五卷452—453页,汉语大词典出版社2001)其二,跟"救火"用法基本相同,即通过导水疏水救人救物。这一点,《汉语大词典》没有提及。例如:"至于期日之夜,赵氏杀其守堤之吏而决其水灌知伯军。知伯军救水而乱,韩、魏夹而击之,襄子将卒犯其前,大败知伯之军而擒知伯。"(《韩非子》)其他书中,比如《战国策》、《淮南子》和《资治通鉴》,也有对这一事件的叙述,也都出现了"救水"。值得注意的是,前面我们说,对于汹涌而至的大水,人力难控,这是就生活中突发的一般情况来说的,而杨慎《秋大

水鼓用牲于社于门》中"水之灾,人力可救也",却是就有组织有领导地开展群体性救灾活动来说的,二者并不矛盾。《韩非子》等书中的"救水",可以看作反映群体救治水患的特定用法。在今天,假设在一栋大楼里,某个房间忽然水管破裂,造成水淹事故,是否可能有人会扒在窗口"救水啊救水啊"地大声呼叫呢?既然古代曾经有过这种说法,现在由于情急而不加思索地脱口而出,不是完全没有可能。尽管通常大家都不这么说,但作为偶发性的说法,似应用特殊眼光看待,思考其偶发的原因,不必简单化地认定为"病句"。

"救火"的意思是"灭火"。从动词和宾语的关系看,"灭火"中"火"是"灭"的对象,"救火"中"火"却不是"救"的对象。正如"恢复体力"和"恢复疲劳","体力"是"恢复"的对象,"疲劳"却不是"恢复"的对象。然而,从使用频率看,"救火"的频率要高于"灭火"。《三国志》里,"救火"出现5次,"灭火"只出现1次,《三国演义》里,"救火"出现9次,"灭火"却未出现。我们有一个近代白话作品小语料库,包括《水浒》《西游记》《红楼梦》《儿女英雄传》等等44部作品,搜查可知,用"救火"的有62句,用"灭火"的只有14句。我们又有一个现当代作品小语料库,基本上包括了"五四"以来到现在的著名作品,搜查可知,用"救火"的有78句,用"灭火"的只有42句。究其原因,"救火"强调"救",是通过灭火以救人救物,目的性更强,积极意义更大。

从使用场合看,"救火"和"灭火"有时语用价值有所不同。《三国志》:"众人以为救火者必无罪,皆附左;王以为不救火者非助乱,故将乃复罪之。"这里用"救火"。这是一个灭火以救人救物的语境,若把"救火"换成"灭火",不能显豁地表达意思。《三国志》:"臣闻扬汤止沸,

不如灭火去薪,溃痈虽痛,胜于养肉,及溺呼船,悔之无及。"这里用"灭火"。"灭火"与"去薪"连用,若说成"救火去薪",便不顺畅妥帖。情况相似的,是"救生"和"救死"。

如果说,"救火"和"灭火"都是使灭火,那么,"救生"和"救死"则都是使人活。它们也有不同的语用价值,往往适用于不同语境。王朔《浮出海面》:"我拐进浓荫蔽日的浴场路,穿着泳装的少女仨俩俩吮着冰糕来回溜达,挎着救生圈的孩子成群结队光着脚丫打闹跑过。"老舍《集外》:"海中人已不多,剩下零散的人头,与救生船上的红旗,一块上下摆动,……"这里用"救生"。"救生圈、救生船",若说成"救死圈、救死船",便不吉祥,不会有人乐意使用。然而,并非什么时候都是"救生"才合适。毛泽东《蒋介石政府已处在全民的包围中》:"其结果,就是极端的通货膨胀,空前的物价高涨,民族工商业日益破产,劳动群众和公教人员的生活日益恶化。这种情形,迫使各阶层人民不得不团结起来为救死而斗争。"这里用了"救死",强调了挽救民族的灭亡。若说成"救生",便不能凸显原意。王朔《你非宗人》:"一个救死扶伤的医生怎么能怕自己传染上疾病?"这里用"救死扶伤"。这个说法,由于"死"和"伤"照应使用,如果说成"救生扶伤",语句便会失去协调感。

末了,还应该指出,"救火"除了"灭火"的含义,古代还有一个用法,即作为萤火虫的别名。这见于李时珍《本草纲目·虫三·萤火》,请参看罗竹风主编《汉语大词典》(第五卷453页)。"语言是文化的符号,文化是语言的管轨。"(邢福义主编《文化语言学》修订本第一版序,湖北教育出版社2000)把古今语言现象联系起来观察词语的用法,有助于更好地了解我国语言的丰富灵活,更好地了解我国语言的文化含量。

光明日报

2007 年 7 月 19 日　星期四　农历丁亥年六月初六　今日 09 版

光明网网址 :http://www.gmw.cn　国内统一刊号 CN 11-0026　第 20988 号 (代号 1-16)

"人定胜天"一语话今古

邢福义

"人定胜天"表示的是什么意思？其结构关系如何分析？笔者作过一次小调查。基本要求是：请用单竖线"｜"把"人定胜天"这个主谓句的主语部分和谓语部分隔开。结果，出现了两种分析。分析一：把单竖线划在"人"和"定胜天"之间，共 28 人；分析二：把单竖线划在"人定"和"胜天"之间，共 2 人。接受调查者都是高层次或较高层次的知识分子，包括本科生、硕士生、博士生和大学教授。如果问问一般群众对这一词语的理解，得到的回答肯定是向"分析一"一边倒。

古代原本用法，"人定胜天"的意思是"分析二"。这一点，凡是涉及古代汉语的词典，以及各种成语词典，都做了解释。比如，《辞海》解释道：人定，犹言人谋，谓人的意志和力量可以战胜自然。刘过《襄阳歌》："人定夸胜天，半壁久无胡日月。"刘祁《归潜志》十二："人定亦能胜天。"按《逸周书•文传》："人强胜天"亦此意。又作"人众胜天"，见《史记•伍子胥列传》(缩印本 306 页)。观察可知：第一，"人定"和"胜天"之间可以出现把二者组合的语言成分，包括"夸、亦能"等。第二，学者们把"人定"看作一个结构单位，往往用"人谋、人强、人众"等来训解。可见，"人定"首先发生组合关系，然后才跟"胜天"发生组合关系。再看两个实际用例：例一，人定者胜天，天定亦能胜人，惟元帅察之（《宋史•列传第一百三十》）。例二，语云：天定胜人，人定亦能胜天。（徐枕亚《玉梨魂》第十四章）前一例，对举使用"人定胜天"和"天定胜人"，"人定"和"胜天"之间出现了"者"，"天定"

和"胜人"之间出现了"亦能"；后一例，对举使用"天定胜人"和"人定胜天"，"人定"和"胜天"之间出现了"亦能"。

现代通常用法，"人定胜天"的意思是"分析一"。这一用法的产生和流行，有其外因和内因。一方面，受到社会发展的影响，这是外因。到底开始于什么时候，还无法确认，但可以肯定，在强调战天斗地的火热时期，这一用法成了一个口号，一种指导人们行动的思想，深入人心。《人民日报》发表过一篇《人定胜天——记河北省人民的抗旱斗争》的文章，其中写道："天大旱，人大干，夺取丰收不靠天"的豪迈声音，时时鼓舞着我们，使我们强烈地感到，有了党的领导，群众发动起来了，自然灾害再猖狂，也一定能够战胜它。（1975 年 12 月 23 日）这正是历史的记录。另一方面，受到语言本身演化的影响，这是内因。时代的发展，引发人们对语言理解的变化，人们不会固守古人的原本用法。今天，当说"人定胜天"的时候，人们大都根据对"定"、对"胜"的最熟悉的用法来理解。例如：最具权威性的《现代汉语词典》，从试用本到 2005 年的第 5 版，对"人定胜天"解释为"人力能够战胜自然"，"人／定／胜／天"分别同"人力／能够／战胜／自然"相对应。一开始便参与和领导这部词典编纂工作的学者，比如丁声树先生和吕叔湘先生，都是饱学之士，他们不会不知道古代原本用法，但是在这部现代汉语中型词典中，他们只提了现代通常用法。

在对事物的认识和表述上，两种用法有不同的观点取向。作为一种表述方式，古代原本用法可以称之为客观理性

式。即客观地看待和评价"人"与"天"之间的强弱关系，认为二者孰强孰弱可以相互转化，显得头脑冷静，富于理性。古文根底深厚的现代人，有时也会在这个意义上使用。例如，只知道人定胜天，而不知道天定胜人，同样是错误的。（徐特立《怎样发展我们的自然科学》）相对地，作为一种表述方式，现代通常用法可以称之为主观意志式。即强调人的主观能动作用，激励人们凭借自己的力量去改造大自然，充满豪情壮志。例如：如今的年轻人已很难想象那个时代人们的激情以及由此而产生的力量。……那是一种人定胜天的豪情壮志，那是一种信仰的力量；那是一种自觉的奉献，一种快乐的劳动。当然，主观意志式毕竟反映的是人的主观愿望，并不等于就是事实。如果头脑发热，认为一定会这样，那就会带来不良的后果。下面这个例子，反映了一种冷静的反思：我们曾经一度过高估计人类征服自然的能力，相信"人定胜天"。（《人民日报》2001 年 9 月 10 日）显然，两种表述方式各有其语用价值：客观理性式，适合在对事物进行冷静分析时使用；主观意志式，适合在鼓舞人们排除万难去夺取胜利时使用。对于带有主观情绪的说法，不能用客观理性的标准去看待。"事在人为、心想事成"等等，也是如此。

在词义状态上，两种用法也有不同的理解选择。这表现在"胜"和"定"这两个词的含义上面。先说"胜"。几乎所有的词典，包括涉及古代汉语的词典，都把"胜"解释为"战胜"。主观意志式的"胜"肯定是"战胜"，但对于客观理性式来说，却较难解释"天定胜人"，因为客观事物按其自

身规律运动和发展，不存在天对人发起意愿性挑战的问题。因此，最好把理性式中的"胜"解释为"胜于、胜过"。柳宗元："人胜天，则善者行。"（《答刘禹锡天伦书》）陈光磊等编著《中国古代名句辞典》解释道："人胜天：人力胜过天力。"（上海辞书出版社 1986 年 7 月，877 页）这里解释"胜"，用了"胜过"，很恰当。再说"定"。主观意志式的"定"是"必定"，用作副词；客观理性式的"定"肯定不是副词，应该怎么解释？有的词典用"人谋、人众、人强"来解释"人定"，但"谋、众、强"都不是"定"字本身的直接含义。从最基本的含义看，"定"即"安／安定"。宗福邦等《故训汇纂》，"定"字条下共列训释 84 条，1—5 都是"安"；（商务印书馆 2003 年 7 月，564 页）《汉语大字典》所列 24 个义项，第一项便是"安定"。（湖北辞书出版社、四川辞书出版社 1987 年 10 月，918 页）"人安定"，意味着众人和顺协调，因而能够充分地发挥强大的潜能和力量；"天安定"，意味着大自然风调雨顺，因而同样能够充分地发挥强大的潜能和力量。正因如此，人有可能胜过天，天也有可能胜过人。如果用"安定"来解释"人定胜天"和"天定胜人"中的"定"，也许更符合事物的辩证关系。

语言发展的历史表明，"人定胜天"已经先后出现了两种用法。兼顾古今汉语的词典，"人定胜天"词条下面应立两个义项。对"胜"和"定"的解释，两个义项应有所区别。

应该指出：在从古至今的历史纵线上，词语的用法往往有所发展。更常见的情况，是意义上有所演变，不大涉及语法关系的演变问题。比如"陈

相因"、"钩心斗角"，现代人的理解都跟古代的原本含义相去甚远。有的情况，也会牵动语法关系的变化，但并不典型。比方"望洋兴叹"，"望洋"是个连绵词，表示仰视的样子，还有"盳洋、望羊、望佯、望阳"等写法，原本不是"望着海洋"的意思。到现代，常常可以看到"望楼兴叹、望河兴叹"之类用法。这么使用"望×兴叹"，显然有其心理基础，即内心里把"望洋"当作了动宾结构"望着海洋"。这就改变了连绵词"望洋"的原本结构关系了。然而，这毕竟只是活用，属于修辞现象。由于理解上的变化而引发了语法结构的变动，"人定胜天"特别具有典型性。这类词语，包括成语，到底还有哪些，一共有多少，各自的具体情况如何，很值得做深入的专题研究。

还应该指出："人定胜天"中的"人定"，并未成为汉语的一个具有固定性的组合单位，即并未"词化"。有的词典收入了"人定"的词条，但表示的是"夜深人静时"的意思。比如白居易《人定》：人定月朦胧，香消枕簟清。又如王建《寄杨十二秘书》：人定犹行背街鼓，月高还去打僧房。

光明日报

2007年12月25日　星期二　农历丁亥年十一月十六日　今日04版

光明网网址:http://www.gmw.cn　国内统一刊号 CN 11-0026　第 21147 号（代号 1-16）

黄流中学怀想

老师送我铅笔，使我憧憬未来；老师相信我没撒谎，更使我深感温暖。

邢福义

　　黄流中学地处海南岛西南端享有"全国文化艺术之乡"的乐东县黄流镇。创办于1947年，是乐东县办学历史最悠久的学校，创办伊始为"崖县第二初级中学"，1958年改办成完全中学，更名为"乐东县第一中学"，成为当时乐东县重点中学，开始在乐东乃至琼南地区教育界展现着引人瞩目的雄姿。1964年又更名为"乐东中学"，1977年被定为原海南黎族苗族自治州重点中学之一，1981年学校最后更名为"黄流中学"。几易校名的经历，记载了黄流中学发展的历史沧桑，同时也昭示了黄流中学在乐东教育界举足轻重的地位。

　　学校现占地195亩，校舍总面积24105平方米，教职工216人，在校生4045人，54个教学班，是琼南地区规模较大的乡镇完全中学之一。

　　1949年9月至1952年2月，我在黄流中学读书。当时，学校名为崖县初级中学，简称崖初中。好像是1950年，学校来了一位青年教师，刚刚毕业于设立在海口府城的广东琼台师范学校。高高的个子，长得很帅；性格爽朗，很有亲和力；知识面宽，能教几门课。同学们都很喜欢他，私下里亲切地把他称为小老师。除了上理科方面的课，他还教我们画画。我从小对画画有特殊的爱好，不仅上美术课特别上劲，还常常为学校或班级的壁报画点插图。有一天，这位老师送我一支大约用过五分之一的铅笔，笔芯粗而黑，用来画素描再好不过。在当时，特别是在当时的黄流，这可是稀罕物。我喜欢得不得了，珍惜得不得了。不料，没过多久，这支铅笔怎么也找不到了。更让我难过的是，过一些天，他向我"借"这支铅笔，说他要用。这时我才知道他就有这么一支铅笔，而我却没能保管好。

　　我很抱歉，又很着急，结结巴巴地说："老师，铅笔……我……我……弄丢了！"看到我急成那个样子，他笑了笑，安慰我说："没关系的！"

　　老师送我铅笔，使我憧憬未来；老师相信我没撒谎，更使我深感温暖。时间过去了57个年头，许多事情忘记了，这件事却不但始终不忘，而且让我生发出了好些感悟。感悟一：老师的关心，对学生是上进的激励。那只是一支铅笔吗？不，那是一句无声的赠言，一种对学生未来的期盼。我曾经写过《亦师亦友志在高山》的文章，讲说我和我的硕士生博士生们的关系，文章的基本理念正是源于半个世纪以前的这件事。感悟二：老师的信任，对学生是守正的诲导。假若那时候他对我表示出哪怕是一丝一毫的怀疑，对我来说心灵上都会终生不得安宁。由此我深信一条人生哲理：诚为立身之本，诚实才能心安。为了问心无愧，从做人到做学问，都一定要诚实。近年来，我发表过一些有关学风、文风和文品的文字，包括《治学之道学风先导》、《社会公益对学风文品的规约》等等，实际上都是以"诚实"为基点做文章的。感悟三：老师的言行，对学生是无形的牵引。1952年，好几个黄流同学考取了琼台师范，其中一个是我。大家都为能上琼台师范而备感荣幸。就我而言，报考琼台师范固然是因为这所学校声誉很好，同时也是因为我的老师是琼台师范毕业的，他对我具有一种潜性引力。

　　教与学，师与生，在教育发展史和学术发展史上，历来是起着筋脉贯通作用的重要话题。大家都景仰被称为圣人的孔子。《论语·述而》录载孔子的话："学而不厌，诲人不倦。"《论语·子罕》录载学生颜渊的话："夫子循循然善诱人。"《论语·子张》录载学生子夏的话："博学而笃志，切问而近思，仁在其中矣。"一册《论语》，实际上就是师生共同谱写的一部气势磅礴的大交响乐。在我们炎黄子孙共同拥有的国学宝库中，同类记录很多，反映的是教师的风范，尊师的美德，师生之间的相互理解与关爱。

　　黄流中学是南国人才培养的摇篮。六十年来，黄流中学向国家各个高校各个部门输送了大量俊士，黄流中学的老师们从各个角度各个侧面发表了散发着浓郁校情气息的大量文章，如此等等，都是学校辉煌历史的实证。我在黄流中学度过了人生起点上至关重要的一个时段，承沐了良好的熏陶，终生受益。对于黄流中学，我有不尽的回忆，无穷的感念。在母校六十周年校庆之际，我讲了上面这件小事，是想说明，小事不小，黄流中学之所以能成为名校，既是因为各方面都有令人瞩目的建树，更是因为蕴积有深厚的师德根基，具有优良的校风、教风和学风。这可是黄流中学的"传家宝"！

　　"东风随春归，发我枝上花。"李白的诗句，可以借来演绎黄流中学的发展：随着国家的繁荣昌盛，日益富强，母校定会日新月异，越办越好！

　　（作者系著名语言学家，华中师范大学终身教授，国家哲学社会科学研究规划语言学科组副组长，全国高校人文社会科学重点研究基地语言与语言教育研究中心主任，中国对外汉语教学学会会长，第八、九、十届全国政协委员。1999年，创立我国第一个以母语汉语为主要教研对象的语言学系。多次应邀赴美、英、德、日、新加坡等国家和港、澳地区讲学，或在国际会议上发表主题演讲。黄流中学1952届毕业生）

光明日报

2008 年 1 月 14 日　星期一　农历丁亥年十二月初七　今日 12 版

光明网网址 :http://www.gmw.cn　国内统一刊号 CN 11-0026　第 21167 号 (代号 1-16)

漫话 "有所不为"

邢福义

"有所不为"最早见于《论语》中孔子的一个论断:不得中行而与之,必也狂狷乎!狂者进取,狷者有所不为也。孔子所说的"中行",后来孟子引述为"中道":孔子"不得中道而与之,必也狂狷乎!狂者进取,狷者有所不为也。"孔子岂不欲中道哉?不可必得,故思其次也。根据张岱年主编《孔子大辞典》的解释,所谓"中行",指能履行中正之道者;所谓"狂狷",是孔子对仅次于中道之士者的称谓。朱熹指出:狂者,志极高而行不掩。狷者,知未及而守有余。盖圣人本欲得中道之人而教之,然既不可得,而徒得谨厚之人,则未必能自振拔而有为也。故不若得此狂狷之人,犹可因其志节,而激厉裁抑之以进于道,非与其终于此而已也。(《论语集注》卷七子路第十三)朱熹还称赞"狂狷"是有"筋骨",有"节操"之士,人须有些狂狷,方可望。(《朱子语类》卷四十三)

孟子还对有关思想作了发挥。比如:"人有不为也,而后可以有为。"(《孟子》卷八离娄章句下八)又如:"人皆有所不为,达之于其所为,义也。"(《孟子》卷十四尽心章句下三十一)孟子把"有所不为"从教育范畴扩张开去,使之对人行为具有更大的覆盖面了。宋·陈亮《酌古论·先主》:"当理而后进,审势而后动,有所不为,为无不成,是以英雄之主常无敌于天下。"诸如此类的论述,都是结合具体的人或事,对"有所不为"所作的具体阐释。

如果把"有所不为"概括成为句法格式,便是"有所不 X",其中的 X 代表动词。所用的动词,多为单音节。在语意表达上,"有所不 X"可以分为两大类。

第一大类,意向选择用法。审时度势,决定取舍,选择重要的事情去做,而不做或暂时不做某些事情。比如上举"有所不为"各例。又如:然则有所不为,亦将有所必为者矣:既云进取,亦将有所不取者矣。(范晔《后汉书》卷八十一)这个例子,明晰地凸显了"有所不为"和"有所不取"的选择性。人的行为,分两个层次:其一是非为不可的,其二是可为可不为的。"有所不为、有所不取"之类,指的是后者。打个通俗的比方:泛地无舍,衢地合交,绝地无留,围地则谋,死地则战,途有所不由,军有所不击,城有所不攻,地有所不争,君命有所不受。(孙武《孙子兵法》九变篇第八)故君子之於爵禄也,有所辞,有所不辞。(王充《论衡》刺孟篇第三十)然子于父命,亦有所从有所不从。(李大师、李延寿《南史》卷四十九列传第三十九)这种意向选择用法,肯定形式"有所 X"和否定形式"有所不 X"二者相互依存,形成一个选择性聚合。说"有所 X",意味着隐含"有所不 X";反之,说"有所不 X",意味着隐含"有所 X"。

第二大类,据实表述用法。根据所见所闻所想所愿,陈述某件事情,所说的"有所不 X",不跟相对的"有所 X"形成选择项,反过来讲,如果说"有所 X",也不跟相对的"有所不 X"形成选择项。总之,不存在选择什么不选择什么的意向性内容,"有所 X"和"有所不 X"二者不形成一个选择性聚合。以"有所 X"来说。2008 年降临前夕,国家主席胡锦涛以"共同推进人类和平与发展的崇高事业"为题,发表了振奋人心的新年贺词,其中有这么个表述:"努力使全体人民学有所教、劳有所得、病有所医、老有所养、住有所居,促进社会和谐"。显然,"(学)有所教、(劳)有所得、(病)有所医、(老)有所养、(住)有所居"等,表达的是对全体人民的关怀,绝对不存在相对而言的"有所不教、有所不得、有所不医、有所不养、有所不居"等语言现象。再以"有所不 X"来说。请看例子:恐因一时喜怒,处置有所不当,卿等即当执奏,毋为面从,成朕之失。(元·脱脱等《金史》卷七本纪第七世宗中)将来闹出点子事情来,……就是于贵领事亦有所不利。(李宝嘉《官场现形记》第 53 回)不过这和一般军事学上所说的"闪击战"有所不同。(刘流《烈火金钢》第二十四回)这三个例子,分别见于文言文、近代白话作品和现当代小说,其中的"有所不当"、"有所不利"和"有所不同",都不意味着在一个选择性聚合中存在有相对的"有所当"、"有所利"和"有所同"。这类用法,出现频率最高的是"有所不知",古今屡见不鲜。例如,子路问于孔子曰:"鲁大夫练而杖,礼也?"孔子曰:"吾不知也。"子路出,谓子贡曰:"吾以为夫子无所不知,夫子亦徒有所不知也。"

应该注意:意向选择用法,除了"有所不为"之类的单用,还有三种连用模式。其一,肯定形式和否定形式直接连用,即"有所 X＋有所不 X"。比如上面例子中出现的"有所辞有所不辞"、"有所从有所不从"。然而,查古代典籍,尽管可以见到"人有不为也,而后可以有为"、"人皆有所不为,达之于其所为"之类前后对照的用法,却未见"有所为有所不为"。看来,"有所为有所不为"的连用,是经过发展演变而相对固定化的现代人的用法。至于开始于什么时候,出现在什么人笔下,笔者不知,有待进一步考察。可以肯定的是,我国进入新时期以来,这一用法越来越多见。比如:这里,全线出击、一视同仁是不行的,而要"有所为,有所不为"。(《人民日报》1989 年 5 月 15 日)

其二,先说一个"有所为有所不为",以此为基点,再说一个引发出来的"有所 X 有所不 X"。比如"有所为有所不为,有所赶有所不赶"。《江泽民文选》中,两次出现了这样的连用。例如:按照有所为有所不为、有所赶有所不赶的方针,集中力量发展我们自己的"杀手锏"武器装备,以增强我军打赢高技术战争的物质技术基础。(《通报中央政治局常委"三讲"情况的讲话》)这是一种从概括到具体地推衍递接的句法模式,在发展"杀手锏"武器装备问题上,把"有所为有所不为"具体衍化为"有所赶有所不赶",从而使所要表达的意思不仅加以概括更加清楚明确,而且得到了突出强调,语言也显得活泼没有变化。

其三,以"有所不为"为基点,略作点评,再引出一个较为具体的"有所不 X",又略作点评。例如 有所不为,为无不果。有所不学,学无不成。(王安石《祭沈文通文》)这仍然是一种从概括到具体地推衍递接的句法模式,只是有所扩展。从"有所不为"到"有所不学",由于分别加上四字点评,形成了四字格的二次连用,既增强了音律美,内容上又富于说理性。如果说,较为概括的"有所不为"是审时度势,不做或暂时不做某些事情,那么,套用到做学问上,便成为较为具体的"有所不学"。所谓"不学",不是抛损基础的不学,不是随意取舍的不学,不是没有进退的不学,而是为了学有所成、学有所长、学有所专,为了凸显优势和形成自己的特色。

两千年来,"有所为有所不为"的思想常用常新。比如,人民网曾以"落实科学发展观发挥科技第一生产力作用"为题,作过报道:"发展基础科学研究,要从国家长远发展需要出发,坚持有所为有所不为,尊重规律,突出重点,……取得突破,攀登世界科学高峰。"在国学宝库中,"有所不为"显然是最为闪光的体现事物发展辩证法的语句之一。

2008 年 9 月 1 日　星期一　农历戊子年八月初二　今日 12 版

光明网网址 :http://www.gmw.cn　国内统一刊号 CN 11-0026　第 21398 号 (代号 1-16)

"×以上"纵横谈

邢福义

"×以上"是一个重要的段位表示法。这一表示法，以 × 为定位起点，划出一个往上延伸的级度段，形成了相对固定的语法格式。从文言到白话，从上古到今天，这一格式的使用屡见不鲜，而且在现当代有了新的值得重视的发展。

一

让我们提三个问题，从三个角度观察古人笔下的这一表示法。

问题一：这一表示法中，充当定位起点的词语是一些什么样的词语？观察可知，凡是用来作为定位起点的词语，全部具有级度性，即代表在特定时空序列中某个可以往上升高的级度。从语言形式上看，可以分为两类。第一类，是包含数字的词语。用来表示段位起点的数量或次序。比如：庚午，诏诸士卒年六十以上罢归于家。(《晋书》帝纪第三)丨可得谷二百万石以上。(《史记》卷二十九)例中"年六十、二百万石"表示统系数。又如：郡国被灾什四以上，毋收田租。(《汉书》卷十)丨秋分后，在日法四分之三以上者，进一日。(《金史》卷二十二)例中"什四 (十分之四)、四分之三"表示分数。再如：武官五品以上给楼船。(《北史》卷一十二)丨大率去南极二十度以上，其星皆见。(《旧唐书》卷三十九)例中"五品、二十度"表示高低次序。第二类，是表示具有等级属性的名词语。有的表示官职或者社会地位。比如：县令以上，加导从车。(《后汉书》志第二十九)丨庶人以上，莫不蒸尝。(《晋书》志第八)例中"县令"为社会官职，"庶人"为社会地位。有的表示以某一名物为代表的时空位置。比如：盖唐、虞以上，事难该悉。(《北史》卷四十七)丨修身以上，明明德之事也。(《大学章句集注》序)例中"唐、虞"为时间位置，"修身"为空间位置。诚然，凡是不具有级度性语义特征的词语，不可能成为定位起点。比如"湖光山色"，不能说成"湖光以上、山色以上"。

问题二：这一表示法中，"以上"是否包括作为定位起点的"×"？换句话说，"以上"是包括"×"，还是排除"×"？观察可知，古人使用的"×以上"是一种包括式，而不是排除式。有时候，可以通过某一个意义理解的例子：他的官员是知府，只有道台以上的官员请他吃饭，他或者还肯赏光。(李宝嘉《官场现形记》第 32 回)论官职，道台高于府台，"道台以上"肯定包括道台。有的时候，还可以通过一些特定形式去理解。比方，在 × 前边加"自"。如：爵自二级以上，有刑罚则贬。(《商君书》境内第十九)丨自公主、封君以上皆带绶，各如其绶色，金辟邪首为带玦。(《晋书》志第十三)例中，自 × 以上等于说自 × 起点，自然包括 × 在内，跟"自"同义的，还有"由"和"从"。如：由士以上则必以礼乐节之，众庶百姓则必以法数制之。(《荀子》富国篇第十)丨从士以上皆羞利而不与民争业，乐分施而耻积藏。(《荀子》大略篇第二十七)

问题三：这一表示法中，往上延展的级度段有没有终止点？或者说，是否"封顶"？观察可知，就"×以上"本身而言，是起点明确，终点模糊的。比方"年六十以上"，"上"到多少岁，并不限定。有的自然可以意会，比方"侍郎以上"，肯定不会"上"到包括皇帝在内。不过，这只是靠知识来推断，格式本身并不提供有关信息，那么，如果需要"封顶"，怎么办？古人采用了以下办法。首先，是"×以上"后边加"至"或"至於"，形成"×以上至 Y"之类格式。例如：女子年十五以上至三十不嫁，五算。(《汉书》卷二)丨士大夫以上至於公侯，莫不以仁厚知能尽官职。(《荀子》荣辱篇第四)其次，是"×以上"前后加"自……至"之类，形成"自 × 以上至 Y"之类格式。例如：自二千石夫人以上至皇后，皆以蚕衣为朝服。(《后汉书》志第三十)丨自生史以上至于京权臣之党。(《汉书》卷六十)再次，是用"以下"对照限定，形成"×以上 Y 以下"或"Y 以下 × 以上"的格式。例如：调诸路猛安谋克军年三十以上、五十以下者，皆籍之，虽亲老丁多亦不许留格。(《金史》本纪第五)丨四品以下五品以上，令预前一日赴南都署表。(《北史》卷三十九)此外，还有一个办法，就是在"×以上"后边指明数量范围，从而使"×以上"受到了明确的位置。比如：大定百官，置太师、丞相，自大司马至以七公，位皆上公，绿绶缦，远游冠。(《晋书》载记第二)丨凡鸿水渊薮，自三百仞以上，二亿三万三千五百五十里，有九渊。(《淮南子》卷四坠形训)

二

了解过去，可以更好地认识现状。在现代汉语里，"×以上"这一古老格式不但继承下来了，而且有所发展了。引起发展的动因，是这一格式在含义上有时可能导致歧解。这需要把"×以上"和"×以下"联系起来加以讲究。如果说，"×以上"是以 × 为定位起点，划出一个往上延伸的级度段，那么，"×以下"便是以 × 为定位起点，划出一个往下延伸的级度段。跟"×以上"是包括式一样，在古人笔下，"×以下"也是包括式。例如：自诸侯王以下莫不震恐肃敬。(《汉书》卷四)这里用了"自"，肯定包括诸侯王。又如：九十以上、七岁以下，虽有死罪，不加刑。(《旧唐书》卷五十四)凭理性意会，"九十以上"肯定包括九十，"七岁以下"肯定包括七岁。然而，有一种特殊情况，这就是："×以上"和"×以下"同现，× 所指相同。比如，本文开头所引孔子的话，实际上后边还接有关于"中人以下"的一句，即：中人以上，可以语上也；中人以下，不可以语上也。(《论语》雍也第六)又如：如初数以下者，加减损益，因循前率；如初数以上，则反其数，归于后率云。(《旧唐书》卷三十八)对于这类 × 所指相同的用法，人们会提出疑问：如果恰好就是"中人"，恰好就是"初数"，怎么归划？

其实，按古人的理解，在"×以上"和"×以下"对举使用的情况下，"以上"用于包括，"以下"用于排除。如上例，"中人以上"包括中人，"中人以下"排除中人；"初数以下"排除初数，"初数以上"包括初数。然而，这毕竟只是一种心理认同的朴素说法。假若有人硬要较劲，打起官司，光靠朴素的认同感是不行的。说个小故事。甲卖乙方买货，乙方给甲方发了一部分货物之后便向甲方要钱，但甲方一个钱也不给。乙方的理解是"货到，全交款"，甲方的理解却是"货到全，交款"。于是打起了官司，最后法院只好这么判决：乙方给了甲方多少货物，甲方就给乙方多少钱。这件事，见于《语文建设》上发表的一篇短文。

为了文字表达的精确，今人在"×以上"这一格式上动了不少脑筋，作过这样那样的尝试，先后出现了三个新兴格式。其一，"×或×以上"。例如：今年的试题以 1977 年入学的高等学校本科的优秀学生为对象，试题的难度是以这批优秀学生能取得及格或及格以上的成绩为准。(《人民日报》1981 年 6 月 16 日)这里，用"及格或及格以上"。其二，"×及其以上"。例如：凡总投资在 1000 万元及其以上，要报国家计委 (技改项目报国务院生产办公室) 备案，……(《人民日报》1991 年 8 月 30 日)这里，用"1000 万元及其以上"。其三，"×及以上"。例如：地震使四川、甘肃、陕西和重庆共有 23 个地市、110 个县的供电受到影响。35 千伏及以上变电站受损 247 座，10 千伏及以上线路受损 1643 条。(《人民日报》2008 年 5 月 26 日)这里用"35 千伏及以上"和"10 千伏及以上"。

这三个格式有一个共同点，这就是：它们都首先明确肯定包括 ×，然后再明确肯定包括比 × 更高的级度。形式上，连词"或、及"之类的添加嵌入，标句了格式的双层并合性。于是，含义确定，不再存在两解的可能。如果起个名，它们可以叫作严密式。至于这三个格式的语用效应，比较地说，第三个格式最为简练。第一个格式，需要重复使用的当 × 的词语，有时会显得冗赘。比如说"35 千伏及以上"，要比说"35 千伏或 35 千伏以上"方便顺口。第二个格式，也嫌比第三个格式多了一个"其"字。正因如此，近年来第三个格式的使用频率越来越高。

三

那么，新兴格式产生了，传统格式是否会消失呢？不会。语法格式的发展，往往是累积性的，而不是取代性的。传统的"×以上"包括式和新兴的以"×及以上"为代表的严密式，不管是现在和将来，都会由于具体场合的不同需求而被选用。在需要精确描述的场合，人们会使用"×及以上"严密式。请看这个例子：海外应聘者……一般应在国外获得助理教授及以上职位或其他相应职位。(《人民日报海外版》2008 年 6 月 27 日)这里用"助理教授及以上职位"。如果说成"助理教授以上职位"，那么那些身在海外的助理教授们就会嘀咕 自己到底是否符合条件？可见加个"及"字十分必要。不过，话说转来，"×及以上"毕竟属于书面语法，不口语化。因此，在一般的场合，在意思不会受到误解的情况下，人们还是会继续使用传统的"×以上"包括式。比如：当今世界存在的主要宗教，佛教、犹太教有两千年以上的历史，……(江泽民《论宗教问题》)这是个政论文作品中的例子，其中用"两千年以上"，意思已够清楚，如果说成"两千年及以上"，反而别扭。再比如：本人愿如此服务五十年以上。(方方《桃花灿烂》)这是个文学作品中的例子，其中用"五十年以上"，符合说话口气，如果说成"五十年及以上"，便太不自然了。总之，新兴的严密式和传统的包括式会共存共处，各自发挥自己的作用。这一点，符合汉语朝着表现力越来越强的方向不断发展的总趋势。

光明日报

2009 年 5 月 18 日　星期一　农历己丑年四月廿四　今日 12 版

光明网网址 :http://www.gmw.cn　国内统一刊号 CN 11-0026　第 21657 号（代号 1-16）

说"广数"

邢福义

本文提出"广数"概念，描述有关语言事实。

我们说话，经常用到 10 个最基本的数目字："一、二、三、四、五、六、七、八、九、十"。这些数目字，除了表示定数（比如"三"是"2+1"，"五"是"3+2"），往往也表示概数。"广数"是跟"多数"、"满数"相对的概念，都属于概数。到目前为止，学者们已经论说过"三、九"表示多数的用法，比方清代人汪中的《释三九》。也有学者论说过"十"与"五"表示满数的用法。比如张德鑫《数里乾坤》（北京大学出版社 1999）指出："我国古代发明了科学的、先进的十进位制记数法，其中就包含'五进数'的观念。一五一十、十五二十……五跟十一样象征着完整、圆满和吉祥，人们追求十全十美，实实在在'五'（十）在在，也追求五谷丰登、五彩缤纷。"本文讨论的"广数"，是指用来表示广泛意思的数字。如果说，"三、九"表示多数，"五、十"表示满数，那么，"四、八"便是表示广数。

（一）关于"四 X"

用"四 X"表示广数，最具代表性的是"四方"。"四方"本指东方、西方、南方、北方，表示广数时则统统泛指各原方。比如：及高祖镇太原，文静察高祖有四方之志，深自结托。（《旧唐书》卷六十一）

"四 X"中的 X，往往是名词性语素。除了"四方"，常用的还有"四面"和"四海"。"四面"本指东面、西面、南面、北面，表示广数时则统统泛指各面。例如：贪利无耻耽于为恶之人，挟威兵兴，四面而起，以求遏其所欲。（《续资治通鉴》卷第一百六十八）"四海"一般用于泛指，等于说全国各地。例如：是以贞观一朝，四海宁晏。（《旧唐书》列传第六十九）此外，还有"四野、四外、四边、四下里"等形式。或在上古就有，或在白话文作品中开始出现，都使用至今。

"四 X"中的 X，许多时候也用动词性语素。比如：暮行河堤上，四顾无见人。（唐·韩愈《暮行河堤上》）黄沙碛里客行迷，四望云天直下低。（唐·岑参与独孤渐道别长句兼呈严八侍御》）"四顾"、"四望"中的"顾、望"都是动词性成分。"四顾、四望"，"（弟兄）四散、（亡命）四窜、（红光）四射、（湖水）四溢、（风波）四起、（祸机）四伏"等等，都是同样的结构，"四"字都起到了泛指广度的作用。

（二）关于"八 X"

"八 X"中，最具代表性的是"八方"。

"八方"本指四方（东、西、南、北）和四隅（东南、东北、西南、西北），表示广数时，仍然泛指各处。例如：洪泽丰沛，漫衍八方。（《后汉书》卷十上）自今以始，八方攸同。（《宋史》卷一百三十七）"八 X"中，也常见"八面"，但基本上只用于广数，泛指周围各个方面。例如：迤时，风势八面俱至，终夜不止，如是者连日。（《元史》卷五十一→）有好主意可以八面周全，不使太太们生气。（《红楼梦》第 73 回）"八面威风、八面玲珑"之类的，成了今天常见的成语。"八 X"中，也有"八海"，泛指极为广阔的范围。例如：十洲隔八海，浩渺不可期。（陶潜《怀仙吟二首》）"八冥、八滨"和"八瀛"，跟"八海"同义。近代白话文作品中，偶尔可以看到"八海"；现当代作品中，不再出现。

在古代，跟"八方"语义相同、相通或相关的形式相当多。比如："八坼、八都、八陲、八鸿、八字、八寓、八区、八隅、八嶋、八镇、八维"等，跟"八方"相同或相通。又如："八 S、八寅、八黄、八埏、八滨、八极、八郲、八复、八际"等，指八方边远之地。"八幽、八纮、八蕃、八荒"，分别指"八方幽远之地、八方极远之地、八方蛮夷之地、八方荒远之地"。此外，还有"八表、八外"，指八方之外，即极远的地方；还有"八正"，指八方的和风。（可参看罗竹风主编《汉语大词典》）到近现代，上述形式定格在了"古词语"的位置之上，一般情况下不再使用。但是，又出现了两个表示广数的词语。一个是"八下里"，指很多方面。例如：如今这事八下里水落石出了，连前儿太太屋里的也有了主儿。（《红楼梦》第 61 回）另一个是"八辈子"，通过强调时段之大来形容时间长或程度深。例如：快走，别啰嗦了，你欠咱们穷人八辈子血债。（周立波《暴风骤雨》）要再摸两手稀屎，才算倒了八辈子楣！（杜鹏程《保卫延安》）

跟"四 X"一样，"八 X"的 X 既有名词性的，也有动词性的。例如：黄帝西南，除八通鬼道。（《汉书》郊祀志第五上）洛阳道八达，洛阳城九重。（《乐府诗集·洛阳道》）"八通、八达"都是"八 + 动"。现当代不再见到"八通"，但"四通八达"成了常用成语，形容四面八方都有道路可通达。

作为广数的表达形式，"四 X"和"八 X"经常对照使用。例如：恩流八虺，德溢四海。（《盐铁论》贫富第十七）恭己临四极，垂衣取八荒。（唐·李世民《元日》）前例中，"八荒"和"四海"对照使用；后例，"四

极"和"八荒"对照使用。

（三）广数形式的应用

不同的广数形式，各有自己的应用场合。制约其应用的因素，主要有两个方面。

一个方面，是各个形式本身所蕴涵的语义。比如"四方"和"四面"，"四方"泛指四方各处，"四面"则泛指某一定位点的周围。正因如此，可以有歌词"走四方……一路走一路望故乡"，却不能说"走四面……"；反过来讲，可以说"茂生心不在焉地四面看着，对众人点点头"（陈世旭《将军镇》），却不能说"茂生心不在焉地四方看着，对众人点点头"。又如"四海"，泛指全国各处，跟"四方"的泛指含义基本相同，但是，"古以中国境有海环绕"（见《辞海》），正因如此，可以说"四海之内"，却不能说"四方之内"。

另一个方面，是各个形式在语用上的选择需求。以"八方"来说，比如："双拳难敌四手，两眼难顾八方"（高晓声《陈奂生上城》）。不好说成"双拳不敌四手，两眼难顾四方"，这是因为前边已经出现"四"字，后边选用"八"字句子才有变化，不致重复呆板。又如："男儿志在四方"（陈忠实《白鹿原》），一般不说"男儿志在八方"。"老子一病入了土，娘改了嫁，剩下社父拖着我吃八方（乞讨）"（陈世旭《将军镇》），一般不会说成"祖父拖着我吃四方"。这是由于前边已经形成比较固定的用法。"八方"翻一倍，便成为"十六方"。这是个现当代为了特殊需要而采用的泛指形式，也表示各处。比如京剧《沙家浜》中，阿庆嫂唱道："垒起七星灶，铜壶煮三江，排开八仙桌，招待十六方"。这是由于唱词是五字一句，用"十六方"才协调。

不同的广数形式，又有共同的应用目的。除了某些形式有时表示定指，任何广数形式都有一个共同点，即用来泛指广处。那么，泛指的广数，广到什么程度？这要看广数形式的使用语境。总的说来，是泛指特定语境中特定范围内的时空。一般泛指空间；偶尔也泛指时段，比如前边提到的"八辈子"。

有的时候，广数形式可以泛指极为广阔的范围，不仅可以泛指普天下，甚至可以强调无边无际。在广数形式的前后，我们常会看到相关的词语。比如泛指广阔的时候常有用"广、远、旷"之类的。例如：故广延四方之豪俊。（《汉书》卷五十六）梁王昔爱才，千古化不泯。至今蓬池上，远振八方宾。（唐·韦应物《大梁亭会李四栖梧作》）湖山四面争秀色，旷望不与人同闻。（元稹

《酬郑从事四年九月宴望海亭》）前例用了"广延"，中例用了"远振"，后例用了"旷望"。又比方说，相关词语有时用"天下、天地"之类。例如：秦地天下利，八方凑才贤。（《乐府诗集·白马篇》）性好兴利，广收八方园田水碓，周遍天下。（《晋书》列传第十三）德配天地，光被八极，功垂于无穷，名传于不朽。（《陆贾新语》辅政第三）前例用了"天下"；中例不仅用了"广收"，还用了"周遍天下"；后例出现了"天地无穷无不朽"。再比方说，相关词语有时用"无边、无际"之类。例如：四顾无边鸟不飞，大波惊隔楚山微。（唐·韦庄《泛郡阳湖》）一点英雄气，四顾浩无边。（《全宋词·寿丘月林》）四望浩无际，沉忧将此同。（《全唐诗·早发杭州泛富春江寄陆三十一公佐》）前例出现了"无边"，中例出现了"浩无边"，后例出现了"浩无际"。

当然，强调范围之广阔宽泛不一定要有照应语。"四 X"和"八 X"对照使用，便可以起到这样的作用。例如：泽周八虺，兵定四极。（唐·段文昌《郊庙歌辞·享太庙乐章·象德舞》）施张四维，缔制八字。（《宋书》卷九十七）上例，分别对照使用了"八荒"和"四极"，"四维"和"八字"。特别是，有的形式，如用"四海"，本身就能突显广阔宽泛的意思。"四海之内，皆兄弟也。"这是见于上古文献《论语·颜渊》的句子。后来，不管在哪个朝代，使用频率都很高。到了现当代，"四海"成了一个极有表现力的说法。前些时，新生入学进行军训，在操场上意气风发地高唱《一二三四歌》："一杆钢枪交给我，二话没说为祖国，三军将士苦为乐，四海为家，哪里有我哪里就有一二三四战士的歌！""一条大路多宽阔，二月春风拂面过，三山五岳任我去，四海为家，哪里有我哪里就有一二三四战士的歌。"听着听着，深受振奋之余，不由得惊叹起汉语数字的美与奇。四海为家！新时代的战士，心怀伟大祖国，气盖万里河山！

汉语中，数字的运用富于民族特色，充满着浓厚的泥土气息，反映了华夏民族的传统宇宙观、美学观和民俗观。汉语的数字文化现象，有时犹如雾月彩虹，有时却又扑朔迷离，引人探奇。这是一个大题目，可以写成大部头的著作。本文讨论的，不过是大海中的一滴水珠，仅此而已。

2009 年 8 月 10 日　星期一　农历己丑年六月二十　今日 12 版

光明网网址 :http://www.gmw.cn　国内统一刊号 CN 11-0026　第 21741 号 (代号 1-16)

两次指点

邢福义

1980 年 10 月，"中国语言学会"在武汉成立。王力先生和吕叔湘先生当选名誉会长和会长。副会长 5 人，季羡林先生是其中一位。到 1985 年，季羡林先生当选第二届中国语言学会会长。在几次常务理事会上，见到季先生，听过他的发言。季先生诚恳质朴，不是善于滔滔不绝地作长篇发言的人。他的话，总是很简短，点到即止。

我要特别提到两件事。

一件是，季羡林先生担任主编的"中国现代语言学丛书"，从 1997 年起由东北师范大学出版社出版，这套丛书包括徐通锵《语言论》、詹伯慧《汉语方言学》、孙宏开《中国少数民族语言学》、邢福义《汉语语法学》。季先生于 1996 年 6 月作了一篇长序，其中写道：

……

近一百年以来中国语言学的情况怎样呢？邢福义先生在他的《汉语语法学》(本丛书之一) 中，就汉语语法学的分期问题，把一百年分为三个阶段：一、套用期，19 世纪末期至 20 世纪 30 年代末期。主要特征是套用西方语言拉丁文、英文等等，大约有 40 年，以马建忠、黎锦熙等为代表。二、引发期，20 世纪 30 年代末期至 70 年代末期。主要特征是引进西方国家的语言理论，大约 40 年，以王力、吕叔湘、丁声树、张志公等为代表。三、探求期，70 年代末期至现在。主要特征是接受外国理论的启示，而又探求新路子，以求得具有中国特

色的研究思路和方法，大约有 20 年，以吕叔湘、朱德熙、张志公、胡裕树、张斌等为代表。

邢福义先生分期的意见，就中国语言学整体情况来说，大体上也是符合实际的，是能够为大家所接受的。除了上面提到的语法学家外，这一时期有代表性的语言学家还有赵元任、李方桂、罗常培等。在过去一百年内，中国语言学走出了一条由套用到探求的道路，是符合逻辑发展的。……

邢先生称最后一个阶段为探求期，仅仅有 20 年历史，少于前两个阶段。但是前两个阶段已告结束，而探求期怎样呢？

这个问题邢先生不可能答复。由于限于一百年的框架内，前两期占了 80 年，只剩下了 20 年，所以邢先生只能谈 20 年。过了这 20 年，就到了 21 世纪，是框架之外的事情了，也是邢先生讨论以外的事情了，他当然不能讲得很多了。我现在来替他回答这个问题：探求只能说是刚开了一个头，探求未有穷期。我们只能探求，探求，再探求。

……

下一个世纪的前 20 年，甚至在更长的时间内，都是我们探求的时期。我们必然能够找到"中国的特色"。只要先"擒"这个"王"，我们语言学的前途，正未可限量。只要能摆脱西方理论的影响，充分发扬我们自己的语言和理论，我们必然能够一反现在无声的情况，在世界语言学界发出我们的声音，而且是宏亮的

声音。在 21 世纪 100 年中，同现在这 100 年相比，我们必然能够取得更辉煌的成果。我认为，这就是我们中国语言学未来的任务，这就是我们探求的方向。(1996 年 6 月 10 日写毕)

另一件是，季羡林先生担任主编的"20 世纪现代汉语语法八大家"选集，从 2001 年起由东北师范大学出版社出版，这套选集包括《黎锦熙选集》、《吕叔湘选集》、《王力选集》、《胡裕树张斌选集》、《朱德熙选集》、《邢福义选集》、《陆俭明选集》。季先生于 1999 年 6 月又作了一篇较长的序，接着上面的话题写道：

……

邢福义先生在所著《汉语语法学》(东北师范大学出版社出版) 中，把《马氏文通》问世后 100 年来汉语语法研究大体上分为三期：

(一) 套用期 :19 世纪末期 -20 世纪 30 年代末期 ;(二) 引发期 :20 世纪 30 年代末期 -70 年代末期 ;(三) 探求期 :70 年代末期 - 现在。

这一分法是有根据的，因而是能站得住的。邢先生说 :"(探求期) 大约已 20 年。基本倾向是接受国外理论的启示，注重通过对汉语语法事实的发掘探索研究的路子，追求形成具有中国特色的研究思路和研究方法。"下面邢先生又说 :"应该清醒地看到，这门学科距离真正成熟还相当遥远。到目前为止，许多事实尚未得到深刻的揭示，许多重要

现象尚未得到准确的解释。现在，面临的主要问题是'二求'：一求创建理论和方法，二求把事实弄清楚。"这都是很重要很中肯的意见。看来邢先生的想法是：所有这一切工作都是探求期第二阶段的任务，也就是说，是 21 世纪的任务。

但是，问题的关键在于：怎样探求？向哪个方向探求？采取什么样的具体步骤去探求？在这些方面，邢先生的话，虽很正确，但不具体。我不揣庸陋，想补充两点。第一点是，要从思维模式东西方不同的高度来把握汉语的特点；第二点是，按照陈寅恪先生的意见，要在对汉语和与汉语同一语系的诸语言对比研究的基础上，来抽绎出汉语的真正的特点。能做到这两步，对汉语语法的根本特点才能搔到痒处。……(1999.06.29)

季先生的论说，一语破的，对中国语言学的发展起到了导向的作用。从我个人的角度讲，季先生注意到了我的说法，使我深受激励，季先生作了进一步的阐发，更使我得到了新的启示，开拓了思路和视野。这对我一辈子都会产生深刻的影响。凡是真正有学问的人，必定也会有很好的学风。季先生务实求真，文如其人。特别是，对于一个后辈，季先生处处用了"先生"一词，充分地显示了一种大师风范。季先生走了。但是，季先生的影响永在！

2009 年 12 月 24 日　星期四　农历己丑年十一月初九　今日 10 版

光明网网址 :http://www.gmw.cn　国内统一刊号 CN 11-0026　第 21877 号 (代号 1-16)

桂 山 魂

邢福义

　　我 1954 年到华中师范大学中文系读书，后来留系当助教，至今七十有四，经历了 55 个春夏秋冬，步入了耄耋年段。亲眼目睹了华中师大的巨变，我深深感受到了百年学府的深厚人文底蕴对莘莘学子的塑造力是多么巨大！

　　华中师大老校址在昙华林。运动场旁边是个体育馆，体育馆墙上雕塑有四个大字："自强不息"。19 岁的我，天天看着这四个大字，心底里自然而然地生发出了朴素的誓言：一定要自强不息，有所作为，绝对不能浪费青春年华。

　　华中师大于 1955 年搬到了桂子山。大概是 1960 年前后，学校的一位校领导给全校的青年教师作报告，爱深情切，心长语重，话锋犹如锐利的刀子："你们整天蹦蹦跳跳，进进出出，坐不下来，钻不进去，你们能成器吗？"他的话，剧烈地敲击了我的心灵。尽管这话"文革"期间成了他推行修正主义路线、鼓吹白专道路、把青年引入歧途的罪状，但是，我从来坚定地相信，当时许多青年人听进去了，许多棵青绿小树就是在这样的严厉关爱中发枝长叶的。"文革"前，我这个 20 多岁的年轻人，已经在《中国语文》上发表论文 7 篇，这跟师辈所施加的"压力"大有关系。我常想，古人这句话就是对："经师易求，人师难得"！

　　华中师大是国家级重要的人才摇篮。2003 年，在百年校庆活动举行前夕，"忠诚博雅，朴实刚毅"被概括成了"华师精神"。这里头，包含着至诚的信念，崇高的品行，广博的知识，良好的学风，质朴的性格，坚定的意志。而贯穿于这一精神之中的一条线，便是自强不息的有为追求。百余年来，从开路到铺路，我们华中师大人懂得了一个道理：只有自强不息，才能与时俱进；只有自强不息，才能继往开来。有自强心的地方，必定会拥有并且不断催生强者。在华中师大执教的，或者从华中师大走向社会的，有无数优秀人物。谈论华中师大，提到革命先驱，我们会说有恽代英；提到文艺星座，我们会说有光未然；提到国学研究，我们会说有钱基博和张舜徽；提到物理研究，我们会说有桂质廷和卞彭；提到哲人，我们会说有韦卓民和詹剑峰；提到史学，我们会说有杨东莼和章开沅；提到当代曲艺，我们会说有德艺双馨的夏雨田。如此等等，不胜枚举。

　　华中师大搬到桂子山已有五十多年。桂子山不怎么高，然而，桂子山有漫山遍野的桂花，形成了一道富于引力、令人陶醉的景观。我有个习惯，晚饭后一定要在校园里散步四五十分钟。桂花绽放时节，我在桂花树下穿行，不由得琢磨起桂花的个性。桂花小，一粒粒只有黄豆那么大，然而，几万株桂花合在一起，便成了大片大片的金黄；桂香淡，一粒桂花闻不到香味，然而，几万株桂花合在一起，便成了富于优雅特色的扑鼻清香，沁人心肺；桂花特别诚信，不属于春天的花朵，然而，到了中秋时节必定开放，同中秋明月一起，为人间增添亲情和愉悦。我总觉得，桂花花魂，跟华师精神相通，将二者合一，可以称之为"桂山魂"。这"桂山魂"，隐喻着华中师大有自己的特色，有自己的优势，有自己的骄傲。一千多年前，唐代诗人刘禹锡写了一首《答乐天所寄咏怀》的诗，最后两句是："莫羡三春桃与李，桂花成实向秋荣。"这美妙诗句，似乎就是为了激励我们桂子山上的华中师大人而写作。春天的桃李，固然有它们的灿烂风采；秋天的桂花，却有自己的优雅神韵。我们华中师大人，有决心，也有能力，继续发扬特色，发挥优势，为华中师大的发展续写更新更美的篇章，为伟大祖国的繁荣昌盛作出更多更大的奉献！

光明日报

2010 年 6 月 21 日　星期一　农历庚寅年五月初十　今日 12 版

光明网网址 :http://www.gmw.cn　国内统一刊号 CN 11-0026　第 22056 号（代号 1-16）

"十来年"义辨

邢福义

邢福义，生于 1935 年 5 月，华中师范大学文科资深教授，博士生导师，语言与语言教育研究中心主任，教育部社会科学委员会委员，国家哲学社会科学研究规划语言学学科组副组长。主攻现代汉语语法学，也研究其他方面的问题。主要著作有《语法问题发掘集》、《汉语语法学》、《汉语复句研究》、《文化语言学》（主编）等。

一

"十来年"是多少年？略少于十年，还是略多于十年，抑或是十年左右？

作为概数说法的"X来"，出现于晚唐。有学者认为，这一说法早期"表示略多"。有学者意见相反，认为早期"表示略少"。《现代汉语规范词典》（2004）列出词条"来 1"，其中义项 4 的解释是：来，助词，用在数词或数量词组后边，表示概数，通常略小于那个数目。（777 页）按此解释，"十来年"通常在十年以内。这一解释，应是来自《现代汉语八百词》（1980）。该书的解释是："表示大概的数目。一般指不到那个数，有时也指比那个数稍大或稍小。"其实，早在 1957 年，吕叔湘先生就认为是左右："十来个"是说从八九个到十一二个，"五十来个"是说从四十八九个到五十一二个。（《吕叔湘全集》第二卷）。我对 16 年的《人民日报》（1981-2006）进行过全面搜索，搜索面共计九百多万句，将近八亿字。经分析，得到了以下三点结论。

结论一：大多数用例，会"见仁见智"，不同的人有不同的理解。比如：三十来岁的青年船长就有十多位。（1981.1.7）。如果孤零零地看这个句子，略大、略小和恰好三十岁的情况都是可能的。要较劲，谁也说服不了谁。概数的模糊性，可以引发理解的多样性。

结论二：少数用例，由于有特定的根据，可以确认"略多"或"略少"。然而，可以确认"略多"的占压倒优势。一个方面，是"X来"

在结构组织上可能有的模式。首先，是数字递增模式。例如：你能不能用几句话，五句、十句或十来句话，给大家说得简单明了呢？(1987.1.11) 这里，"五句、十句或十来句"由多到地递增，最后的"十来句"不可能少于前边的"十句"。其次，加"这"指代模式。例如：王熙凤在夺宝玉屋里丫头小红嘴巧时，顺便埋怨自己一些佣人嘴笨："他们必定把一句话拉长了，作两三截儿，咬文嚼字，拿着腔儿，哼哼唧唧的，急得我冒火⋯⋯"这本是写文章的一大弊。这二十来个字可以理解为思路不清，废话太多。(1986.8.25)"这二十来个字"，指的是"把一句话拉长了，作两三截儿，咬文嚼字，拿着腔儿，哼哼唧唧的"（《红楼梦》第 27 回），实际上共二十五字。另一个方面，是"X来"同客观事实的联系。首先，是公认的客观事物的常理。例如：家养了二十来只鸡，现在正是旺季，一天二十多个蛋，十天半月就是三、四百！(1981.12.28) 如果"二十来只鸡"少于"二十只"，怎么可能每天二十多个蛋？其次，相关数量的准确计算。例如："文化大革命"十来年，顾不得她们了！略多于十年。又如：从艺十来年的李雪健主演"匪兵"起，已扮过林彪、"钢锉将军"等不下 10 回头号角色。(1991.3.2)，有 11 年。

结论三：有的用例，由于有特定的根据，可以确认为"左右"。所谓特定根据，也举出两个方面。一个方面，是结构组织上可能有的概数模式。即"X来"中 X 本身是个概数。比如：真正在市场上走红的也仅百十来家 (2002.5.19) 我们从国内调来百十来人，到西班牙建设这个工程。(2006.1.2 日)"百十"，《现代汉语词典》和《现代汉语规范词典》都列出词条，解释为一百左右。既然如此，"来"只能表示左右。"百十"本身是表示概数的词汇形式，而"来"，则是表示概数的语法形式，二者相互配合，形成一个结构。另一个方面，是相关数量的准确计算。例

如：周恩来同志写下"大江歌罢掉头东"和《雨中岚山》壮丽诗篇时，不过二十来岁。(1984.9.24) 周恩来生于 1898 年 3 月 5 日。"大江歌罢掉头东"一诗，为 1917 年东渡日本前所写，当时 19 岁；《雨中岚山》一诗，为 1919 年回国前在京都游岚山时所写，当时 21 岁。可见，"二十来岁"涵盖了 19 岁和 21 岁。

统观全局，"X来"可以是左或右，可以是既左又右，将其含义概括为"左右"，是能准确反映客观语言事实的。

二

晚唐五代以来的近代汉语，情况又如何？首先，需要比较一下"十来年"和"十年来"。学者们一般以为，概数助词"来"的最初形式是"以来"。不论来源如何，这里有必要指出："十来年"之类和"十年来"之类，有很大区别。从语义上看："十年来"的"来"指向"十年"，可以换成"以来"，明显表示时间的数量范围；"十来年"的"来"，则指向"十"，不能换成"以来"，明显表示概数。如果认为这两个"来"都是助词，那么，前者更像是范围助词，后者才是典型的概数助词。从语法上看：第一，"十来年"可以用在动词后边充当宾语，如"有十来年"、"过了十来年"；"十年来"不能这么办。第二，两个"来"在词语的组配上有不同的表现。比如：表示典型概数的，可以说"四千来年、五千来年"，但不能说"四五千来年"；而主要表示范围的，则不受限制，"四千来年、五千来年、四五千来年"都可以说。可见，两个"来"不应混为一谈。

接下来，需要回答一个问题：表示典型概数的"X来"，其含义是否只能在"略多"和"略少"之中择一呢？事实表明，跟现代汉语的情况一样，大多数例子会"见仁见智"。比如：三处主持三十来年，匡八百众矣。（《祖堂集》卷第十）"三十来"的含义，甲乙两可各自坚持己见。少量例子能够确认其多少倾向，但非一边倒，偏向哪一边的结论都会受

到反例的质疑。有的反例，会否定"略多"。比如：人生天地两仪间。且住百来岁。（《全宋词》，韦骧《木兰花慢》）年到七十便为"古稀"。古人超过百岁的即使有，也极为个别。因此，上例的"百来年"，应在百年之内，即略少于百年。但是，有的反例，又会否定"略少"。比如：紫玉和尚嗣马大师，在襄阳。师讳道通。未覩实录，不决生缘。襄阳廉师于迪相公，处分界内，凡有行脚僧捉送，无有一僧得命便杀。如是得无数。师闻此消息，欲得去相公处，众中觅人随师。近有十来人，师领十人。恰到界首，十人怕，不敢进。师犹自入界内。（《祖堂集》卷第十四）为了明确语境，我多引了几句话。意思很明白：师要去相公处，找人伴随。师身边有十来人（概数），于是带领其中十人（定数）一起去。这里的"十来人"绝对不可能少于"十人"。这可是反映早期说法的《祖堂集》中的用例！

再接下来，自然就引发一个思考：有没有可能早期就表示"左右"？可以作为这一思考的前提的，是有的 X 本身表示概数。"X来"如果表示略多或略少，X 必须是定数。比如"千来"，"千"必须是 999+1。要是"千"是概数，它本身便是一个左右晃动的数。看这个例子：徒夸籛寿千来岁，须云中一电光。（《全唐诗》，吕岩《寄白龙洞刘道人》）此例的意思，跟"云中一电光，人间千来年"之类相通，"千"不是个定数。诗句所要强调的是：不管夸说彭祖活到多少岁，即使是活到一两万岁吧，也不过是"电闪雷鸣"之间的事情而已。作为诗句，这是一种"虚写、泛写"的笔法。在语言形式上，其中的"来"不能替换为"以来"。可以做为旁证的是：天上一朝元五日，人间小住亦千年。（《全宋词》，刘辰翁《双调·寿谢寿朋》）"千年来"可说成"千来年"，"千"是概数。琢磨诸如此类的事实，可以得到一点认识："左右"义可能晚唐已有。

2011 年 3 月 25 日　星期五　农历辛卯年二月廿一　今日 16 版

光明网网址:http://www.gmw.cn　国内统一刊号 CN 11-0026　第 22333 号（代号 1-16）

"复制" 与 "抄袭"

邢福义

学术的神圣，受到功利的侵扰，近年来书文中出现的抄袭现象引起学术界教育界对学风文品问题的忧虑与思考。

目前，各高校都十分关注这一问题，采取了这样那样的办法来对付。比较普遍的做法，是通过计算机检查论文的复制率，然后根据复制率的高低，提出相应的规定。比方，不超过 20% 的，可以稍为放松要求；若高于 20%，就必须审查。百分比越高，审查越要严格。

何为"复制"？这实际上有三种情况，并非每一种都有抄袭的嫌疑。

第一，按需聚用。即把别人的文句，按特定的需求聚集使用。其突出表现，是古人的"集句"。王安石是集句的高手，《赠张轩民赞善》是他的集句诗之一。全诗为："潮打空城寂寞回，百年多病独登台。谁人得似张公子，有底忙时不肯来？"第一个小句来自刘禹锡《石头城》；第二个小句来自杜甫《登高》；第三个小句来自杜牧《登池州九峰楼寄张祜》；第四个小句来自韩愈《同水部张员外籍曲江春游寄白二十二舍人》。"集句"多为文字游戏，但也有很好或者比较好的。不管怎样，应该承认是一种令人佩服的创造。因为，从四面八方集拢来的句子必须意思连贯，合乎格律，这极为不易，不是书读得多，并且烂熟于心，又文思敏捷，才华奔放，是做不到的。由于文稿体裁的规约，"集句"的复制率是 100%，但跟"抄袭"无关。还需注意一种情况：诗词写作，有时移用别人的语句；移用得巧妙，会令人赞叹不已。比如毛泽东《七律·人民解放军占领南京》："钟山风雨起苍黄，百万雄师过大江。虎踞龙盘今胜昔，天翻地覆慨而慷。宜将剩勇追穷寇，不可沽名学霸王。天若有情天亦老，人间正道是沧桑。"其中的"天若有情天亦老"，本是唐朝李贺《金铜仙人辞汉歌》中的诗句。毛泽东那首七律，8 句中有 1 句是"复制"别人作品，然而，却是创造性的移用。

第二，规范引用。即按学术规范，毫不含糊地写明所用语句引自别人的书文，并且说清楚了引文的出处。最近，我写了一篇《大家小书 形小义大》的文章，用较多的篇幅写下了对詹伯慧教授《语文杂记》这本"小书"的突出感觉：第一，爱我中华的情怀；第二，辩证开明的思路；第三，融会贯通的学养；第四，虚怀若谷的风范；第五，通俗活泼的文笔。对于五点感觉中的每一点，我的写法都是先引述作者原文，然后作一两句话的点评。比如："第一，爱我中华的情怀。在《普通话和方言》中，作者写道……在《跟进语文发展，善待语文资源》中，作者写道……作者的论说使人感到，这部'小书'里贯穿着一条可以为全球华人所认同的红线，这就是：'爱我中华！'"规范引用，办法很多，关键在于交代清楚。我这篇文章的"复制率"，肯定属于比较高的一类。然而，哪些话是詹伯慧教授说的，哪些话才是我说的，十分清楚，不会有人说我是抄袭。

第三，违法剽窃。即偷偷摸摸地把别人的成果"复制"到自己的成果里，用来冒充自己的创造。2011 年 2 月中旬，"长江学者"、某著名大学的一位教授，在报奖材料里，把别人的成果"复制"成为自己的成果，获得了国家级高级别奖项，结果被揭穿了。这只是一个"著名"的例子。

还有一类变相抄袭现象，不可忽视。这就是：被"抄袭"的对象不是别人的书文，而是别人尚未形成"白纸黑字"的话语。比方说，甲讲课，乙听课，甲因为种种原因来不及把讲稿整理成书正式出版，乙却将听课笔记略加改造以后出版了"专著"。甲辛辛苦苦地碌碌了多年，其成果却被乙用来成名，用来评上了高级职称。又比方说，甲在某正式或非正式的学术讨论场合发表意见，但没有立即写成论文在刊物上发表出来，乙却行动迅速，很快地把甲的意见当作自己的发现而写成论文发表了。于是，甲的智慧的闪光，一下子被转移成了乙的财富。

做任何事情，都必须讲求科学性。"复制"与"抄袭"的关系，不能简单地由百分比来当主裁判。凡是符合学术规范的，复制率到底容许高到多少，不应作硬性规定；而作为特殊情况，"集句"诗词的复制率为 100%，更是无可非议。反过来看，复制率低的，也不能随便忽略。假设违规复制率只有 15%，一篇 20 万字的博士学位论文里就有 3 万字属于抄袭，这能容忍吗？假设这篇论文的违规复制率只有 1%，但也有 2000 字，而这 2000 字恰恰是该文的关键性结论，作者却让人认为是他第一个提出来的。这仍然是严重的剽窃行为！

总之，关于"复制率"，不能简单化，不要一刀切。在检查"复制率"之后，应该还有一个重要步骤，这就是，专家的权威性鉴别。当然，说到底，这只是消极方面的防御性措施。要培养出人才，更重要的是正面教育。应该让研究生们懂得一个道理：学术行为不是孤立的个人性活动，任何人的学风文品都存在符合社会公益还是违背社会公益的问题，必然接受社会公益的管约，这种管约实际上就是学者们的学术行为的公约，就是全社会客观地存在着的须由大家共同遵守的学术规范。作为"公约"，"分清人己成果"是排在第一位的要求。研究生们应像保护珠那样保护人格的尊严，自觉地树立一个意识：做干净纯正的人！做自强自立的人！

——该文为作者在 2011 年 3 月 3 日 "学风文品问题学术讲座"上的演讲。编者略有删节。

2011 年 7 月 4 日　星期一　农历辛卯年六月初四　今日 15 版

光明网网址:http://www.gmw.cn　国内统一刊号 CN 11-0026　第 22434 号（代号 1-16）

大器晚成和厚积薄发

邢福义

（一）大器晚成

"大器晚成"见于《老子》。《汉语大词典》解释道："大器晚成，谓贵重器物需要长时间才能完成。常比喻大才之人成就往往较晚。《老子》：'大器晚成，大音希声。'汉王充《论衡·状留》'大器晚成，宝货难售。不崇一朝辄成贾者，菜果之物也。'……"（第二卷 1394）该词典同时列举了"大器晚成"的本义和比喻义。

就本义而言，历来多位学者和各种辞书的解释尽管字句有所不同，但意思跟上面的说法没有区别。《汉语大词典》还引用《论衡》中的句子，凸显"大器晚成，宝货难售"的并列使用，应是特意借以证明原来解释之无误。但是，《老子》第四十一章中以"大"起头并且排比在一起的小句共有 4 个："大方无隅；大器晚成，大音希声；大象无形。"大意是：度量特大的方形，反而没有棱角；度量特大的器皿，总是很晚才能成就；度量特大的声音，反而难以听清；度量特大的物象，反而难以看到。由此看来，在句法构造上，4 个小句中，只有位居第二的"大器晚成"具有顺承关系，不能加上"反而"；前头和后头的 3 个小句却都具有逆接关系，它们都可以加上"反而"。这不能不引发一个问题："大器晚成"的本义，有没有别的解释？根据王光汉《"大器晚成"初义辨》(《合肥学院学报（社会科学版）》2008 年第 6 期）一文的考证，"免"和"晚"可以互通，"盛"和"成"可以相通，"大器晚成"的初义应是"大器免盛"（邢按：大意为特大的器皿反而不盛东西）。是否如此，还需要作进一步的求证。然而，无论如何，这是一个值得重视的见解。当然，正如王光汉教授所说："'大器晚成'一语的字面义比较好解，……语言是约定俗成的，语言中以非为是、以是为非的东西很多。'大器晚成'已成成语，今人按世俗常用义去使用自无可厚非。"

"大方无隅、大音希声、大象无形"都没有比喻义，成了历史用语；"大器晚成"的"大器"，却产生比喻义，由鼎、钟之类转指杰出或突出的人才，使得这一用语获得了强大的生命力，因而数千年来常被使用而不辍。在这一点上，必须注意：人有大成，跟器物的造成不是一回事。人的大成，虽然并不绝对受到年龄的制约，但有一定的正常茂密期。只有过了正常茂密期而取得突出成就的人，才被认为是"大器晚成"的人。学者也好，运动员也好，都是如此，这两类人只是因为职业的不同而正常茂密期的具体时段有所不同罢了。

观察可知，具有比喻义的"大器晚成"，由于形容的是已过"茂密"期的人，在具体的语言运用中就出现了这样那样的用法，起着这样那样的作用。有的时候用来表示对特定人士的赞扬或敬佩。比如："淨修禅师赞曰：伏驮密多，大器晚成。"(《祖堂集》)有的时候用来安慰对方或者用来表示自我安慰。比如："二位先生高才久屈，将来定是大器晚成的。"《儒林外史》第 49 回)有的时候用来描述客观事实。比如："刘易斯是少年得志，约翰逊是大器晚成。"(《人民日报》1988 年 9 月 27 日)有的时候用来对事物的发展进行理智分析。比如"大器晚成是中国画的一条规律，因为中国画是阅历、修养、功力的积累，涵养不到，格调、境界也逊不到，这不是靠巧智可以捷达的。"(《人民日报》1996 年 8 月 15 日)

（二）厚积薄发

"厚积薄发"是由"厚积而薄发"紧缩而成的成语。"厚积而薄发"见于苏轼《送张琥》："呜呼，吾子其去此而务学也哉！博观而约取，厚积而薄发，吾告子止于此矣。"(见《苏轼文集》(中华书局 1986)）这是苏轼送给同科考中的同事张琥的一篇杂说。

"厚积薄发"反映了我国学界历来崇尚的朴学精神，强调做学问要有厚实的功底，在厚厚地积累的基础上薄薄地挥发，以保证著述的谨严可靠，无可挑剔。这是一种优良学风。因此，这一成语常常用来劝导学人。例如："要珍惜时间，注意积累，厚积薄发。"(《人民日报》1996 年 3 月 4 日)"劝君莫染轻浮气，厚积薄发效先哲。"(《人民日报》2002 年 1 月 17 日)更常常用来赞扬那些可为楷模的人。例如："厚积薄发是他为文之道，耐得寂寞是他为人之道。"(《人民日报》1988 年 5 月 24 日)"几十年的书海远航，培养了他深厚的史学基础和文学修养，一俟把笔为文，即可做到厚积薄发，从心所欲，而决无艰窘之态。"(《人民日报》1993 年 12 月 17 日)

跟"厚积薄发"相反的是"薄积厚发"。目前，学风浮躁，某些导向性措施容易把学者尤其是青年学者引向急功近利。于是，写出来的文章往往"长平快"。文章长，质量平，写得快！这是"薄积厚发"的结果，对学科发展极为不利。这一点，已经引起了众多有识之士的高度关注和尖锐批评。举两个例子："现在某些学术文章往往不是深入浅出、厚积薄发，而是浅入深出、薄积厚发——本来研究很浅，但写出的文章似乎很深，若仔细推敲，却又言之无物，此即是这种虚华与浅薄的表现。"(《人民日报》1999 年 11 月 27 日)"不少人做学问不是'厚积薄发'，而是'薄'积'厚'发，甚至'没'积也发，剪刀加浆糊，连篇累牍，好像'学富五车'、'才高八斗'，实则下笔千言，离题万里，'嘴尖皮厚腹中空'。"(《人民日报》2002 年 1 月 17 日)

（三）"大器晚成"和"厚积薄发"的语用指向

从上面的例析可以知道：作为成语，"大器晚成"的语用重点指向成才的某个时段，"厚积薄发"的语用重点指向成才的某种学风。

凡是"大器晚成"的评说，都用于已过成才茂密期的人物。这种语用的偏向性，决定了这一成语所表示的不是普遍适用的成才原理，因而不能成为教育学生、造就人才的定律。在大学中，对于青年学生，特别是 20 岁上下的本科学生，不应强调"大器晚成"。不然，会束缚他们聪明才智的及时闪光。至于上面提到的"大器晚成是中国画的一条规律"，这只是一种规律性的讨论，意在告诫青年人不要急于求成，而不是提倡压制青年人才华的喷发而无所作为地等待。

至于"厚积薄发"，则适用于强调传统优良学风的发扬。这种语用偏向性，也决定了这一成语不属于普遍适用的成才原理。比方说，从治学方法和成才过程看，"厚积薄发"容易被理解为：先要厚积，然后才能薄发。其实，如果过于执着于"积"和"发"的先后关系，不肯或不敢轻易动笔，结果会越拖年龄越大，越出不了成果。就过程而论，治学中应该以积促发，以发带积，二者互动，形成良性循环。常言："在游泳中学习游泳"，"在战争中学习战争"，"有多少热就发多少光"，"在实践过程中成长"。会做学问的人，总是边积边发、边发边积，再边积边发、边发边积，如此循环往复，螺旋上升，终于取得令人瞩目的成就。有人还著文指出："当今信息时代在反映现实的层面上与生活大体同步而厚积薄发获得新闻效果，已不可能。"(《人民日报》1995 年 4 月 4 日)这个命题，更涉及了信息时代和厚积薄发的关系。可见，跟"大器晚成"一样，"厚积薄发"也不宜在对青年学生的培养中作为一条教育原则来提倡。

国学宝库中，储存有许许多多名言，世世代代起着教育后来人的作用。但是，有的名言说的是普遍性道理，比如"有所不为"，"己所不欲，勿施于人"，不管何时何地，做人做事，都可以这为准则；有的名言却具有特定的语用适应性，比如"大器晚成"和"厚积薄发"，如果在教育年轻学子时被强调成为准则，便失之于保守。这一点，应该有所思辨。

光明日报

2012 年 2 月 25 日　星期六　农历壬辰年二月初四　今日 09 版

光明网网址 :http://www.gmw.cn　国内统一刊号 CN 11-0026　第 22670 号（代号 1-16）

光明之路越走越宽敞

邢福义

　　我的书架上，最醒目、最顺手的地方，放着三本书：一为《最忆是母校》（光明日报"母校礼赞"作品选粹，光明日报出版社 2010），二为《国学精华编》和《国学访谈录》（光明日报国学版丛书，商务印书馆 2011）。一有空，抽出其中一本，随便翻开来阅读某一语篇，无不心有所悟，真的是"开卷有益"。

　　"母校礼赞"这个栏目创意特好，极有亲切感和召唤力。知识分子谁个没有母校？谁个不是母校的乳汁哺育成长的？想起母校，谁个没有许许多多的话要说？这可是一个爱我中华、造就才俊的教育大平台。正因如此，栏目 2007 年 9 月一开辟，便引来了一篇接一篇诗文佳作，两年之后便刊出了分布于全国东西南北中的 60 多所学校的"礼赞"。综观各篇礼赞，文体多样，各具特色，但都主题高雅，立意深刻，表述清朗，引人入胜。

　　很有幸，我写了一篇《黄流中学怀想》，发表在 2007 年 12 月 25 日的光明日报。黄流中学是海南岛南部靠海处的一所中学，1949 年至 1952 我在那里读中学。《怀想》，我写道："教与学，师与生，在教育发展史和学术发展史上，历来是起着筋脉贯通作用的重要话题。……一册《论语》，实际上就是师生共同谱写的一部气势磅礴的大交响乐。在我们炎黄子孙共同拥有的国学宝库中，同类记录很多，反映的是教师的风范，尊师的美德，师生之间的相互理解与关爱。"老实说，这篇《怀想》不是用"手"写出来的，而是用"心"写出来的。家乡老友来信告知，黄流中学当成一件大事，将《怀想》扫描放大，

在学校的大橱窗里展示出来。我想，任何一所学校，只要光明日报上出现其"礼赞"，一定都会受到极大的鼓舞和激励，一定都会用来作为历史教科书的重要补充读物。我从内心里感谢光明日报给了我发表怀想母校的篇幅。我更感觉到，光明日报是在引领教育走着光明大道，跟全国教育工作者，不，跟天下父母心连心。

　　2006 年 1 月创刊的"国学版"，是新中国建立以来主流媒体中唯一的国学专刊。其创刊，显然跟中华文化伟大复兴的宏图密切相关。如果说"母校礼赞"主要是个教育大平台，那么，"国学版"便是气度更加恢弘、涉及面更加广阔的学术大殿堂。这座殿堂，不仅可以展现一个文明古国的历史面貌，而且可以帮助人们看准中国今后坚定不移的发展走向。

　　从"国学版"创刊，到《国学精华编》和《国学访谈录》出版之时，仅仅 5 年时间，国学版便已刊出了 185 期，总计 160 余万字。人们欣喜地看到，国学版努力于探索"新闻纸上办学术"的特色之路，广泛地把各方面学术的积极性调动了起来，推动和促成了全国性的国学热。

　　我是国学版的受益者。我的主攻方向是现代汉语语法学，但在我的"两个三角"研究思路中有一个"大三角"，主张"以方证普，以古证今"，这决定了我必须重视古籍的学习与钻研，这样才能把从古至今这条线索串连起来。因此，国学版一创刊，便成了我学习进修的大课堂。一方面，我阅读多位学者的论说，借以优化自己的知识结构，另一方面，我观察古今语言现象的联系，

动笔写出自己思考之所得。近十年来，我在光明日报上发表了大小文章十多篇，其中大多数是在国学版上发表的。有学者评价我在国学版上的文章，说"既是语言学，又走出了语言学"。我十分看重因而十分珍惜，我在年过古稀之时，跟国学版结下的这段师友缘分。

　　按我的理解，国学版的重要任务之一，是探索如何发挥国学作品古为今用的途径。2007 年下半年，由国学版组纲的《三字经》修订工程正式启动，立即引发了波浪迭起的全国性热潮。《三字经》是我国传统蒙学教材中影响最大的一部，其中包含有爱国助人、勤奋立志、博雅谦恭等内容，反映了我国几千年文化的特质。2007 年 11 月 8 日，国学版上公布《三字经》修订工程编审委员会名单，主任委员为学识渊博的傅璇琮先生。傅先生是国家古籍整理出版规划领导小组副组长，曾任中华书局总编辑。承蒙国学版的厚爱，我也参加了编审委员会。2008 年 2 月 30 日，《三字经》定稿会议在北师大宾馆举行。会上，大家主要讨论的问题有两个。第一个问题，是《三字经》里所写的"历代事"应该划到什么时候？是划到清朝末年，还是划到新中国成立，还是延展到今天？经过大家的反复讨论，决定划到"辛亥年，帝制终"。第二个问题，是反映古代封建思想的《三字经》毕竟包含有对少年不利的消极因素，怎么办？经过大家的反复讨论，决定高屋建瓴地对《三字经》略作介绍与点评，借以体现时代精神。这次定稿会议，切实发扬学术民主，大家坦诚交换意见，相互尊重，畅所欲言，择善而从。

那么，修订后的《三字经》，能不能让每个读者都完全满意呢？这是不可能的。但是，无论如何，我认为国学版为了探索古为今用的途径，充分发动群众，充分尊重各个方面专家的意见，从工作的细致深入到优良学风的发扬，都肯定是可圈可点的。

　　"誉天下之大，裹日月之明。"柳宗元的语句，很能引人联想。光明日报是党联系知识界的桥梁和纽带，广大知识分子把光明日报看作自己的"家"。我上面只谈了两个亮点，然而，这两个亮点足以说明：光明日报善于决策，善于走群众路线，总是有新的构思，总能不断推出新的栏目。这决定了光明日报能够常办常新，能够成为大家公认的广大知识界喜闻乐见的一份大报。我深信，光明日报的路子，定会越走越宽敞，越走越亮堂！

　　（作者系著名语言学家，华中师范大学文科资深教授，曾任第八、九、十届全国政协委员）

光明日报

2012 年 4 月 16 日　星期一　农历壬辰年三月廿六　今日 15 版

光明网网址 :http://www.gmw.cn　国内统一刊号 CN 11-0026　第 22721 号 (代号 1-16)

"诞辰"古今演化辨察

邢福义

按辞书的解释，"诞辰"即"生日"，名词。"诞辰"用于地位崇高、值得尊敬的人，其出现，自然比适用于所有人的"生日"为晚。据现在掌握的文献，最早见到的"诞辰"，应是唐中宗李显所题"十月诞辰内殿宴群臣效柏梁体联句"(《全唐诗》卷2)；而"生日"，则在东汉班固所写《白虎通·姓名》就已见到了："殷以生日名何？殷家质，故以生日名子也。"

但是，语言是发展演变的。据笔者的观察，在现代汉语里，"诞辰"有的时候已经演化为"诞生"的同义词，在特定结构中用作动词。本文讨论"诞辰"一词发生演化的两个结构模式。所据语料，引自我们单位制作的《人民日报》语料库。这是一个大型语料库，录入了从 1981 年到 2012 年 3 月的《人民日报》，延续时间 31 年。

"诞辰日"

"诞辰日"由"诞辰"和"生日"并合演化而成。几个问题，需要辨察。

第一，这个说法，有足够的事实来支持吗？王力先生说过："我们尊重的是事实，也就是实事求是。清朝人讲'例不十法不立'，我再加一句，'例外不十法不破'，也就是要摆事实讲道理。事实不足，道理不直，就有毛病。"（见《语言大师王力与玉林》，《玉林日报》2009 年 5 月 25 日）检索上述语料库，可以见到使用"诞辰日"的例子共 73 个，包括"黄帝诞辰日、妈祖诞辰日、李大钊诞辰日、林肯诞辰日、莎士比亚诞辰日"等等，已经远远不是"例不十"了。下面是检索见到的第一个例子：1983 年 1 月 1 日，是现代国际奥林匹克运动创始人顾拜旦 120 周年诞辰日。（1983 年 2 月 5 日）仅仅检索 2012 年 1—3 月，便可以见到三个例子：孔子的诞辰日那天，就是苏州的阅读节。（2012 年 1 月 6 日）｜有不少人建议设置植根于中华文化土壤的……中华师表日（孔子诞辰）。（2012 年 3 月 1 日）｜颁奖仪式定

于 2013 年 3 月 3 日唐弢诞辰日进行。（2012 年 3 月 22 日）可见，"诞辰日"的使用频率不低，而且有越来越高的走向。

第二，既然"诞辰"就是"生日"，"诞辰日"便等于说"生日日"，这个说法通吗？通与不通，要看怎么理解语言事实。语言现象往往不是二加一等于三的绝对化关系。"诞辰日"是以"诞辰日"的语义角色出现的，即"诞辰日"等于说"诞辰日"。可以认为，"诞辰日"中"辰"的意义已被弱化而脱落。词语结构中，类似情况是存在的。比如，"国家"、"窗户"和"人物"，只指"国"、"窗"和"人"，"家"、"户"和"物"的语义弱化脱落；又如，好些地方称弟弟为"兄弟"，"兄"的语义弱化脱落。"诞辰"是文言词语，不在群众口头上经常使用，现代人大多数对"辰"字涵义的理解相对模糊，因而使用"诞辰日"说法时，只管语用的需求，而不考虑其原本表示什么意思。正因如此，出现新兴的演化模式，形成约定俗成、积非成是的说法，是可以理解的。

第三，"诞生日"是个现成的说法，为什么要另起炉灶，造出一个"诞辰日"？实际语言运用中，的确"诞生日"和"诞辰日"的说法都存在，但是，"诞生日"的使用数量少于"诞辰日"。"诞生"是书面语词，比"出生"庄重得多；但跟"诞辰"相比较，"诞辰"文言味更浓，显得特别古雅庄严，更能形容人们内心的崇敬高度。

第四，"诞辰日"的使用，跟语言结构的组配状态有没有什么关系？考察可知，有一定的关系。首先，有的时候，如果用本义的名词"诞辰"，会影响句子中词语组配的匀称美。比如：现行的世界读书日是英国诗人、剧作家莎士比亚的诞辰日与西班牙作家塞万提斯的逝世日（2011 年 3 月 14 日）。这里"读书日—诞辰日—逝世日"对称呼应，要是不用"诞辰日"，说成"读书日—诞辰—逝世日"，句法的美感便会丧失。其次，如果用本义的名词"诞辰"，会影响句子中词语组配的匀称美。比如：现行的世界读书日是英国诗人、剧作家莎士比亚的诞辰日与西班牙作家塞万提斯的逝世日（2011 年 3 月 14 日）。

第二，面对词语原义。无疑，古文献里"诞辰"都用在"生日"的意义之上。本文开头举过李显的用例。同类例子不胜枚举。但是，上一部分的分析已经有力地证明，经过漫长时间的擦磨，在现代汉语里"诞辰日"

本义的名词"诞辰"，对于现代人来说，会觉得缺了点什么，感到极不自然。例如：孔孟旅游区，今年 10 月孔子诞辰日开放。（1987 年 7 月 30 日）｜他的名字屡屡见诸报端，诞辰日受到隆重纪念。（2002 年 4 月 8 日）——这两例如果分别说成"今年 10 月孔子诞辰日开放"和"诞辰受到隆重纪念"，都会使人感到有点站不稳。这又从另一个角度说明，"诞辰日"的使用，跟现代汉语的语用需求相关。

"诞辰多少周年"

《咬文嚼字》2003 年第 8 期设立专栏，刊登了 8 篇短文。认为"诞辰多少周年"不能说的，有 2 篇；认为"诞辰多少周年"和"多少周年诞辰"都不能说的，有 2 篇；认为"诞辰多少周年"和"多少周年诞辰"都能说的，有 4 篇（其中一篇为笔者所写）。该栏目的"编者附言"说道："本刊的态度是赞成两说并存。"但是，到了 2011 年 4 月份，笔者又看到一份关于语言文字规范的规定，其中仍然把"诞辰多少周年"判为病句。为此，笔者感到有必要再强调以下几点。

第一，面对语言事实。数据证明：现今文章中，"诞辰多少周年"的说法，远远多于"多少周年诞辰"。数据来自对上述语料库的全面搜索。以孙中山来说，"孙中山诞辰多少周年"和"孙中山多少周年诞辰"的说法都有。但是，31 年的《人民日报》上，"孙中山诞辰多少周年"一共出现 278 次，而"孙中山多少周年诞辰"仅出现 10 次。再以鲁迅来说，"鲁迅诞辰多少周年"和"鲁迅多少周年诞辰"的说法都有。但是，31 年的《人民日报》上，"鲁迅诞辰多少周年"一共出现 132 次，而"鲁迅多少周年诞辰"仅出现 6 次。

的说法中，"诞辰"已经动词化，不再等同于"生日"。同样，在"诞辰多少周年"的说法中，语言使用者也把"诞辰"视同于动词。比如：今年是鲁迅逝世 60 周年和法国文学家罗曼·罗兰诞辰 130 周年。（1996 年 2 月 25 日）这里，"鲁迅逝世 60 周年"和"法国文学家罗曼·罗兰诞辰 130 周年"对举使用，"逝世"映衬出了"诞辰"的动词性。

第三，面对语用导向。为什么"诞辰多少周年"的说法多于"多少周年诞辰"？其重要原因是句法组织的类比。比如"海南建省多少周年、西藏通车多少周年、茅盾去世多少周年"等等说法常见于举行庆祝活动、纪念活动的场合。类化开来，"茅盾诞辰多少周年"之类说法便出现了，流行起来了。那么，既然可以把"诞辰"和"诞生"当作同义词来使用，为什么不直截了当地统一使用"诞生多少周年"？这里也有一个数据：31 年的《人民日报》上，"鲁迅诞辰多少周年"一共出现 132 次，而"鲁迅诞生多少周年"仅出现 15 次。诚然，"诞辰"更适合通用于特别值得尊崇的人物，因而在"诞辰多少周年"格式中使用频率压倒了"诞生"。

语言学家不是语言的指挥官，而是语言的解说员。语言学家应该用发展的眼光尽可能全面地观察语言事实，不要拘泥于古法。事实上，关于"诞辰"一词的使用，语言学家们已经在顺应语言的发展观和群众观了。比如，在语言学界权威刊物《中国语文》上面，近年多次看到这样的标题：黎锦熙先生诞辰 120 周年纪念暨学术思想研讨会在京举行（2010 年第 4 期）｜纪念高名凯先生诞辰 100 周年（2011 年第 3 期）。这里，用的都是"诞辰多少周年"的模式。古人云："论必据迹"（欧阳修《或问》）"观天下书未遍，不得妄下雌黄"。（《颜氏家训·勉学篇》）重温朴学名言，可以得到启示。

光明日報

2012年8月27日 星期一 农历壬辰年七月十一 今日16版

光明网网址:http://www.gmw.cn 国内统一刊号 CN 11-0026 第22854号(代号1-16)

俚俗化北味说法“一+名”

邢福义

一

“一+名”是数词直接跟名词组合使用的结构，数与名之间不出现量词。所谓“名”，可以是一个名词，也可以是一个名词性短语。

汉藏语言词类上的一个特点是有量词。量词从少到多，从简单到复杂，是汉藏语系语言共同的发展趋势。（参看马学良主编《汉藏语概论·导言》，民族出版社2003）汉藏语言中各种语言量词使用的具体情况如何，相互间如何发生影响，诸多问题有待做进一步研究。可以肯定的是，汉语里的量词古代远非像现在这么普遍使用。甲骨卜辞里，仅有“朋、丙、卣”等少数几个量词；到了周秦，量词逐渐增加；到了中古和近代，量词又有进一步发展。（参看向熹《简明汉语史》，高等教育出版社1993）在现当代，量词同数词相伴出现，成了“数不离量”的常见现象。

以数词“一”和量词配合使用的情况来说，比较一下上古的《论语》和现代朱自清的散文《荷塘月色》，可以看得很清楚。《论语》里，“一”字出现32次。进入“一+量+名”格式的只有2次，即：“贤哉，回也！一箪食，一瓢饮，在陋巷。人不堪其忧，回也不改其乐。”（卷二八佾第三）“一箪食，一瓢饮”，等于说“一竹筐饭，一瓜瓢水”，“箪、瓢”是量词。然而，《论语》里常见的说法却是以下两种：1）“一+名”。即“一”字直接跟名词组合。例如：“一言而可以兴邦，有诸？”（卷七子路第十三）|“无求备于一人。”（卷九微子第十八）——前例意思是，一句话可以使国家兴盛，有这种事吗？“一言”等于说“一句话”。后例意思是，不要对一个人求全责备。“一人”等于说“一个人”。2）“一”字单用。“一”字统括“一+量+名”的意思，语表形式上不出现量词和名词。例如：“参乎！吾道一以贯之。”（卷二里仁第四）|“回也闻一以知十。”（卷三公冶长第五）——前例意思是，我的学说可以用一个词贯穿。“一”等于说“一个词”。后例意思是，颜回呀听得一件事可以推断出十件事。“一”等于说“一件事”。

至于朱自清1357字的散文《荷塘月色》，“一”字出现30次。涉及“数量名”关系的，几乎全是“一+量+名”。比如：一个人，一番样子，一些颜色，一片叶子，一团烟雾；又如：一条幽僻的路，一道凝碧的波痕，一层淡淡的云，一个热闹的季节，一些流水的影子。这篇散文中只有一处说成“另一世界”，没用量词。究其因，“另一世界”是个四字格，比起说成五个字的“另一个世界”，更符合汉人传统的审美语感。

二

总体看，“数+量+名”是当今占压倒优势的语法格局。但是，近年来，“一+名”这种“数+名”结构却在局部范围内“时髦”了起来，形成了一种带有“北味”的大众口语说法。“北味”，指以北京“平民”为代表的北方人说话所显示的情味。北京作家王朔和魏润身，作品中的语言有较浓的京味，“一+名”的结构十分常见。王朔在《美人赠我蒙汗药》这篇小说中，连续使用“一俗人”。例如：“有一阵子，满世界都是‘咱也是一俗人’，就是想捞钱，想成为大众明星，怎么啦？……咱也是一俗人，是调侃，也是无奈；是自贱，也是贱人。”在这里，“一俗人”成了自我“调侃”的俚俗用语。魏润身在《顶戴钩沉》中这么写道：“你枝子还是古玩市场的后起之秀鉴赏明星，整个儿一二五眼，连你都是蹦货，闷了吧，这么半天竟然连个屁都放不出一个来。”在这里，“一二五眼”是“一+名”。查资料得知，名词“二五眼”来自京剧中的“板眼”。“板眼”有各种各样，就“两板X眼”来说，可以有两板三眼、两板四眼和两板六眼，但是不能有两板五眼。“二五眼”即两板五眼，指不着调，借指不中用没能耐的人。上例表述直白俚俗，读起来让人感到京味很足。

俚俗化北味格式，比较典型的有两个。在其他作家包括老舍的作品中，没有发现或者极少发现。

格式一：“S（就）是·一+名词”。S代表主语。有时，“是”字前边不用“就”。例如：您是一大夫是吧？（王朔《刘慧芳》）|哥们儿，他是一老绝户。（魏润身《顶戴钩沉》）|红头胀脸的是一大胡子。（同上）有时，“是”字前边加“就”，强调意味加重。例如：不不，我就是一骚客。（王朔《你不是一个俗人》，骚客多用来形容不得志的诗人或文人）|我就是一傻波依。（王朔《顽主》，波依即英语的boy汉语的男孩） 看电视连续剧，经常听到这样的说法：你就是一这样的人啊！（《雪花那个飘》第7集）|不管别人怎么看，你在我眼里就是一英雄。（《我的父亲是板凳》第9集）上网查看，经常见到这样的说法：天生就是一娘们。|我就是一无赖。|我就是一文坛老农。

格式二：“（S）整个儿·一+名词。有时，句首出现主语。例如：我也整个儿一母猪眼。（魏润身《挠攘》）有时，句首不出现主语。例如：整个儿一傻×。（同上）|不是人，整个儿一造粪机器。（同上）|见异思迁比陈世美还陈世美，对那娇滴滴的母百灵合笼几天就腻就啄妻灭子，不换新的就跟四爷吊腰子不唱不叫——整个儿一花花公子纨绔子弟。（同上）“整个儿·一+名词”，不仅文言文、古白话作品里没有，现当代作品中也没有，老舍作品中也看不到。不过，通过上网，可以见到不少用例。例如：整个儿一人精|整个儿一显摆（“显摆”就是炫耀。） 还可以见到“整个儿”和“一+名词”之间嵌入“就是”的现象，说明这一格式跟格式一存在相通之处。例如：安辰整个儿就是一醋坛子。|我的腿整个儿就是一象腿，怎么办呀！！

三

说说几点认识。

第一，北味“一+名”几乎可以出现在名词结构可以出现的所有位置之上。除了以上两个格式，还可以看到以下种种情况。比如：过去唱歌老百姓就知有一郭兰英。（魏润身《挠攘》）|小卖部最近换一河南丫头叫爱香。（同上）——前例，“一郭兰英”充当“有”的宾语；后例“一河南丫头”充当兼语（既是“换”的宾语又是“叫爱香”的主语）。

第二，新潮北味“一+名”实际上已经溶进了共同语。其使用者，除了王朔和魏润身，还有其他北京作家，而且并不局限于北方官话区的作家。例如：队长家确有一棕色母狗。（北京王小波《黄金时代》）|盒中有一红花瓷碗。（山东莫言《檀香刑》）|不能这样躺在竹床上，要垫一床单。（湖北刘醒龙《菩提醉了》）|洛兵来赴约时，穿一普通的素色衬衫。（江苏张欣《爱又如何》）|曾有一畅销文艺作家……在封底印上自己的玉照。（台湾鹿港席绢《女作家的爱情冒险》）事实表明，北味“一+名”已经在不大为人所注意的情况下，成了共同语里一种具有特定语用价值的用法。

第三，“一+名”并非都是新潮北味说法。有的一直以来都在使用，属于原有说法，比如“一人”。此外，还有多种情况。举例说：可以是习用性表述。比如，剧本中人物对话之间通过括号插入了“一士兵上”。也可以是文言色彩较重的话语。如：“妾一妇人，少更世事。”（姚雪垠《李自成》）还可以是诗句形式的话语。如：万马军中一小丫，颜似露润月季花。（曲波《林海雪原》）

第四，原有说法的保留，新潮说法的出现，使得“一+名”结构扩张了活力。语言运用的雅与俗，都具有美学意义。雅有雅的美，俗有俗的美。看电视连续剧，每一听到操着京腔的人物使用“一+名”结构，都觉得别有一番风味。再查看文学作品，查看网上相关的语料，终于心有所悟。比如这个例子：“走前她给每人都化了妆，怎么怯怎么捯饬：光宗扣一绿帽子，老丫头戴一花头巾，小真拎一人造革的大黑包，四爷叼一长烟袋。”（魏润身《挠攘》）——这里连续使用四个“一+名”，前头还用上“怯”和“捯饬”两个北京方言词，言语便因为很土俗很平民化而显得鲜活。王朔魏润身这些作家，对语言的发展是有所贡献的。应该顺带指出的是：在他们笔下，就“一+名”而言，有的也有书卷气。比如：人生得一知己足矣。（王朔《无人喝采》）|元豹似听非听，不置一词。（王朔《千万别把我当人》）——这两例书卷气就比较浓。书卷气和俚俗味，往往跟语境的管控有关。假若上下文出现较多的俚俗词语，就会显示出“一+名”的俚俗味；反之，假若上下文书面用语较多，就会显示出“一+名”的书卷气。俚俗味和书卷气说法的交错使用，“各显神通”，正好表明汉语中累积起来的不同风格的语言因素各有其生命力。

第五，方言一直在推动着共同语语法的渐变性发展。比方说，南片方言语法前些年奉献了“有没有+动”问句。例如：“你有没有去过三亚？”又比方说，以北京话为代表的北方方言，本来就是共同语的基础方言，现如今又奉献了新潮“一+名”结构。如果比较一下“我想买一只小洋狗——我想买只小洋狗——我想买一小洋狗”，就会觉得，单用“一”的更为俚俗，更能反映说话人的文化背景。王朔在《美人赠我蒙汗药》中这么写过：“我觉得现在这种嘲笑中已经没什么了，就是一种北方方言，供大伙儿一乐的俏皮话，就是这么一种东西。”在《玩儿的就是心跳》中又这么写过：“这一切多陌生又多熟悉，我几乎已经思想起住这院里的刘小力是个多可爱的姑娘，一嘴京片子，穿着小花袄，身材窕窈，一笑银铃般地清脆。”这些句子的字里行间，透露出他想利用京味来激活语言运用的企望和追求。

第六，子曰：“辞达而已矣。”所谓“辞达”，既指达意，自然也包括传情、调味、添彩等等切合需求的取向。两千多年前，孔老夫子已经一语道破了语用需求引领语法格式及其语义内容发展变化的真谛了。群众创造语言，群众使用语言，群众发展语言。研究语言，顺应民心民情，贴近语用实际，这是一大原则。

2012 年 12 月 31 日　星期一　农历壬辰年十一月十九　今日 15 版

光明网网址：http://www.gmw.cn　国内统一刊号 CN 11-0026　第 22980 号（代号 1-16）

邢梦璜与文化黄流

邢福义

一、海南俊秀邢梦璜

琼州即海南岛，可简称为"琼"。琼州有时通指海南岛，相当于琼崖；但崖州主要指海南南部的崖城、三亚、黄流一带。邢梦璜即邢禄，梦璜为其字。1265 年，南宋度宗咸淳一年，梦璜经省试举文学，任崖州金判。后任昌化知军，又任元代万安知军。卸任后定居黄流，为邢氏黄流始祖。邢氏后代，称之梦璜公。他耿直正派，学问渊博，能力出众。出仕，能当好官；提笔，能写好诗文。《邢氏家谱》评价他："居官廉介，吏民怀；淹贯经史，诗文有出廛之趣。"

其诗，清秀高雅，充溢着对家乡对大众的爱心。北宋林逋写过七律《山园小梅》："众芳摇落独暄妍，占尽风情向小园。疏影横斜水清浅，暗香浮动月黄昏。霜禽欲下先偷眼，粉蝶如知合断魂。幸有微吟可相狎，不须檀板共金尊。"此诗备受赞誉，欧阳修特别推崇。南宋姜白石曾以其中"疏影"和"暗香"作为词牌名称，填了两首咏梅词。邢梦璜也演绎出了别具一格的两首诗。一首以"疏影横斜水清浅"为题："浮沉深浅自交加，枝向南横又北斜。老态枕流还漱石，孤情欹岸更笼沙。小溪月引参差路，曲洞波摇冷淡花。疏影含香低拂水，梦魂应不远故家。"另一首以"暗香浮动月黄昏"为题："月上初更色未沉，香非百和见冰心。交情淡处何妨冷，臭味亲时渐觉深。气溢清芬如可挹，魂飞白夜总难寻。暗投自有相知意，独坐黄昏细细吟。"品味两诗意蕴，可知作者借梅表意，通过清丽婉转的语言，反映了对家国人事的深情念想。梦璜另有《雪满山中高士卧》一诗："花隐空山弄粉条，袁安高卧拟清标。阳春寡和情孤洁，明月无缘梦寂寥。冰欲洗心兼絮冷，玉为镂雪树风飘。人间共羡香名重，谷口寻来雪未消。"像"人间共羡香名重"这样的吟哦，显然反映了作者自重自爱的心理动态与人生追求。

其文，质朴崇实，语言精湛，因

记录重要事件而传世。邢氏历史上人才辈出，然以文章传世者，始于梦璜。所著《磨崖碑记》和《至元癸巳平黎碑记》，分别见于《琼州府志》和《崖州志》。《磨崖碑记》写于 1269 年（南宋咸淳五年）并勒石。记载如下事件：1267 年，南宋咸淳三年，黎族陈明甫等人以"三巴大王"之名号，引众占据临川里等地，今三亚市区月川桥一带。朝廷派兵猛击，陈明甫败走黄流，逃亡占城和交趾，后来被俘，受刑亡故。"黄流"一词，便是在《磨崖碑记》中最早见于官方文章。《至元癸巳平黎碑记》写于 1293 年（元至元三十年），亦勒石。记载如下事件：元朝忽必烈接受献策，为巩固对海南岛中部山区的统治，发兵征压黎族民众。得胜之后，元兵在五指山、尖峰岭一带勒石纪念。直至今天，尖峰岭山脚下还留有"大元军马下营"的摩崖石刻，成了这一事件的历史见证。梦璜二文，为宋朝末期和元朝初期发生在海南的两次"平黎事件"保留了宝贵的原始文字资料，具有重要的史学学术价值。他用他的诗以文之才，表明了他是集政治家、文学家、史学家和诗人于一身的历史人物。

二、天涯师表邢梦璜

梦璜出身儒门。其太祖肇周，系宋资政大夫，建炎年间（1127—1130）随宋朝廷从开封南迁钱塘，后经潮州至琼州，系邢氏过琼始祖。其曾祖，曾任南宋宣义郎；其祖，曾任南宋参府；其父宣义，曾任南宋文昌知县。在儒学熏陶中成长的梦璜，为官 33 年，大约将近 60 岁之时来到了黄流。一生跨越宋、元二朝。一般认为，生卒时间逸无可考。但海南历史文化网上登载过一篇《关于建立邢梦璜纪念馆的设想》，其中写道："公元 1324 年 80 多岁的邢梦璜病逝。"由此推知，生卒时段大概是 1240 前后到 1324 年。即生于南宋理宗嘉熙或淳佑年间，卒于元代泰定年间。去世之后，葬于黄流西村水井山。

黄流地处海南岛西南端，为人口较多的自然村庄，古属崖州辖地，

今为乐东县黄流镇府所在地。往东三四十里有著名景点"天涯海角"。就地域概念范围而言，黄流为"天涯海角"所涵盖。《黄流村志》（1999）有个记载：1957 年，广东省文物普查队在黄流海边原烟墩遗址附近，发现了新石器时代遗物，有石球，圆形中穿孔，属灰砂粗陶系，红色造型。可见新石器时代黄流已有人类活动，历史极为悠久。然而，漫长的历史中，黄流却一直定格于"荒芜"之层次。古代中国，汉武帝深信董仲舒意见："立太学以教于国，设庠序以化于邑，渐民以仁，摩民以谊，节民以礼，故其刑罚甚轻而禁不犯者，教化行而习俗美也。"（《汉书·董仲舒传第二十六》）是以在相对发达地区，早已教化之风大盛。但是，直至宋代之前，海南依然十分落后，而地属琼南崖州的黄流，更是一片荒野。唐朝杨炎有诗"一去一万里，千去千不还。崖州在何处，生度鬼门关。"

邢梦璜在黄流生活长达 26 年之久。跟他一起来的，还有第四个儿子邢万胜。这是黄流文化教育发展史上的一件大事。举人出身的梦璜，学养深厚，贤良恭谨，声望甚隆。儒门学子一向注重儒家教化传统。孔子说过："学而不厌，诲人不倦。"孔子对子夏说过："女为君子儒，无为小人儒。"梦璜对孔子学说自然深有领悟。他到黄流之后，由于条件的限制，当时没有也不可能办起义学、学堂或私塾，但是，他的言传身教，有如春雨，洒绿了黄流大地。黄流从此开启了读书成风的时代。自梦璜入籍，黄流历代通过科举考试获取功名的举人和贡生将近 60 人。仅就他的子孙而言，可以列出：邢万胜，梦璜第四子，元代世袭土官，任宁远县丞；邢京，梦璜孙，元代世袭土官，任宁远县丞；邢宗馨，梦璜曾孙，明代世袭宣抚官，任宁远县丞；邢经，梦璜第四孙，明代世袭宣抚官，任宁远县丞；邢琼，梦璜第五世孙，明代世袭宣抚土官，任宁远县丞。又，黄流的梦璜

后代子孙中，多有学者型人物。比如：邢协中，明万历廪贡；邢克迈，清康熙岁贡；邢元选，清乾隆恩贡；邢肇周、邢耀宗、邢泰中，清嘉庆岁贡，邢修坤，清道光岁贡；邢炳蛰，清光绪附贡；邢保申，清光绪附贡；邢谷典、邢治兴，清光绪例贡。其中，邢肇周还担任过乐昌训导。明文渊阁大学士、海南琼山人邱浚在《邢氏家谱序》中说："族不徙大，而且多贤。""所传者，则有家故知军梦璜等，以文学著声前代，载在郡乘可考。"

邢梦璜的影响，穿越时空。现今的黄流，不断以新的面貌给世人带来惊喜。1978 年，黄流中学被确定为海南黎族苗族自治州重点中学之一。1990 年 10 月，国家教委将黄流中学事迹选入"中国名校"一书。1995 年，国家文化部授予黄流"中国民间艺术之乡"的称号。2006 年，中国书法家协会授予黄流镇"中国书法家进万家活动先进集体"的称号。2009 年 12 月揭晓的"海南省十大文化名镇（村）评选"中，黄流登上了"名镇"光荣榜。用"文化黄流"这个新兴结构来表述今日的黄流，再恰当不过；而用"天涯师表"这个重量级短语来形容邢梦璜，自然也再恰当不过。

三、笔者感言

群众创造历史，群众发展历史。但是，重要历史人物具有不可磨灭的功勋。跟邢梦璜共同带动引发黄流文化发展的历代贤达，可以开列出一串长长的名单，辉耀史册，而邢梦璜，无疑是黄流历史天空中最为耀眼的一颗明星。

国学诸学派各有特出长处，各有卓越贡献。但起码就广度而言，儒学最为深入人心，作用巨大。黄流文教的古今演化，便是实证。然而，在今天，在同世界接轨的时代，儒学如何发扬其精华，开掘出若干普世性学理，特别需要努力为之。

光明日报

2013 年 04 月 22 日　星期一　农历癸巳年三月十三　今日 15 版

光明网网址:http://www.gmw.cn　国内统一刊号 CN 11-0026　第 23092 号 (代号 1-16)

书眉侧题：邢福义学术陈列室

辞达而已矣
——论汉语汉字与英文字母词

邢福义

从秦代"书同文"算起，汉语书面通语已然走过了近两千年的途程。当今，出现了新的一景：使用英文字母词形成热浪，令人注目。是简单地肯定，喝彩叫好，还是简单地否定，指摘排斥，皆不适宜。最好的办法，是大家进行深度思考，献计献策，然后集思广益，形成共识。

一

汉语书面语中出现外来词，自古有之。一种语言，只要跟其他语言密切接触，就难免出现外来词。据古代汉语专家和词汇学专家们的研究成果，可知汉语书面语从来没有中断过吸收外来族语言的外来词。汉语书面语的突出特点，是使用方块汉字。不管是繁体还是简体，都能帮助我们把同音的词语所表示的意思分拣清楚。比如：飞屑吸入人体致癌。(魏润身《挠攘》)这里石头块能治癌。(柳建伟《突出重围》)二者的前一个字都读zhì，正是因为这里出现了"治癌"和"致癌"。二者的前一个字分成两部分，一个字的形体有所不同，才保证了不会引起误解。这是使用拼音文字的书面语做不到的。

汉语的词汇系统，对于吸收进入的外来词，历来有一定的规矩。当今，要用汉字来转译。大体说，有三种情况：有时是译音，即用同音近音的汉字来转写外来词。比如英语的taxi，译作"的士"，有声调，读为dīshì。有时是译音兼译义。即用同音近音的汉字来转写外来词，兼顺表意。比如英语的hippy或hippie，译作"嬉皮士"，有声调，读为xīpíshì。有时是半译义半译音，即把一个外来词分成两部分，一部分译义，一部分译音，比如，把ice cream译成"冰激凌"。有时是半译音半译义，即把一个外来词切成两部分，一部分译音，一部分译义。比如，把motorcycle译成"摩托车"。有时是译音加类名，即在译音部分加上表示事物类别的汉字。比如，把AIDS (Acquired Immune Deficiency Syndrome)译成"艾滋病"。

在转译外来词的时候，汉语书面语往往还注意发挥汉字的表意功能，使外来词汉化。比方人名的转译，尽可能在用字上分出男女。如美国作家Benjamin Franklin是男的，译为本杰明·富兰克林；美国作家Willa Cather是女的，译为薇拉·凯瑟。再比方事物名称的转译，尽可能在用字上显示人们的好恶心态。如DDVP (dimethyl-dichloro-vinl-phosphate)，转写为"敌敌畏"，凸显这种东西之可怕。又如TOFFL (Test of English as a Foreign Language)，指作为一门外语的英语测试，是出国留学生外语考试的一种，用来转写的汉字是"托福"，带上了企求顺利的色彩。

可以这么说，汉语汉字系统如何对待和处置外来词，已经形成了具有特色的传统，进入了汉学发展的轨道。

二

当今世界，已经跨进信息化时代。全球的联系和沟通，已经离不开英文字母词。举个显而易见的例子：电子邮件已经成了不同国家人士之间联系和沟通的全球性重要工具，而电子邮件的发件人和收件人都不能不用英文字母词，不然，你的邮箱不能把邮件发到世界各地，世界各地的邮件也传不进你的邮箱。

然而，我们现在需要关注的，不是电子邮件中用于发件人和收件人的五花八门、各人随意自造的英文字母词；而是那些在不同程度上或在不同范围内见于汉语书面，并且显出活跃态势的英文字母词。这些字母词，应该如何评估？应该放在什么样的位置上才合适？

几类现象，可讨论。第一，阿拉伯数字。不是汉字，但已为全球所通用。现在，无论表示数目，还是表示次序，在我国的报章杂志上，就一般情况而言，使用阿拉伯数字的频率高于汉语数字。比如，283万元，大都不会写成二百八十三万元(《现代汉语词典》第6版，用6不用"六"。第二，起着特定作用的某些英文字母。比如起游移还代作用的x，起次次序的a-b-c-d，起作为人物称呼的阿Q，等等。第三，非英文字母词。如HSK (汉语水平考试)，为汉语拼音的缩写。《现代汉语词典》第5版(2005)和第6版(2012)都在正文后边，以"西文字母开头的词语"为题，列出词条，分别解说。第6版所收录条239个，其中以"英"的197个，未注国别的34个 (如 AA制、DNA芯片等)。另外，注为"拉"、"法"、"日"的，各一个；注为"汉语拼音"的，共5个。

本文把视点集中在纯粹的英文字母词上面。这是因为，它们最能代表目前风起云涌活力洋溢的字母词。《现代汉语词典》所收的纯英文字母词，只是一小部分，没有汲取的还很多很多。比如，收入了SCI (科学引文索引)，没有收入SSCI (前加S指社会科学)，也没有收入CSSCI (中国人再在前面加C指中字)。在高等领域的文科领域，CSSCI可是能否摆职称、能否获奖励、博士生的学位论文能否参加答辩等等决定人们命运的一个极富"威慑性"的英文字母词。又比如，在学术领域中，现代汉语研究领域，经常常见到NP (名词性词语)、VP (动词性词语)、AP (形容词性词语)，本学科领域的人是无人不知的。假若精精放开收词的范围，便可以知道，英文字母词所形成的潮流，的确可以用汹涌澎湃来形容。

三

面对风起云涌的英文字母词，应该采取什么样的态度？

一方面，要看到英文字母词的语用价值。存在就是现实，流行必有因由。英文字母词能够在各种场合，特别是在国家大报《人民日报》上面频频出现，如此现象，前所未有。不同的人，对其因由会有不同的感知，因而会做出不同的概括。我个人以为，总的说来，是出于英文字母词使用者的美感引力。具体点说，起码以下三点值得注意。第一，视觉引力。可以从字形上凸显某种事物，显得醒目突出。比如报道足球比赛："巴萨vs皇马"。谁对谁，特别明朗。其二，新知引力。可以通过字符求解字义，增长知识。比如GDP，指国内生产总值。我当选第8、9、10三届全国政协委员，每年两会期间，经常听到和听到这个词。我相信，相当多的人知道，可看起来会觉得"有档次"。诚然，英文字母词不属于汉语汉字，不能进入现代汉语词汇系统。但是，可以把它看成是一支外来的特种生力军，让它配合汉语汉字，发挥它特定的作用。这是具有积极意义的。那么，英文字母词的使用，会不会引起汉语汉字的混乱？这不必担忧。上面提到的阿拉伯数字，千百年来，在汉语书面语中的普遍使用并没有伤及汉字文化，因为汉语有汉语的应用规律，许多时候阿拉伯数字是使用不上的。比如"推三阻四"、"不管三七二十一"(撇开再说)，其中的汉语数字，不能换用阿拉伯数字。又如，八十八叫作米寿，这是因为"米"拆开是八十八；九十九叫作白寿，这是因为阿拉伯数字是使用不上的。比如"推三阻四"、"不管三七二十一"(撇开再说)，其中的汉语数字，不能换用阿拉伯数字。又如，八十八叫作米寿，这是因为"米"拆开是八十八；九十九叫作白寿，这是因为"百"减去"一"就是"白"。(参看张德鑫《数里乾坤》，北京大学出版社1999)这种文化底蕴深厚的用法，阿拉伯数字能够干扰吗？

另一方面，要看到英文字母词的局限性。它有语用价值，缺乏实实在在的群众基础。在内容上，英文字母词具有较大的学术性和行业习用性。从受众方面看，绝大多数字母词是看不懂的。比如OLED (有机发光二极管)，除了内行者，别说广大民众，即使是大学教授，特别是文科教授，恐怕能看懂的少又又。从使用者方面看，各人分属不同的圈子。甲圈中人使用的，乙圈中人不一定懂。比方现代汉语语法研究者用NP和VP，历史研究者可能不知所云。正因为此，英文字母词使用的数量和场合受到了制约。报章中，一般性的文化教育、时事政论等栏目中，较少见到。

语言是交际和交流思想的工具。两千多年前，孔子就已郑重指出："辞达而已矣。"(《论语》卫灵公第十五)朱熹《论语集注》解释道："辞，取达意而止，不以富丽为工。"老祖宗们提出并一再阐释的"辞达而已"，是反映语言应用发展规律的一条深刻学理、一个基本原则。广大群众看不懂的东西，其生命力是有限的。我们应该明确英文字母这一弱点，运用时要想办法弥补这一弱点。请看这个例子：一季度/123家IPO排队/企业终止审查(题目)本报北京4月1日电(记者婟志峰)中国证监会最新公布的首次公开发行股票(IPO)申报企业情况显示，……IPO……IPO……IPO……(见《人民日报》2013年4月2日)——IPO，什么东西呀？这个字母词，连《现代汉语词典》的"西文字母开头的词语"也没有收录。"股票"是个现成的词，为什么还要来一个IPO呢？这篇报道里特意选用IPO，自然是为了取得上面说过的语用效果。不过，写作者也考虑了群众能否看懂的问题，因此首先写出"股票(IPO)"，然后再写"IPO……IPO……IPO……"，这个作法是可取的。

四

《中华人民共和国国家通用语言文字法》2000年10月31日由第九届全国人民代表大会常务委员会第十八次会议通过，中华人民共和国主席令第三十七号宣布该法自2001年1月1日起施行。该法强调："国家机关以普通话和规范汉字为公务用语用字。""学校及其他教育机构以普通话和规范汉字为基本的教育教学用语用字。""国家通用语言文字以《汉语拼音方案》作为拼写和注音工具。"英文字母词不是汉语里的词，也不采用汉语拼音方案，但毕竟参与了当今的中国语言生活，并且具有特定语用价值。这份资源，如何对待，如何汉化，应该引起国家管理部门的高度重视。

个人以为，有必要组织力量编写一部《英文字母词词典》。《现代汉语词典》已经开了一个好头，但"西文字母开头的词语"中收词过少，满足不了需求。比如IPO就查不到，CSSCI就查不到。个人又以为，更有必要立项研究如何做好英文字母词汉化的工作。这是一种"汉化改移"。上面说过，我们已经有了两千年累积下来的外来词汉化改移的优良传统。仅就现代而言，"敌敌畏"、"托福"之类的成功使用，就是明证。然而，近年来，这一传统忽然被丢弃了。难道是中国人变得低能了吗？绝对不是。像GDP、DNA这样的词，相当重要。讲到国家经济的发展，总要提到GDP；讲到血缘关系的鉴别，总是提到DNA。能不能将它们汉化，音译也好，意译也好，音译加意译也好，用汉字造出对应的词来，可以进入汉语词汇系统，可以收入汉语词典，这不是很好的事吗？当然，改移以后，原形的GDP、DNA之类仍然可以收入《英文字母词词典》。这可以表明，汉语汉字是强势语言文字的有力证明。对外来的语言文字，有很大的包容力。汉学，或者说广义国学，在与时俱进的过程中，永远坚守继承与发展优良传统的立场。这传统，可以是古代的，也可以是近现代的。

光明日报

2013 年 11 月 18 日　星期一　农历癸巳年十月十六　今日 06 版

光明网网址:http://www.gmw.cn　国内统一刊号 CN 11-0026　第 23302 号（代号 1-16）

话说"永远"：从孔子到老舍

邢福义

《辞海》《辞源》和所能见到的古代汉语词典，只收"永"，不收"永远"。凡是现代汉语词典，都收"永远"，但都只标注为副词。考察语言的历史演变，可以知道，时至当今，"副词"一说已经不能统括所有的"永远"。

从《论语》说起

"永"是个古老的词。文献表明，这个词主要用作副词和形容词。

副词"永"用于状语位置，修饰动词或形容词。《论语》中有个特别典型的用例：四海困穷，天禄永终。（《论语》卷10）大意是："（尧对舜说）普天之下如果百姓穷困，老天赐予你的这个禄位定会永远终止。"此例有个语境：孔子同弟子们讨论问题，在转述尧对舜、舜对禹的谈话之后，发表己见。其中的"永终"，是"永+动"。至于修饰形容词的用例，例如：决江疏河，洒沈澹灾，东归之于海，而天下永宁。（《汉书》卷57上）其中的"永宁"，是"永+形"。

"永"字用于定语位置或者谓语位置，这是形容词用法。例如：协律定正，缘盛永年。（《汉书》卷5）贯戴并同，以为永制。（《梁书》卷48）上例"永"分别用作"年"和"制"的定语。又如：霜月月满窗，夜永人无寐。（《全宋词》蔡伸·生查子）非其次序，故皆不永。（《汉书》卷25）"夜永"中，"永"单独作谓语；"不永"中，谓语中心词"永"受"不"修饰。按学界基本共识，可不教他也做这种道路，弄一笔永远经费。（《官古文献所见的形容词"永"，属于一般形容词。

由于表示"久远"意愿或者谓语位置，"永"字契合人心企求。因此，人们总是喜欢用"永"，中国历代帝王的年号，也喜欢用"永"。这种文化心态，对于语法上"永远"适用面的扩张来说，也许是潜性因由。

宋代以降文言文和白话小说中的"永远"

宋代以降，文言文中出现"永远"；从明代起，白话小说中也出现"永远"。"永远"最初以副词身分出现，不久之后演化出非谓形容词。跟"永"相比较，"永远"出现很晚，二者时差千来年。

（一）副词

文言文中，"永远"的副词用法始见于《全宋词》。有两例：与君别后愁无限，永远团圆，间阻多方。（胡夫人《采桑子》）｜执手相看，永远成鸳侣。陶氏《苏幕遮·闺怨》）上例"永远"分别用作"团圆"和"成鸳侣"的状语。往后，元末会相抵脱所撰《宋史》中，见到副词"永远"。例如：七年，以十八界与十七界会子更不立限，永远行使。（卷181）再往后，清代张廷玉等人所撰《明史》和毕沅所撰《续资治通鉴》中，也出现副词"永远"。例如：罪无轻重皆决杖，永远戍边。（《明史》卷95）｜金带永远许亦昂。（《续资治通鉴》卷116）再往后，在北洋政府时期编纂的《清史稿》中，"永远"出现频率大增，共有41处，其中有40处用作副词。例如：其绅户把持、州县浮收诸弊，永远禁革。（卷

122）｜支销浮费及官役陋规，永远裁汰。（卷375）近代白话小说中，副词"永远"形成气候从明代开始，吴承恩《西游记》、冯梦龙《三言》和凌濛初《二拍》中皆可看到。例如：把那老僧封为"报国僧官"，永远世袭。（《西游记》第95回）｜落得永远快活，且又不担干系。（《醒世恒言》第15卷）"永远世袭"是"副词+动"；"永远快活"是"副词+形"。此外，清代作品《红楼梦》《儿女英雄传》《老残游记》《官场现形记》等等中皆可见到副词"永远"，不烦赘说。

（二）非谓形容词

文言文中，"永远"的非谓形容词用法始见于《宋史》，稍后于副词用法。作为非谓形容词，用于定位，修饰体名词，一般不能单独充当谓语，绝对不能受"不"修饰。例如：昌龄乞献议导河大氏，可置永远浮桥。（《宋史》卷93）"永远"修饰名词"浮桥"。非谓形容词"永远"和名词之间，有时必须加"之"。例如：择便好田宅市尢，为子孙立永远之业。（《续资治通鉴》卷2）上例不能说成"永远业"，"之"是补足音节的要素。又如：其所注意不在暂时之撤除，而在永远之辍戎。（《清史稿》卷526）上例有"永远之辍戎"，其中的"之"是把状语转化为定语的必要手段。"永远之辍戎"便成了通常所说的"名物化用法"。近代白话小说中，也出现了"永远"的非谓形容词用法。例如：可不教他也做这种道路，弄一笔永远经费。（《官场现形记》33回）上例的"永远利息"和"永远经费"都是"永远+名"。也有加"之"字的。例如：思量积攒来传授子孙为永远之计。（《初刻拍案惊奇》卷13）｜把我屋里说的立万年永远之基都付于东洋大海了。（《红楼梦》101回）上例分别出现了"永远之基"和"永远之业"，都带有文言色彩。值得注意的是：宋代以降出现的非谓形容词"永远"，是由副词"永远"演化而来的，跟上古使用的一般形容词"永"无关。

现代汉语中的"永远"

现代汉语中，"永远"进一步发展。一方面，用作副词和非谓形容词的"永远"进一步活跃，另一方面，又演化出了一种新的词性，即用作时间名词。

（一）副词

鲁迅《我们现在怎样做父亲》："假使古代的单细胞动物，也遵着这教训，那便永远不敢分裂繁复，……"这里的"永远"是副词。检索表明，作为副词的"永远"，在现当代不仅保持优势地位，而且更为活跃，出现了近古用法中未见到的现象。这是现代汉语更加口语化的结果。比方，作状语的"永远"后边，往往带上结构助词"de"，书面上多写成"地"。例如：正是这种思想，使我的心永远地平静了。（《礼平《晚霞消失的时候》）又比方：就这样永远永远地在一起重叠使用。例如：就这样永远永远地在一起

过下去吧。（冯德英《苦菜花》）｜永永远远地把一段辉煌的历史诉说。（《人民日报》）上例分别出现 ABAB 和 AABB 的重叠方式，是为了表示强调。再比方，在特定的句管控下，"永远"可以单独见于句尾。例如：祝福你，永远！（皮皮《比如女人》）上例的"永远"，加重了话语的情味。

（二）非谓形容词

曹禺《北京人》："他……期想更深地感动她的情感，成为他永远的奴隶。"这里的"永远"是非谓形容词。检索表明，到了现当代，"永远"的非谓形容词显现了新的面貌。主要表现为以下几点。第一，用作定语的"永远"，后边一般用"的"（不再用"之"）。第二，受"永远"修饰的中心词，不仅有典型名词语（如"永远的奴隶"），而且属于动词形容词名物化用法的多了起来。例如：得到的力量都是永远的提醒。（皮皮《比如女人》）这种东西是……是那种天生的脆弱。（王朔《美人赠我蒙汗药》）由于受到句法格局的管控，本为动词和形容词的"提醒"和"脆弱"都被名词化了。第三，作为非谓形容词，"永远"可以出现在谓语部分，但必须用在"是……的"之间。例如：一个人的献血行为不可能是永远的。（《人民日报》）第四，定心结构"永远的X"可以单独使用。一般是用作书文、戏剧、歌舞等的名称。查看人民日报，看到《永远的丰碑》《永远的微笑》《永远的秘密》《永远的中国心》《永远的黑土地》《永远的铺路石》《永远的小桔灯》《永远的高原精神》等等用例。

（三）时间名词

典型的时间名词"永远"，用在"从A到B"框架中的B位置，表示规约为名词。这个框架的特点是：AB 分别用在"从"与"到"的后边，AB 二者是词性相同。永远"从A播时到发芽""从弱小到壮大""从北京到上海""从早晨到晚上"，"播时"和"发芽"都是动词，"弱小"和"壮大"都是形容词，"北京"和"上海"都是方所名词，"早晨"和"晚上"都是时间名词。由此可以推定："永远"用在"从A到B"的B位置，决定了二者都是时间名词。例如：你不知晚爆地演变，从远古到今天，从今天到永远。（《人民日报》这里，"永远"是时间名词的一种。例如：民族舞剧《山水谣》，根据青年作家刘醒龙的长篇小说《爱到永远》改编。（《人民日报》海尔人挂在嘴边的话是："海尔真诚到永远。"）这里"爱到永远"和"真诚到永远"分别为书名和誓言。有的时候，时间名词"永远"可以复叠使用。

例如：现在，我的同学大部分已脱离了教育界，而我，仍留守在这片春晖无边的土地上继续耕耘，并且直到永远、永远……（《人民日报》）这是为了强化无限延伸的后续时间。

总体概说

副词"永远"前身，《论语》中有特别典型的用例。千来年之后，"永远"出现了，发展起来了。通考古今演变，笔者观察到了以下三个"第一次"：1.《全宋词》的胡夫人《采桑子》，第一次见到副词"永远"；2.《宋史》卷93，第一次见到非谓形容词"永远"；3. 老舍的《四世同堂》，第一次见到时间名词"永远"。审视现代汉语作品，笔者又观察到了以下三个"第一次"：1. 鲁迅的《我们现在怎样做父亲》，第一次见到副词"永远"；2. 曹禺的《北京人》，第一次见到非谓形容词"永远"；3. 老舍的《四世同堂》，第一次见到同时使用副词"永远"、非谓形容词"永远"和时间名词"永远"。即：永远忘不了的恩！（第一部《惶惑》）｜耻辱是他永远的诲号！（第二部《偷生》）｜她手里仿佛拿到了万年不易的一点什么，从汉朝——她的最远的朝代是汉朝——到如今，再到永远。（第一部《惶惑》）前例"永远"为副词，中例"永远"为非谓形容词，后例"永远"为时间名词。

副词"永远"既然《全宋词》里即已出现，那么，涉古词典不应完全排斥"永远"。非谓形容词"永远"既然《宋史》里即已出现，那么便不能认为是近几十年的新兴用法。只有时间名词"永远"始见于老舍《四世同堂》，才是现当代才出现的新用法。

不管用作副词、非谓形容词还是名词，"永远"都表示时间，但语义并不等同。副词"永远"，重在表示连续时间中的动态流程；非谓形容词"永远"，重在表示固化时间中的静态凝结；名词"永远"，重在表示时间链中的那段后续时间。比如：她的圆胖脸上永远挂着孩子般的笑。（戴厚英《人啊，人》）｜张秉贵的铜像，依然屹立在百货大楼门前，他那永远的微笑，将留在每一位走进王府井的顾客心间。（《人民日报》｜在世纪坛上，中华圣火熊熊燃烧，直到永远。（《人民日报》前例的"永远"是副词，强调了时间移动过程中人们的突出感觉，事实上这种态势并非总是如此。中例的"永远"是非谓形容词，表示的是全程固化的表象，微笑的势态是永恒凝结的。后例的"永远"是名词，表示的是时间无限延伸的后续时间。

语用需求，促进语义和语法的发展演变。从上古万世祖孔子的言辞，到现代语言大师老舍的作品，我们可以观察到"永→永远（副词→非谓形容词→名词）"的历时线索。

（作者单位：华中师范大学语言与语言教育研究中心）

中国社会科学文摘
Chinese Social Science Digest

2010 年 6 月 1 日第 6 期	农历庚寅年四月十九	第 66-67 页

中国社会科学文摘网址:http://ssic.cass.cn 　　国内统一刊号 CN　11—4116/C

论单线递进句

《汉语学报》2010 年 1 期，16000 字

邢福义

现代汉语的许多递进复句，只要有语用需求，前后项可以倒换位置，即可以双线交互递进。比如："他不仅是个诗人，而且是个校长。""他不仅是个校长，而且是个诗人。"但是，有些递进复句，前后项只能由此及彼，不能倒置，这便是本文所说的单线递进句。拙作《汉语复句研究》提到过这类现象。比如："（他站起来背着手，挺着胸脯站在我跟前，不住地用舌头舔着嘴唇，仿佛向我证明：）他不仅是个人，而且是个很大的人。"此例见于杜鹏程《夜走灵官峡》，其中的"是个人"和"是个很大的人"不能倒换，不能说成"他不仅是个很大的人，而且是个人"。

单线递进句的三种组构方式

单线递进句，反映甲乙事物之间具有绝对涵盖的关系。其组构方式，可以概括为三种。（一）概念收缩式。这一组构方式，其特点为：由面突出点，前项 A 里的起始概念，是后项 B 里的通用概念。这时，前分句的概念范围大于后分句。比如"他不仅是个人，而且是个很大的人"，起始概念为"人"，通用概念为"很大的人"，前者包含后者。（二）概念张大式。这一组构方式，其特点为：由点张开面，前项 A 里的起始概念，为后项 B 里的通用概念所包含。这时，前分句的概念范围小于后分句。例如："陈明不仅是全班第一，而且是全年级第一。"（三）概念推移式。这一组构方式，其特点为：由甲概念推移到乙概念，概念的词面形式没有重合，作为前项 A 里的起始概念，实际上为后项 B 里的通用概念所管控。这时，前分句的概念会受制于后分句。例如"枇杷不但开了花，而且已经结了果。"

概念收缩式的三种模态

概念收缩式有以下三种模态。所谓"模态"，指结构模型的状态。（一）"是"字结构同形反复模态。具体表现为：前后分句主语相同，"是"字结构在述谓部分同形反复，但后项"是"字后边的名词用加字的办法缩小其所指范围，借以形成前项绝对包含后项的递进关系。如上前例，后项都把反复使用的"是"字，比如"是个很大的人"的前边添加了缩小概念外延的修饰字词。（二）动宾结构同形反复模态。具体

表现为：前后分句主语相同，动宾结构在述谓部分同形反复，但后项的动宾结构用加字的办法缩小其所指范围，借以形成前项绝对包含后项的递进关系。这里所说的动宾结构，是指述说性的，不包括表示判定的"是"字结构。从后项动宾结构的加字位置看，主要情况有在动宾结构的宾语部分加字和动词前边加字两种情况。（三）谓词同形反复模态。具体表现为：前后分句主语相同，谓词在述谓部分同形反复，后项的谓词用加字的办法缩小其范围，从而形成前项绝对包含后项的递进关系。所谓"谓词"，包括动词和形容词。这一模态是后项比前项的递进点，指不能或一般不能带宾语的动词。

问题思辨

（一）问题。沈家煊在《复句三域"行、知、言"》中指出："这类复句的前后项之间有范围上的递进关系，按常理后项应该比前项的范围大，如下面的 a 句。"（按，即"他不仅是个人，而且是个很大的人。"）这可不是拙作《汉语复句研究》的原话。这一判断，把概念关系说反了。拙作《汉语复句研究》指出："后者深入一层揭示了属性。"逻辑常识告诉我们，一个概念，内涵加深了，其外延必定缩小，怎么会是后项比前项的范围大呢？后项比前项范围大的现象是有的，比如三种组构方式中的概念张大式，则不是单纯的范围大小的关系。应该指出，在论证方法上，把"他不仅是个很大的人，而且是个人"换成"毛泽东不仅是个伟人，而且是个人"，然后讲"毛泽东不仅是个伟人，而且是个人"能说。人们会在行文的导引下认为诸如此类的现象都能双线交互换位。这就起码引发了两个问题：第一，"他不仅是个人，而且是个伟人∨他不仅是个伟人，而且是个人"和"他不仅是个人，而且是个很大的人∨他不仅是个很大的人，而且是个人"，是全然等同的形式吗？第二，仅仅根据"他不仅是个伟人，而且是个人"，能够证明表面近似的递进复句都可以把后项倒换为前项吗？这需要思辨。（二）思辨。（1）是否等同的问题可以从两个侧面来观察。其一，句式的变换。如果把"他不仅是个人，

而且是个很大的人"之类记为 A 说法，把"他不仅是个人，而且是个伟人"之类记为 B 说法，那么，用句式变换的办法来测试，可以知道二者并不具有同一性。其二，所指"面事物"和"点事物"的概念关系。"人"同"大人"、"人"同"伟人"，尽管都有"面"之类的关系，但逻辑关系并不等同。有的人是普通人，比如"大人、中年人、老实人"等等；有的人，是不一般的人，比如"伟人、领袖、省长"等等。一个递进复句，如果以"人"为递进点，那么，作为普通人的"大人、老实人"之类和作为非凡人的"伟人、领袖"之类非同可入这点。这是顺势递进，属于常规用法。但是，如果把顺势递进改变为逆势递进，即以"大人、老实人"之类和"伟人、领袖"之类为递进点，而以"人"为进点，那么，便会成为非常规用法，便会出现以下两点不可忽视的事实。第一，句式的选用目的有所变化。由面到点的顺势递进，是将点"推出去"，落脚于"点"，目的在于突出"点"所引出的话题。比如："我们不能把他当木偶。他不但是个人，而且是个活生生的人！ | 我们不能把他当木偶。他不但是个人，而且是个当过军长的人！"在这里，"活生生的人"和"当过军长的人"取得一致性。然而，由点到面的逆势递进，是将点"回归来"，落脚于面，目的在于强调点与面具有重合关系。比如："不要把他当成不吃人间烟火的神仙。他不仅是个将军，而且也是一个人！"是要强调他尽管有着非普通人的属性，但不应视他作为普通人的一般属性。这一语用目的，决定了 A 式不能这么逆势递进。因为，点如果不具有"非凡性"，那么，采用"回归"到面说法，便毫无意义。第二，所指"点事物"和"面事物"在概念上发生交叉。正是概念的交叉关系，决定了 B 式前后项的可以换位。观察可知，B 式中倒过来说的逆势递进式，用来强调点概念与面概念有所重合，同时也突出了点概念的"非凡"属性，说明了点概念的某些属性已经不为面概念所包含。上引沈文那段话说："言下之意是，你不能看到他的特殊性而忽略了他的一般性。"这正好说明："伟人"之类非常人概念，具有平常人所不具有的特殊属性。（2）能否证明"这样

而且是个很大的人"之类记为 A 说法的限制只适用于行域，进入言域则不受此限。首先，这一结论根本经不起事实的检验。有的递进复句根本不能倒过来说。"不但有酒，而且有好酒"，能说成"不但有好酒，而且有酒"吗？这样的单线递进句，有规律、成系统地存在，并非个别现象，绝对不能一言蔽之曰"只适用于行域，进入言域则不受此限"。其次，一旦倒过来说，概念关系便发生微妙变化。如"恐怕必须承认，斯基拉奇不但是球星，而且是最让人难忘、最有魅力的球星。"多数人会认为不能倒过来这么说："斯基拉奇不但是最让人难忘、最有魅力的球星，而且是球星。"当然，也不排斥有人会坚持一种"异感性"，认为可以说："斯基拉奇不但是最让人难忘、最有魅力的球星，而且（也）是（跟所有球星一样，存在这样那样缺点的）球星。"然而，这么说通是通了，却已经改变了原意。从事实根据看，单线递进句的使用是无法否认的客观存在，不管使用什么样的理论，都无法证明"进入言域则不受此限"。从论证方法看，沈文那段话把"貌似"却"并非等同"的说法混为一谈，在论证问题的过程中核心概念有所"偷换"，违反了遵守同一律的原则。这样，所得的结论自然是缺乏可信性的。

论旨点评

事实的发掘，对于研究的深化具有关键性意义，这是本文的论旨。对于汉语语法研究来说，国外理论的"引进"和"汉化"，也许应该是一个很长历程中先后衔接的两大阶段。"引进"，是先行阶段，重点在于把外国理论应用于汉语研究，举出若干汉语例子来略作演绎。而"汉化"，即中国化，是后续阶段，重点在于让国外理论在汉语事实中定根生发，使国外理论溶入汉语研究的整体需求，从而建立起适合于汉语研究的理论和方法。要达到"汉化"目的，必须深入发掘汉语事实。如果不尽可能详细地了解客观语言事实，便有可能仓促断定，以偏概全。

（作者单位：华中师范大学语言与语言教育研究中心，原题《以单线递进句为论柄点评事实发掘与研究深化》，王兆胜 宋晖摘）

中国社会科学文摘
Chinese Social Science Digest

2011 年 6 月 1 日第 6 期　　农历辛卯年四月三十　　第 74—75 页

中国社会科学文摘网址:http://ssic.cass.cn　　国内统一刊号 CN　11—4116/C

"来"字概数结构形义辨

《语言研究》2011 年 1 期，18000 字

邢福义

本文意在突出强调一条原则："事实终判"。即以语言事实作为最终判定的权威依据。研究问题，必须在事实的发掘上多下功夫。因为，结论的可靠，决定于证据的真实充足，而过硬的证据，是事实。

"来"字概数结构，指"十来（个）、三十来（碗）"之类的结构。在解释概数助词"来"的时候，《现代汉语词典》的说法是："来"用在"数词或数量词"后边表示概数。《现代汉语规范词典》的说法是："来"用在"数词或数量词"后边表示概数，通常略小于那个数目。此类述语引发两方面的问题：一是构造形式方面的问题；一是语义蕴含方面的问题。

形 辨

构造形式上，"来"字概述结构被断定为："数词或数量词＋来"。这样的描述，过于宽泛，不够精确。

（一）关于数词。首先，"来"字前面的数词可分为个位数和段位数词。前者包括"一、二、三……"；后者包括作为十进法单位的"十、百、千、万"等。

概数助词"来"前边的数词，要么是一个段位数词，如"十来、百来、千来、万来"，要么是复合的"个位数词＋段位数词"，如"二十来、三百来、四千来、五万来"。至于个位数词，是绝对不能直接出现在概数助词"来"的前面的。"一来、二来、三来"之类能说，但这里的"来"不是概数助词，而是序数助词。另外，还有一些比较特殊的数词，比如"零、半（半个苹果）、双（双份工资）、几、许多"等，都不能出现在概数助词"来"的前边。

（二）关于数量词。只有由度量衡单位构成的数量词可以出现在"来"字的前边。"来"字该书结构的形成，受到严格的组造机制的规约。一般的数量词，不能带上"来"构成概数结构。但度量衡词可以进入这一结构中段位数词的位置。观察可知：段位数词和度量衡单位存在想通之处。"十、百、千、万"等段位数词，有接近于段位数词的地方。比如："十来万"和"十来里"，"里"固然是量词，"万"也用作了量词；"三万来（人）"和"三里来（路）"，"万"固然有表示某个定数的内涵，"里"也有表示某个定数的内涵。

必须特别指出："十来年"、"十年来"都可以说。"十年来"是不是"数量词＋来"的概数结构呢？首先，从语义上看："十年来"的"来"指向"十年"，可以换成"以来"，即可以说成"十年以来"，明显表示时间的数量范围；"十来年"的"来"，则指向"十"，不能换成"以来"，即不可以说成"十以年来"，明显表示概

数。如果认为这两个"来"都是助词，那么，前者更像是范围助词，后者才是典型的概数助词。其次，从语法上看：第一，"十来年"可以用在动词后边充当宾语，如"有十来年"、"过了十来年"，"十年来"没有这种用法。第二，两个"来"在词语的组配上有不同的表现。比如：表示典型概数的，可以"四千来年、五千来年"，但不能说"四五千来年"；而主要表示范围的，则不受限制，不仅可以说"四千年来、五千年来"，也可以说"四五千年来"。可见，"十来年"之类和"十年来"之类，不是全然等同的现象。就共时平面而言，两个"来"不应混为一谈。

归总来说，"来"字概述结构中，"来"字直接用在段位数词或度量衡单位量词的后边，前头常常出现个位数词。词典中，为了解释的简明，应加上"某些"，即表示概数的"来"，可以加在某些数词或数量词后边，形成概数结构。

义 辨

（一）现代汉语的考察。在表义状况上，对于本数来说，"来"是表示"略多"，还是表示"略少"，抑或是表示"左右"？笔者对《人民日报》（1981-2006）进行了全面搜索。经分析，得到了以下四点结论。

结论一：大多数用例，会"见仁见智"，不同的人可能有不同的理解。结论二：有的用例，由于能够找到判定的依据，可以确认为"略少"，但是，极为罕见。结论三：有的用例，由于能够找到判定的依据，可以确认为"略多"。跟表示"略少"的相比较，表示"略多"的相当多，占压倒优势。结论四：有的用例，可以确认为"左右"。跟表示"略少"的相比较，表示"左右"的也占明显优势。

以上四点结论表明，现代汉语里"来"字概数结构的含义存在两种情况：第一，无法确认，可能见仁见智。第二，可以认定，但不会一边倒。如果用")"号表示多余，那么，可以列出如下两个顺序，【顺序A】总体情况：无法确认的)可以确认的。【顺序B】可认定的：略多于本数)本数左右)略少于本数。从顺序 B 及其对顺序 A 的反照来看，人们的语用心理可能更倾向于"略多"。然而，事实是概数结构"X 来"在含义上既可以是可左可右，又可以是或左或右，又可以是既左又右。语法规则的归纳，应该能够统摄全貌。因此，将其含义概括

为"左右"，最能准确反映语言运用客观的实际。

（二）近代汉语的考察。一般认为，概数说法"X 来"出现于晚唐五代。那么，晚唐五代以来的作品，包括近代白话作品，使用情况如何？下面，提出三个问题供学界讨论。问题一："X 以来／已来"和"X 来"的联系如何？问题二：表示典型概数的"X 来"，其含义是否只能在"略多"和"略少"之中二者择一？问题三："X 来"有没有可能一开始就表示"左右"？笔者只是提出可供思考的三个问题。由于掌握的事实不多，还不敢作出确定性的结论。

太田辰夫把用在度量衡单位后边的助词"来"叫做后助数词"来"，认为后助名词"来"是从后助数词"来"转化而来的。后助数词在唐代已经有了，它变为后助名词是在宋代。但因为它的来源是后助数词，所以，即使在作为后助名词，和名词一起构成修饰语时，也限于修饰含有数的概念的形容词即"大""小""长""短""远""近""重""轻"等。如：西湖瘦得盆来大。太田所举的"盆来大"，"盆"就是借用的度量衡单位。这类例子启发我们，"盆来"表示"左右"，而这类表示法在近代汉语就已经使用了。不过，太田的论说也有应该纠正的地方：这类说法所修饰的形容词是强态义的"大、小、远、重"等，而不是弱态义的"小、短、近、轻"等。

事实终判

本文章在突出强调一条原则："事实终判"。即以语言事实作为最终判定的权威依据。研究问题，必须在事实的发掘上多下功夫。因为，结论的可靠，决定于证据的真实充足，而过硬的证据，是事实。

"事实胜于雄辩"，这是颠扑不破的真理。不尊重事实，有意无意地"忽悠"事实、冒犯事实，再厉害的"雄辩"也不会鲜活，不会真的"厉害"。吕叔湘先生将自己的治学原则总结为："广搜事例，归纳条理，反对拣拾新奇，游谈无根。"笔者以为，做学问应该提倡风格多样，但是，吕先生的总结是很值得咀嚼、深思的。

（作者单位：华中师范大学语言与语言教育研究中心，原题《事实终判："来"字概数结构形义辨证》，宋晖摘）

新华文摘

半月刊

2013·13
创刊/1979 年 1 月

2013 年 7 月 5 日第 13 期　　农历癸巳年五月廿八　　第 112—114 页

新华文摘网址：http://xhwz.qikan.com　　国内统一刊号 CN　11-1187/Z

辞达而已矣
——论汉语汉字与英文字母词

邢福义

从秦代"书同文"算起，汉语书面通语已然走过了近两千年的途程。当今，出现了新的一景：使用英语字母形成热浪，令人注目。是简单地肯定，喝彩叫好，还是简单地否定，指摘排斥，皆不适宜。最好的办法，是大家进行深度思考，献计献策，然后集思广益，形成共识。

汉语书面语中出现外来词，自古有之。一种语言，只要跟其他语言密切接触，就难免出现外来词。据古代汉语专家和词汇学专家们的研究成果，可知汉语书面语从来没有中断过吸收外族语言的词语。汉语书面语的突出特点，是使用方块汉字。不管是繁体还是简体，都能帮助我们把同音的词语所表示的意思分辨清楚。比如：飞屑吸入人体致癌。（魏润身《挑搔》）｜而石头出也能治癌。（柳建伟《突出重围》）这里出现了"治癌"和"致癌"。二者的前一个都读 zhì。正是因为字的形体有所不同，才保证了不会引起误解。这是使用拼音文字的书面语做不到的。

汉语的词汇系统，对于吸收进入的外来词，历来有一定的规矩。这就是，要用汉字来转译。大体说，有以下情况：有时是译音，即用同音近音的汉字来转写外来词。比如英语的 taxi，译作"的士"，有声调，读为 dīshì。有时是译音兼译义。即用同音近音的汉字来转写外来词，兼顾表意。比如英语的 hippy 或 hippie，译作"嬉皮士"，有声调，读为 xīpíshì。有时是半译义半译音，即把一个外来词分成两部分，一部分译义，一部分译音。比如，把 ice cream 译作"冰激凌"。有时是半译音半译义，即把一个外来词分成两部分，一部分译音，一部分译义。比如，把 motorcycle 译作"摩托车"。有时是译音加类名，即在译音部分后边加上表示事物类别的汉字。比如，把 AIDS (Acquired Immune Deficiency Syndrome) 译成"艾滋病"。

在转译外来词的时候，汉语书面语往往注意发挥方块汉字的表意功能，使外来词汉化。比方人名的转译，尽可能在用字上分出男女。如美国作家 Benjamin Franklin 是男的，译为本杰明·富兰克林；美国作家 Willa Cather 是女的，译为薇拉·凯瑟。再比方事物名称的转译，尽可能在用字上显示人们的好恶心态。如 DDVP (dimethyl-dichloro-vinl-phosphate)，转写为"敌敌畏"，凸显这种东西之可怕。又如 TOFFL (Test of English as a Foreign Language)，指作为一门外语的英语测试，是出国留学生外语考试的一种，用来转写的汉字是"托福"，带上了企求顺利的色彩。

可以认为，汉语汉字系统如何对待和处置外来词，已经形成了具有特色的传统，进入了汉学发展的轨道。

当今世界，已经跨进信息化时代。全球的联系和沟通，已经离不开英文字母词。举个显而易见的例子：电子邮件已经成了不同国家人士之间联系与沟通的全球性重要工具，而电子邮件的发件人和收件人都不能不用英文字母词，不然，你的邮箱不能把邮件发到世界各地，世界各地的邮件也不能不进你的邮箱。

然而，我们现在需要关注的，不是电子邮件中用于为发件人和收件人的五花八门、各人随意自造的英文字母词；而是那些在不同程度上或在不同范围内见于汉语书面、并且显出活跃态势的英语字母词。这些字母词，应该如何评估？应该放在什么样的位置上才合适？

几类现象，可不讨论。第一，阿拉伯数字。不是汉字，但已为全球所通用。现在，无论表示数目，还是表示次序，在我国的报章杂志上，就一般情况而言，使用阿拉伯数字的频率高于汉语数字。比如，283 万元，大都不会写成二百八十三万元；《现代汉语词典》第 6 版，用 6 不用"六"。第二，起着特定作用的某些英文字母，比如游移泛代作用的 X，起表示次序的 a-b-c-d，起作为人物称呼的何 Q，等等。第三，非英文字母词。如 HSK（汉语水平考试），为汉语拼音的缩写。《现代汉语词典》第 5 版（2005）和第 6 版（2012）都在正文后边，以"西文字母开头的词语"为题，列出词条，分别解说。第 6 版所收词条 239 个，其中注为"英"的 197 个，未注国别的 34 个（如 AA 制、DNA 芯片等）。另外，注为"拉"、"法"、"日"的，各一个；注为"汉语拼音"的，共 5 个。

本文把视点集中在纯粹的英文字母词上面。这是因为，它们最能代表目前风起云涌活力洋溢的字母词。《现代汉语词典》所收的纯英文字母词，只是一小部分，没有汲取的还很多很多。比如，收入了 SCI（科学引文索引），没有收入 SSCI（前加 S 指社会科学），也没有收入 CSSCI（中国人再在前面加个 C 指中文）。在高等学校的文科领域，CSSCI 可是能否提职称、能否获奖励、博士生的学位论文能否参加答辩等等决定个人命运的一个极富"威慑性"的英文字母词。又比如，在一个层面上，不同学科各有习惯使用的英文字母词。现代汉语语法研究领域，会常常见到 NP（名词性词语）、VP（动词性词语）、AP（形容词性词语），本学科领域的人是无人不知的。假若稍稍放开收词的范围，便可以知道，英文字母词所形成的潮流，的确可以用汹涌澎湃来形容。

面对风起云涌的英文字母词，应该采取什么样的态度？

一方面，要看到英文字母词的语用价值。

存在就是现实，流行必有原因。英文字母词能够在各种场合，特别是在国家大报《人民日报》上面频频出现，如此现象，前所未有。不同的人，对其因由会有不同的感知，因而会做出不同的概括。我个人以为，总的说来，是由于英文字母词对使用者的美感引力。具体体

说，起码以下三点值得注意。其一，视觉引力。可以从字形上凸显某种事物，显得醒目突出。比如报道足球比赛："巴萨 vs 皇马"。谁对谁，特别明确。其二，新知引力。可以通过字形来解字义，增长知识。比如 GDP，指国内生产总值。我当过第 8、9、10 三届全国政协委员，每年两会期间，经常看到和听到这个词。我相信，相当多的人大代表和政协委员本来不知道何为 GDP，但接触多了，也就了解了，于是获得了所有国际性的新知。其三，心态引力。由于新颖而带国际味，因此可以引发人们心理上的高雅感和奇异感。这种感觉，在单位名称和产物品牌名称上，在汉语字词和英文字母词对照使用的时候，相当明显。有一种营养品，盒子面上，中间是"总统牌胶囊纤维"，其中是小一号字体的 TRT，下面是小一号字体的"蛋白质粉"。TRT 是什么，恐怕没几个人知道，可看起来觉得"有档次"。诚然，英文字母词不属于汉语汉字，不能进入现代汉语词汇系统。但是，可以把它看成是一支对来的特种生力军，让它配合汉语汉字，发挥其特定的作用。这是具有积极意义的。那么，英文字母词的使用，会不会引起汉语汉字的混乱？这不必担忧。上面提到的阿拉伯数字，也是外来的，它们在汉语书面语中的普遍使用并没有伤及汉字文化，因为汉语有汉语的应用规律，许多时候阿拉伯数字是使用不上的。比如"推三阻四"、"不管三七二十一"（撤开再说），其中的汉语数词，不能换成阿拉伯数字。又如，八十八岁叫作米寿，这是因为"米"拆开来是八十八；九十岁叫作白寿，这是因为"百"减去"一"是"白"。（参看张德鑫《数里乾坤》，北京大学出版社 1999）这样中华文化底蕴深厚的用法，阿拉伯数字能够干扰吗？

另一方面，要看到英文字母词的局限性。

英文字母词的使用，缺乏实实在在的群众基础。在内容上，英文字母词具有较大的学术性和行业习用性。从受众方面看，绝大多数字母词是看不懂的。比如 OLED（有机发光二极管），除了内行者，别说广大民众，即便是大学教授，特别是文科教授，恐怕能看懂的少之又少。从使用者方面看，各人分属不同的圈子。甲圈中人使用的，乙圈中人不一定能懂。比方现代汉语语法研究者使用 NP 和 VP，历史研究者可能不知所云。正因如此，英文字母词使用的数量和场合受到了制约。报章中，一般性的文化教育、时事政论等栏目中，较少见到。

语言是交际和交流的工具。两千多年前，孔子就已郑重指出："辞达而已矣。"（《论语》卫灵公第十五）朱熹《论语集注》解释道："辞，取达意而止，不以富丽为工。"老祖宗们提出并一再阐释的"辞达而已"，是反映语言应用发展规律的一条深刻学理、一个基本原则。广大群众看不懂的东西，其生命力是有限的。我们应该明确英文字母词这一弱点，运用时要想办法弥补这一弱点。请看这个例子：一季

度/123 家 IPO 排队/企业终止审查（题目）本报北京 4 月 1 日电（记者婿志峰）中国证监会最新公布的首次公开发行股票（IPO）申报企业情况显示，……IPO……IPO……IPO……（见《人民日报》2013 年 4 月 2 日）——IPO，什么东西呀？这个字母词，连《现代汉语词典》的"西文字母开头的词语"也没有收录。"股票"是个现成的词，为什么还要来一个 IPO 呢？这篇报道里特意选用 IPO，自然是为了取得上面说过的语用效果，不过，写作者也考虑了群众能否看懂的问题，因此首先写出"股票（IPO）"，然后再写"IPO……IPO……IPO……"，这个作法是可取的。

《中华人民共和国国家通用语言文字法》2000 年 10 月 31 日由第九届全国人民代表大会常务委员会第十八次会议通过，中华人民共和国主席令第三十七号宣布该法自 2001 年 1 月 1 日起施行。该法强调，"国家机关以普通话和规范汉字为公务用语用字。""学校及其他教育机构以普通话和规范汉字为基本的教育教学用语用字。""国家通用语言文字以《汉语拼音方案》作为拼写和注音工具。"英文字母词不是汉语里的词，也不采用汉语拼音方案，但毕竟参与了当今的中国语言生活，并且具有特定语用价值。这份资源，如何对待，如何汉化，应该引起国家管理部门的高度重视。

个人以为，有必要组织力量编写一部《英文字母词词典》。《现代汉语词典》已经开了一个好头，但"西文字母开头的词语"中收词过少，满足不了需求。比如 IPO 就查不到，CSSCI 就查不到。个人又以为，更有必要建立研究如何做好英文字母词汉化的工作。这是一种"汉化改移"。上面说过，我们已经有了两千年累积下来的外来词汉化改移的优良传统。仅就现代汉语而言，"敌敌畏"、"托福"之类的成功使用，就是明证。然而，近年来，这一传统忽然被丢弃了。难道是中国人变得低能了吗？绝对不是。像 GDP、DNA 这样的词，相当重要。讲到国家经济的发展，总要提到 GDP；讲到血缘关系的鉴别，总要提到 DNA。能不能将它们汉化，音译也好，意译也好，音译加意译也好，用汉字造出对应的词来，可以进入汉语词汇系统，也可以入汉语语音系统，这不是很好的事吗？当然，改移以后，原形的 GDP、DNA 之类仍然可以收入《英文字母词词典》。这可以表明，汉语汉字对外来的语言文字，具有多方面的包容力。汉学，或者说广义国学，在与时俱进的过程中，永远坚守继承与发展优良传统的立场。这传统，可以是古代的，也可以是近现代的。

【作者单位：华中师范大学语言与语言教育研究中心】

（2013 年 4 月 22 日《光明日报》）

第四章

媒体评说 助译其人

光明日报

2009 年 12 月 7 日　星期一　农历己丑年十月廿一　今日 12 版

光明网网址：http://www.gmw.cn　国内统一刊号 CN 11-0026　第 21860 号（代号 1-16）

读《语法问题献疑集》

汪国胜

邢福义先生的汉语语法研究系列论文集，已经出版了《语法问题探讨集》(1986)、《语法问题发掘集》(1992)、《语法问题思索集》(1995) 和《语法问题追踪集》(2008)。现在，第五个集子《语法问题献疑集》(2009)，又由商务印书馆出版了。这样，"探讨→发掘→思索→追踪→献疑"便组成了一条连环链索，反映出作者研究路数与理念的不断升华。

邢福义的语法论著，以"研究植根于汉语泥土，理论生发于汉语事实"而备受关注。《语法问题献疑集》主要收入 2002 年至 2008 年发表的文章，为作者 70 岁前后数年之所写，近 40 万字。"献疑"二字，用于一个特指义，这就是：献出自己古稀跨度时段对疑问的思考之所得。这部论著，显示了作者研究工作的日益老到，而尤其值得注意的是研究路数的递拓和学术理念的提纯。

首先，要特别提到"小句中枢"理论。这一理论在其研究路数中居于核心地位。最早提出这一理论的，是《小句中枢说》(《中国语文》1995 年第 6 期)，该文曾获湖北省社会科学优秀成果一等奖 (2001)；进一步发挥并实践这一理论的，是旗帜鲜明地宣言"本书的语法系统，是'小句中枢'语法系统"的《汉语语法学》(东北师范大学出版社 1997)，该书曾获中国高校人文社会科学优秀成果一等奖 (1998)，被引用的次数排在迄今为止所有语言学论著的第二位。"小句中枢"理论的提出，从一开始便引起了学界的重视。据不完全统计，有见于不同学者论著的评论 23 处，还有专题评论 3 篇。为了这一理论的完善，从 2004 年至 2005 年，《汉语学报》开辟专栏进行讨论，历时一年半，共发表了国内外学者的论文 20 余篇。作为这次讨论的开篇，邢先生发表了《研究观测点的一种选择——写在"小句中枢"问题讨论之前》，现已收入《献疑集》。该文对"小句中枢说"作了总体性描绘：认定小句在汉语各类各级语法实体中占据中枢地位；认定小句有"成活律"、"包容律"和"联结律"；认定"句管控"规约整个汉语语法面貌的大局；认定汉语句法结构具有兼容性和趋简性；认定贯彻和实践"小句中枢说"的主要思路和方法是"两个三角"。此外，还认定"词的入句显类和入句变类"、"动词核心和名词赋格"、"复句格式对复句语义关系的反制约"等等，都是"小句中枢说"的派生论断。该文标志着小句中枢理论建构成了一个系统，并且开始了一个新的发展阶段。

其次，要特别提到"两个三角"。所谓"两个三角"，一指"表里值小三角"，主张表里互证、语值辨察；二指"普方古大三角"，主张以方证普、以古证今。这是落实"小句中枢说"理论的研究思路和研究方法。先后出版的五部论集，无论在"两个三角"的宏观阐发上，还是在"两个三角"的具体应用上，其深度和广度都不断拓展。到了《献疑集》，更呈现出了两点特色：一点是，不仅小三角的"表里值"研究，而且大三角的"普方"研究和"今古"研究，都开展得相当全面而均衡。另一点是，突破"两个三角"的框架，进一步拓展视野。或者把视线投射到社会与文化，比如《在广阔时空背景下观察"先生"与女性学人》一文，从时间纵线上推测了"先生"用于女性的历史，从社会平面上考察了"先生"用于女性的广度，从语用效果上辨察了"先生"用于女性的价值，从文化底蕴上探究了"先生"用于女性的心态，从地域差别上考察了"先生"用于女性的歧异。或者把视线投射到中文信息处理。比如《新词语的监测与搜获》一文，论说新词语监测工程及其实施方略，就"对原有词语的筛滤·对原有词语之外非新现象的筛滤·对原有词语原有义项的筛滤"，一一提出设想，探讨如何才能建制出一套"获取新词语的多功能筛滤网"。或者把视线投射到国学。比如《国学精魂与现代语学》一文指出：以现代意识为前导，弘扬国学优良学风、深刻学理和有用成果，让国学精魂与现代意识结合起来，有利于实现民族文化的振兴，有利于助产中国特色的学问。此外，还有相继在《光明日报》国学版上发表的《"救火"一词说古道今》、《"人定胜天"一语话今古》、《漫话〈有所不为〉》、《"X以上"纵横谈》、《说"广数"》等文章。这类雅俗共赏的文章，既是语言学，又走出了语言学。诚然，邢先生在研究汉语语法问题的同时，还在有意识地做着"大语学"的研究尝试。

理论的创新，需要发掘事实；事实发掘的深入，需要朴学精神。这是本书的核心理念之一。作者强调：朴学精神即质朴的务实精神，表现为踏实而不轻飘，扎实而不浮华，老实而不虚夸，反映了中华民族数千年一以贯之的特质。

（作者单位：华中师范大学语言与语言教育研究中心）

114

光明日报

2001 年 6 月 14 日　星期四　农历辛巳年四月廿三　今日 06 版

光明网网址 :http://www.gmw.cn　国内统一刊号 CN 11-0026　第 18786 号（代号 1-16）

十年辛苦不寻常

匡鹏飞

在历史刚刚进入二十一世纪，当年文化语言学掀起的阵阵热潮已逐渐成为人们依稀的记忆的时候，邢福义先生主编的《文化语言学》时隔十年后增订再版了。它带给读者的，是从语言的棱镜中折射出的色彩斑斓的文化景观和从文化的世界里发掘的妙趣横生的语言现象，是关于文化语言学这门新兴学科及其相关问题的启示和思考。

对于文化语言学学科性质的不同理解会导致不同的学科体系，而《增订本》对这一重要的理论进行了更为深入的阐述。该书认为，根据研究对象可把学科分为两类：一类是研究某一事物性质的学科，可称为本体学科；一类是研究事物间关系的学科，可称为关系学科。文化语言学是关系学科，它既不是语言学的一个分支，也不是文化学的一个分支，而是有自己独特的研究对象和研究目的的独立学科。这样，该书就从语言与文化的相互关系的角度出发，沿用了初版"语言是文化的符号，文化是语言的管轨"两个并列部分的理论框架。由于该书探讨文化语言学的学科性质问题时，站在了学科划分的高度，因而它得出的"关系学科"的结论以及由此建构的学科体系就显得高屋建瓴、科学合理。

与初版相比，《增订本》无论是对语言事实的发掘还是对语言规律的提炼，均有新的创获。该书透过语言看文化时，始终牢牢地立足于语言事实，从中挖掘出隐藏着的文化内涵；在通过文化看语言时，又始终坚持从文化现象出发，由此概括出某些语言规律。

《增订本》比初版晚出了十年，这十年也是文化语言学从初步酝酿到盛极一时再到渐趋沉寂的十年。很好地总结这一段学科研究史，对它进行深刻的反思，有利于这门新兴学科今后的健康发展。《增订本》新增的"1988—1998 文化语言学的发展"一节，对十年来文化语言学的研究进行了全面、客观、冷静的评述。在高度评价了这十年的成绩的同时，也指出"在文化语言学的研究中，还夹杂着一些立异之心、浮泛之论、偏颇之辞，影响了文化语言学的健康发展。""我们呼唤成系统的、穷尽性的具体研究，呼唤与实践相结合的文化语言学理论。"这些评论都是实事求是、切中要害、发人深思的。

（作者单位：华中师范大学语言与语言教育研究中心）

中國教育報

2012 年 6 月 8 日　星期五　农历壬辰年四月十九　今日 03 版

中国教育报网址：http://www.jyb.cn　　　国内统一刊号 CN　11-0035

歪打正着，无名师指点，却成为语言学家；教导自己的团队"做蚂蚁，不做螃蟹"，打造语言学研究的重镇

邢福义：看透方块字的奥妙

通讯员　党波涛　邓天玉

1956 年，邢福义从华中师范学院中文专修科毕业

1964 年，邢福义与吕叔湘（左）合影

1988 年 5 月，邢福义在美国夏威夷大学讲学

邢福义（右二）和他的学术团队在一起，成员都是他的学生

■ 小传

1935 年，出生于海南省乐东县黄流乡。

1956 年，毕业于华中师范学院 2 年制中文专修科。

1991 年，出版最有学术价值的代表作之一《现代汉语》（主编）；同年，获国务院特殊津贴。

1995 年，出版专著《语法问题探讨集》；同年，被评为全国教育系统劳动模范。

1996 年，出版专著《汉语语法学》。

2001 年，出版专著和主编的《汉语复句研究》、《汉语语法三百问》。

2005 年，出版专著《语法问题思索集》。

2011 年，获得国家社科基金重大招标项目《全球华语语法研究》。

■ 语录

●抬头是山，路在脚下。

●句管控大于小句。

●做蚂蚁，不做螃蟹。

■ 学理闯，说话

中國社會科學報

2011年4月12日 星期二 农历辛卯年三月初十 今日03版

中国社会科学报网址:http://www.csstoday.so 国内统一刊号 CN 11-0274

护卫母语尊严

——访语言学家、华中师范大学资深教授邢福义

本报记者 宋晖

邢福义,海南乐东人,首批"荆楚社科名家"之一,华中师范大学资深教授、博士生导师、校学术委员会主任,教育部百所人文社科重点研究基地之一华中师范大学语言与语言教育研究中心名誉主任,教育部社会科学委员会委员,国家哲学社会科学研究规划语言学科组副组长,曾任中国对外汉语教学学会会长,湖北省语言学会会长,第八、九、十届全国政协委员。

编者按: 语言生活问题所涉甚广,在2010年10月9日第四届语言与国家高层论坛学术会议上,华中师范大学资深教授邢福义简略地提到母语尊严、语言理论与实践的关系和加强新语言事实的跟踪研究等,就这些问题,记者深入采访了著名语言学家、我校资深教授邢福义先生。中国社会科学报第178期第3版刊发了专访《护卫母语尊严——访语言学家、华中师范大学资深教授邢福义》。4月12日,人民网、中新网、搜狐等新闻门户网站进行了转载。《中国社会科学报》专访文章全文转载如下:

语言生活问题所涉甚广,在2010年10月9日第四届语言与国家高层论坛学术会议上,华中师范大学资深教授邢福义简略地提到母语尊严、语言理论

与实践的关系和加强新语言事实的跟踪研究等,就这些问题,记者深入采访了邢教授。

《中国社会科学报》: 当今这个时代,除了语言本体研究外,我们还应关注哪些和语言相关的问题?

邢福义: 国家的兴盛,不能不研究语言问题。除了本体研究外,时代让我们还要关注语言尊严问题。领土的完整、母语的尊严,这是一个国家的两大基石,或者说,是一个国家的两大标志。我们读过法国都德的《最后一课》,都知道语言的存亡对于一个国家的盛衰荣辱是多么重要。德国和法国都特别重视护卫母语的尊严。漫步德国大街小巷、牌子上的字写的都是德文。对于这一点,可能会有不同的想法,但是,德国人的"语言爱国"意识,无疑值得我们深思。

《最后一课》讲的是普法战争时期的事情。法国近况如何?2006年3月23日,欧盟春季首脑会议在布鲁塞尔开幕,一名法国商界领袖在会上讲英语,法国总统希拉克立即退席,同时退场的还有法国外交部长和财政部长。这样的"语言爱国"行为,令人肃然起敬。当今,在全球化大背景下,语言问题让我们面临"两难"。一方面,我们必须强调外语的学习,特别是英语的学习,因此,必须强调学生从小便接受双语教育。"双语"这个概念,在不同场合有不同的解释,但就全国性的校园教育而言,通常指的是汉语和英语。另一方面,在进行"双语"教育的过程中,我们必须强调始终贯穿爱国主义教育这条红线。从孔子的思想言谈到现在的科学发展观,数千年的历史证明,无论是理论的阐释还是科学的表述和形象的描绘,汉语都是世界上最丰富、最严密、最优美的语言之一。我们的"双语"教育,千万不能让我们的孩子从小就潜意识地认定别人的语言才是优雅的高级语言,而我们的母语则是不能登上大雅之堂的土俗语言。如果这样,将是我们教育的极其可悲的失败。那么,在这"两难"面前如何调整、如何应对,就成了我们需要研究的一个重大课题!

《中国社会科学报》: 当今语言研究的诸多理论与我们的实践似乎对应不上,就是说语言理论与语言实践在很大程度上是脱节的,不知您是怎么看待这

个问题的?

邢福义: 你说得很对,我们应该努力改变这种情况,促进语言理论和语言应用实践的接轨。语言应用实践,主要包括三大方面:第一,本国语言教育的应用实践,对象是本国学生和本国人;第二,对外汉语教学的应用实践,对象是外国学生和外国人;第三,计算机信息处理的应用实践,对象是需要学习掌握语言规则的计算机。

目前,我国语言学术刊物上,"主流"的理论跟我国语言应用的三大实践都存在衔接不上或者衔接不紧的问题。有位韩国教授跟我谈心,说她听了一些报告,感觉到报告的内容跟帮助韩国学生解决掌握汉语的问题存在距离。我以为,这种感觉的产生,是由于理论与应用实践相互脱钩,理论的套路和应用实践的需求没能连成一条顺畅的轨迹。"古为今用,洋为中用"的正确原则,我们应该旗帜鲜明地坚持,这一原则永远不会过时。国外理论的引进,是发展国语言学的重要途径,但是,对于包括语言学在内的人文社会科学来说,引进只是一个初始阶段,接下来还有一个更为重要的阶段,这就是本土化。

一种理论,引进以后,一定要让它在中国的土壤里定根生发。根深才能叶茂。墙头上的植物,没有深根,因而不可能长成参天大树。我经常阅读《中国社会科学报》,印象是许多学科,包括哲学、法学、经济学、社会学、历史学等,都在本土化上狠下工夫。中国语言学的发展,是否也要考虑外来理论的本土化,使之实现和应用实践的接轨呢?这应该是又一个需要研究的重大课题。

《中国社会科学报》: 语言事实是语言研究的根,这在学界是基本达成共识了。但语言事实并不是一成不变的,我们应该怎样对语言事实与时俱进地跟踪研究?

邢福义: 语言是发展变化的,有必要及时研究和总结。比如"给予"一词的读音,重要词典从过去的版本到最新的版本,都标注为 jǐyǔ,然而,读成 gěiyǔ 的人越来越多,是不是肯定读错了?从1991年至2005年,我参加过15年的全国政协会议,每年的大会发言,都特别注意发言者怎么读这个词。结果

发现,读 gěiyǔ 的人占多数。前不久,看新闻联播,听到一位中央领导同志的讲话,也是这么读的!2010年10月24日《楚天都市报》上发表一篇报道,题目是"万万谈自己眼中的父亲曹禺——他给戏剧生命,戏剧也给予他生命",其中前边的"给"和后边的"给予"同义,两个"给"都读 gěi,很容易接受,分别读成 gěi 和 jǐ,反而使人感到绕嘴。又如"代表"一词的意义,就用作名词的"代表"而言,各类专业性学术会议频繁举行,"特邀代表"、"一般代表"特别是"列席代表",只是表示"与会者"的意思,这种用法最起码已有二十多年的历史,可是重要词典的新版本都没有涉及。

对于网络语言的研究,我们也应该采取积极的态度。网络语言有的很难懂,属于特定小圈子的社会用语,但某些语词也突破了小圈子,逐渐为大众所接受,比如"粉丝"、"一哥"、"一姐"之类,可以使言语显得鲜活。2006年5月17日《楚天都市报》上发表一篇名为《粉丝沙龙》的文章,说的是有人办个粉丝小吃点,挂了个"粉丝沙龙"的招牌,结果吸引了大量"粉丝"来集会,赚了不少钱,让老板娘笑得合不拢嘴。"一哥"、"一姐",邓亚萍得乒乓球世界冠军时没这样的称说,后来,王楠到张怡宁,都被称为"一姐"。这类称说,有特定场合,亲兄弟姐妹之间,不会这么用。比如在家里吃饭,可以说"二哥,您吃菜!"对大哥,却不会说"一哥,您吃菜!"这就涉及名词的语义特征问题。有的网络篇章,或长或短,文体不一,然而极其生动风趣,极易流传。

时代的巨变,推动了语言的发展变化。汉语具有强大的生命力,经过时间的考验,好的说法会保留下来,群众不接受的说法会被淘汰,用不着担心。只是,网络语言的方方面面到底规律性如何,我们还缺乏深入的认识,表明我们的研究工作是相当滞后的。诚然,到底采取什么样的方式才能及时总结新的语言事实,以便跟上语言发展的步伐,这也是需要研究的重大课题。

中國社會科學報

2012 年 3 月 26 日　星期一　农历壬辰年三月初五　今日 B7 版

中国社会科学报网址 : http://www.csstoday.so　　　国内统一刊号 CN 11-0274

邢福义：语言学界的"老顽童"

姚双云

熟悉著名语言学家邢福义的人都知道，他从小就酷爱小说。四五岁时，他听祖父念读《薛仁贵征东》，听过之后，看其他旧小说，便能略懂大意。10 年前，他在海南黄流乡由母亲带着到处借书，读了包括四大古典名著在内的大量小说。从事汉语语言学教学与研究工作之后，他仍然经常读小说，并把金庸的所有作品全都读完了。他特别喜欢金庸笔下的老顽童周伯通。在《国学精魂与现代语学》一文中，他曾写道："（周伯通）这个文学形象，也许能够启发我们思考点什么。"

老顽童周伯通痴迷武功且能坚持不懈。他被困桃花岛 15 年，仍能十几年如一日不间断练武，靠的就是持之以恒的精神。最终凭惊人的毅力习得了《九阴真经》。

邢福义的恒心和毅力是出了名的。他常以"年年岁岁，春夏秋冬"来自勉。意为年年有四季，岁岁 365 天；四季意味着既有鲜花和温暖，更有冰雪和严寒。要有韧性，不然坚持不了漫长的春夏秋冬；要有承受力，不然适应不了千变万化的春夏秋冬；要自强不息，不然跟不上永远发展着的春夏秋冬。

这种坚毅刚强的品格和锲而不舍的精神使他克服各种困难，潜心科研。1994 年 3 月中旬，邢福义应东北师范大学出版社之约，撰写《汉语语法学》，合同规定 1996 年 6 月交稿。此后两年间，他给自己立了"法"：平均每天必须为这部书写一千字。假若哪一天没写，第二天一定得补炬；假若出差，回来后得按天数补起来。他说，如果放弃了这个要求，就等于自己为人做事的失败。

老顽童周伯通爱"拜师"，只要看到别人有新招，即使对方是十七八岁的小青年、小女孩，他都要说"我拜你为师"。

邢福义特别"善师"。一方面他善师于方家。从 20 世纪 50 年代起，《中国语文》每发表一篇有分量的语法论文，他都要反复"悟道"，潜心探究

他人的优点。由于经常如此坚持"偷学"，终于养成了于无言中求教于众多高明学者的习惯，众多高明的学者也就在"函授"中成了他的"导师"。在"偷学"中，他学会了用一只眼睛来看懂别人文章的表面、正面和一行行文字；用另一只眼睛用来探视别人文章的背面、反面和字里行间里隐藏着的奥秘。也学会了处处留心抓问题。由此，他也培养了捕捉论题的敏锐感。

另一方面，邢福义还善于在研究中巧用自身的优势。他常以家乡的俗语"猪往前拱，鸡往后扒"来自勉。意思是说，人总要活，不同的人有不同的活路。首先，要拱，要扒。拱和扒，意味着奋斗生存，求发展。其次，猪只能拱，鸡只能扒。猪有猪的特点，鸡有鸡的特点，这决定了它们各有各的办法。如果鸡往前拱，猪往后扒，猪和鸡都活不下去。再次，往前拱和往后扒没有优劣之分，关键在于怎么样才能发挥自身的优势。邢福义生于 1935 年（乙亥年），属猪，因此，他给自己定的"活路"就是："往前拱"。

老顽童周伯通不仅善武，也善教。他传授武功，能因材施教，采用启发式教育方法，循循善诱。在传授郭靖空明拳时，周伯通一改顽童秉性，严肃庄重而又耐心细致地启发郭靖，传授秘籍。在周伯通的循循善诱下，郭靖终于悟出空明拳以柔克刚之理。

邢福义也是既善师又善教的学者。他善于因人制宜引导学生不断发现新的问题，不断有新的开始。他上课不搞"满堂灌"，不用"宣讲式"。在指导学生的过程中，加强研究示范，避免教师、学生的研究工作互不沟通；在与学生接触中，注意发现他们的长处，诱发他们的潜在优势。在邢福义看来，只有让学生不断站到"问号"的起跑点上，才能使他们的才智闪光；在师生关系上他提倡亦师亦友，这样利于形成良好学风和氛围，因而利于人才的造就。

老顽童不拘小节、胸襟豁达。他常常和后生晚辈打成一片，人缘极佳，

深为大家喜爱。全真教的徒子徒孙自不待言，连晚辈郭靖也是他的结拜兄弟。

现实生活中，邢福义处处显示了虚怀若谷的大家风范和独特气质。他对身边的人总是秉持宽容大度的心态，对别人如此，对自己的学生更是如此。曾经有人问邢福义：您现在最大的希望是什么？邢福义总是这么回答：作为一个学者，我的最大希望是能够永远不断地自我超越；作为一个教师，我最大的希望是我的学生能够超过我自己，一个个都比我更会走路和爬山。如果到了那么一天，我没有力气了，坐在 20 米的高度上，听到上头大声地喊：先生，我们已经爬到了 40 米的高度！先生，我们已经爬到了 60 米的高度！那么，我会摸着白胡子欢快地说："呵呵，他们上去了！"

邢福义还能够以包容的眼光对待身边的事。比如，谈到日益盛行的网络语言时，邢福义说：对待网络语言，应宽容。任何事物都是发展的，网络语言的发展反映了时代的发展和人类思想的活跃，这种活跃会增强语言的功能；网络语言对传统规范语言确实有一定的冲击，但两者之间的关系是耦合。网络语言能否进入词典？这需要一个过程：语言的运用，群众是走在最前面；语言学家不是语言的指挥官，只是语言的解说员。

老顽童周伯通爱"自创"，潜心于琢磨，悟得了"双手互搏"、"空明拳"，创造出了许多令人意想不到的招式。此公的武功开始中等偏上，后来武功奇高，在"东邪、西狂、南僧、北侠、中顽童"的新"评估"中，占据中心位置，成了五绝之首的"中顽童"。

邢福义在学术研究中，不断追求创新。"文革"期间，他一遍又一遍地阅读苏联维诺格拉多夫、库兹明《逻辑学》一书，边读边联系汉语实际，检验逻辑定律和语言运用的联系和区别，得到了全新的认识。此后，他写出了《逻辑知识及其应用》一书。他还将逻辑方法引进汉语语法研究之中。

在该书的序言中，他写道：这本书，总算为自己的复句研究打了个句号，但是，句号只意味过去，却不代表终结。句号放大是个零，往前又是零起点！俄罗斯国际刊物《语言研究问题》2010 年第 2 期译载了他的一篇关于复句的重要论文，译者把他称为"汉语逻辑语法学派奠基人"。

在理论的建树上，邢福义常能推陈出新。如 1995 年提出"小句中枢"说，就是对前人理论的继承与创新。武汉大学的李芳杰撰文评价道："小句中枢说是对小句三论的引发和发展，无论是突破还是发展，其核心是创新。小句中枢说是富有创意的理论。"

古语云："苟日新，日日新，又日新"，"创新"二字在年逾古稀的邢福义的研究中从未间断过。2011 年，由他担任首席专家的"全球华语语法研究"项目已经启动。这是 2011 年度国家社科基金重大招标项目，其创新之处在于从全球视野下研究华语的变异情况，从而促进华语的交际畅通和国际传播，具有极高的理论价值和实际应用价值。

邢福义曾把作学问喻为登山，并以"抬头是山，路在脚下"勉励自己和学生。他说："眼里要有山。那山顶没有峨嵋佛影、昆仑雪莲、武当金顶、黄山奇雾，却有科学的圣光。但是，更要不停地迈动双脚。学术研究没有现成的路，必须脑指挥脚，眼引导脚，手帮助脚，靠着坚忍不拔的意志披荆斩棘，越岗攀峰，一步步地往前跨越。"这些肺腑之言值得青年后学好好揣摩。

2011 年 4 月 13 日　星期三　农历辛卯年三月十一　今日 05 版

湖北日报网址：http://hbrb.cnhubei.com　　　国内统一刊号 CN 42-0001

语言学家的责任是消除交流障碍

记者　李云清

第四章　媒体评说　助译其人

编者按：去年 11 月，我省命名表彰了首批 13 名"荆楚社科名家"。他们追求真理、爱国奉献、治学严谨、淡泊名利、开拓创新，积几十年甚至毕生之功所成就的研究成果，在国家和全省经济建设和社会发展的决策和实施中，产生了重大的社会影响。为彰显他们的精神和智慧，进一步提升我省社科实力，服务湖北跨越式发展，本报今起开辟专栏报道社科名家。

8 日，华中师范大学资深教授、我国著名语言学家邢福义先生在谈到网络语言规范问题时强调，语言学家不是语言警察，消除语言交流的障碍才是语言学家的主要任务。

面对五花八门的网络语言，尤其所谓的"火星文"，人们不乏争议。对此，邢福义先生有自己的见解。他说，对网络语言当然要引导和规范，但总的说应当持欢迎、肯定的态度。语言是群众创造、运用的，网络语言活跃是信息时代的必然产物，网络语言是我们这个大时代思想活跃的反映，同时也会促进汉语语言的丰富和发展。所谓的"火星文"，不必大惊小怪，那只是网上一个群体在特定语境下带私密性的交流方式。一些网络流行语来得快，消失得也快，汉语是有强大生命力的，好的东西积淀下来，不好的自然就淘汰了。

邢福义先生说，语言学家不能墨守成规，语言是为信息交流、文化传播、社会发展服务的，帮助人们消除语言交流的障碍，才是语言学家的主要任务。

谈及当下全民学英语，以及"双语"教育，而很多人汉语表达却出现障碍时，邢福义先生充满忧虑。他说，"双语"教育一定要贯彻爱国主义精神，必须教育学生热爱祖国语言，提高民族自豪感。一个民族的语言，是一个民族的标志。国家之所以为国家，一是有国土，二是有国语，语言的发展与国家的强大是息息相关的。

邢福义学术陈列室

2011 年 8 月 18 日　星期四　农历辛卯年七月十九　今日 05 版

湖北日报网址:http://hbrb.cnhubei.com　　　国内统一刊号 CN 42-0001

抬头是山　路在脚下

——著名语言学家邢福义教授的座右铭

文／图　记者　韩晓玲　实习生　徐　思

人物名片: 邢福义教授, 1935 年 5 月出生于海南岛乐东县黄流乡。华中师范大学现代汉语专业博士生导师, 我省首届荆楚社科名家之一。主攻现代汉语语法学, 也研究逻辑、修辞、文化语言学和相关的其他问题, 在多个领域取得了开拓性的成果, 一系列汉语研究理论在海内外产生重大影响, 曾担任中国对外汉语学会会长、新加坡教育部华文教材海外顾问、省语言学会会长等, 2001 年起, 被华中师范大学评聘为文科资深教授, 终身任职。

华中师范大学语言研究所的墙上, 悬挂着八字匾额: 抬头是山, 路在脚下。1981 年, 邢福义教授将这句座右铭书赠自己的第一届研究生, 后来成为所训。他为记者解释其中的含义: "一个人的眼里要有山, 又要不停地迈动双脚, 一步一个脚印走下去。"

76 岁的邢福义教授瞄准了一座更高的山: 今年准备启动 "全球华语语法研究" 的大项目。他认为, 过去研究汉语语法主要限定在国内, 而现在国家发展越来越快, 对世界影响越来越大, 非常有必要在全世界范围里来研究华语使用的情况, 从而站在一个更高的角度来看待汉语问题。"能用 50 年完成这个项目, 就很了不起了, 所以我们将分期分批进行研究。" 邢福义教授说, 在第一个 5 年中, 研究团队计划拿出一本 25 万字至 30 万字的调查提纲, 并形成 5 本书, 包括

中国的台湾卷和港澳卷、新加坡卷、马来西亚卷、美国卷, 为今后几十年研究打下基础。

说起各种语言问题, 邢福义教授侃侃而谈。谁能想到, 这位语言大家的书桌上和枕头边总放着字典词典, 生怕读错字、写错字和用错词。对此, 邢福义教授坦率地说: "由于缺乏最基本的训练, 几十年来我都在 '补课'。"

10 岁以前的邢福义, 由祖父教认字和读旧小说, 又由母亲带着到处借书来读。直到日军投降后, 家乡办起两个初小, 学生按作文水平分年级, 他被分到四年级。从此时算起, 他一生只在正规学校念过 10 年书, 最高学历是大专。

1954 年 9 月, 来到华中师范大学的中文专修科报到之后, 从小喜欢美术的邢福义曾想转到美术专修科学习。可是有一次翻看《语文学习》, 读到几篇讨论主宾语问题的文章, 他对语言里存在那么神奇奥妙的规律大感惊讶, 于是产生了浓厚兴趣。3 年后毕业留系当助教, 选择专业意向时, 他毫不犹豫地填写了 "汉语"——当时大家都不

愿意搞的一门被认为十分枯燥的学科。

此后在多年的学术生涯中, 邢福义教授一直用 "抬头是山, 路在脚下" 来训勉自己, 从而不断地改写 "爬山纪录": 由助教越级晋升为副教授, 继而擢为教授、博士生导师, 终成享誉海内外的著名学者; 1999 年, 在华中大创我国第一个以母语汉语为教学和研究对象的语言学系; 相继主持多个国家级重大科研项目, 多次获奖; 截至今年 3 月, 发表大小文章 450 多篇, 出版书籍 50 本 (个人独著 21 本), 其中超过六成是 1990 以后的成果……

"汉语语言学缺少形成体系的理论和方法。这些年, 学者们不断引进国外理论, 促进了学科面貌的不断更新。" 邢福义教授指出, 今后仍要

注重引进和介绍国外理论, 但绝不能生搬硬套外国理论框架, 然后塞进几个汉语例子来解释, 而是必须中国化、本土化, 坚持 "研究植根于汉语泥土, 理论生发于汉语事实" 的学术追求。

邢福义教授一直强调汉语语言学发展要跟上时代步伐。自然科学和社会科学的交叉与融合, 是 21 世纪科学发展的总体走向, 因此要努力改变传统汉语研究的纯人文状况, 重视汉语语法研究特别是汉语语法研究与信息处理的 "联姻"。

邢福义教授还强调语言是活的, 随着时代不断发展。对于网络语言, 他不仅持包容态度, 而且认为它让语言变得鲜活起来, 推动了语言发展。他举例说, 以前上课时告诉学生, 在汉语里面, 兄弟姐妹之间可以说二哥、二姐, 不能说一哥、一姐; 可是后来, 王楠和张怡宁都被称为乒坛 "一姐"; 现在, "一哥"、"一姐" 的说法非常流行。这类语言在特定环境里有使用价值, 而且显得新鲜活泼。

邢福义教授笑言: "语言学家不是语言警察, 而是 '导游'。我们何必要限制网络语言的发展? 这本来就是时代发展的产物。汉语具有强大的生命力, 经过时间的考验, 好的说法会保留下来, 群众不接受的说法自然会被筛汰, 用不着担心。"

近几年, 经常有人问邢福义教授: "您现在最大的希望是什么?" 他这么回答: "作为一个学者, 我最大的希望是能够永远不断地自我超越; 作为一个教师, 我最大的希望是我的学生能够超过我自己, 一个个都比我更会走路和爬山。"

邢福义教授深情地说: "如果到了那么一天, 我没有力气了, 坐在 20 米的高度上, 听到上头大声地喊: 先生, 我们已经爬到了 40 米的高度! 先生, 我们已经爬到了 60 米的高度! 那么, 我会摸着白胡子欢快地笑: 啊, 他们上去了!"

2011年10月24日 星期一 农历辛卯年九月廿八 今日04版

湖北日报网址:http://hbrb.cnhubei.com 国内统一刊号 CN 42-0001

汉语语法研究走向国际化

《全球华语语法研究》正式立项

记者 韩晓玲 实习生 郝静

昨日在华中师范大学,首届荆楚社科名家、著名语言学家邢福义教授欣喜地告诉记者:前不久在北京举行的国家社会科学基金重大招标项目(第二批)答辩会上,《全球华语语法研究》顺利地通过。

这个以邢福义教授为首席专家的重大项目,将改变过去研究汉语语法主要限定在国内的情况,而在全世界范围里来研究华语使用的情况。

邢福义教授介绍,提出该项目,一是为了适应国家发展的需要。当今国家强盛,华语的国际地位大大提升。开展此项目研究,有利于促进华语的交际畅通和国际传播,同时增强全球华人的民族认同感,增强华语成为全球华人大团结纽带的作用。二是为了有效回应国际华人学者的倡议。从2009年开始,新加坡著名语言学家、李光耀内阁资政的华语教师周清海教授多次发来邮件,希望将全球华语语法的研究提上日程。邢教授认为,这一倡议反映了世界华人的寄托和期待。于是经过两年多的准备,组织起一支内外结合、协同攻关的国际性研究团队。

语言是文化的载体。一种语言在国际上的影响力,决定于这个国家在经济、政治、文化、军事等各方面的影响力。邢教授指出,联合国使用的6种工作语言中,在国际上扩散力最强、影响力最大的两种语言便是英语和华语。目前,全球学习华语的人数逾4千万。"在东西方思想文化交流交融交锋比以往任何时候都更加频繁的当今世界,文化在综合国力竞争中的地位和作用更加凸显,我们要创新模式大力弘扬中华文化,推动中华文化'走出去'。"邢福义教授说,对全球华语语法进行全面考察,无论在国内还是国际上都是首次。这意味着汉语语法研究迈上了一个新起点,将从语言研究的角度,对中华文化的弘扬起到有力的推动作用。

湖北日报

2013 年 10 月 28 日　星期一　农历癸巳年九月廿四　今日 15 版

湖北日报网址：http://hbrb.cnhubei.com　　国内统一刊号 CN 42-0001

汉语语法规律的探索者

——记华中师范大学教授邢福义

汪国胜

邢福义，男，1935 年生，海南省乐东县人。著名语言学家，现代汉语专业博士生导师。《汉语学报》主编。国家哲学社会科学研究规划语言学学科组副组长，教育部人文社会科学研究专家咨询委员会委员，中国语言学会常务理事。湖北省首批"荆楚社科名家"。

1952 年 9 月至 1954 年 7 月，邢福义进入设在海口的广东琼台师范学校"专师班"学习。1954 年考入华中师范学院的中文专修科。一天傍晚，他在华师中文系资料室翻看《语文学习》杂志，读到几篇讨论主宾语问题的文章，立即被汉语语言神奇奥妙的规律深深吸引。于是，也试着思考一些问题，越思考兴趣越浓，觉得有一股子力量吸引着自己。1956 年 7 月，他毕业留校任教。从此，开始了在当时很多人都不愿意涉足的冷门学科——汉语语法规律的探求之路。

邢福义半个多世纪的为学历程，留下三个阶段性特点鲜明的脚印。

第一阶段：练步（1956—1965）。他把这一阶段的"练步"幽默地概括为"偷学"，即"不交学费而能学到知识和提高能力"。《中国语文》上每发表一篇重要语法论文，他都要潜心于"悟道道"：作者是怎么抓到这个题目的？是怎样展开这个题目的？在方法上有什么长处？在材料运用上有什么特点？以此博采众家之长。1957 年到 1965 年，他的 7 篇文章在《中国语文》上发表。

第二阶段：自悟（1966—1989）。这 23 年他主要作了三件事：第一，学会写好万字文，努力提高文章论实互动的厚度；第二，学会读好一本书，努力作到读别人的书是为了写出自己的书；第三，在建立学术根据地上下功夫，努力形成反映自己特长和优势的领域。这三件事，对他的进一步发展起到了重要的作用。

第三阶段：寻己（1990—今）。这个阶段，他对自己的要求是：注重学派意识，在理论与方法上进行探索，不仅要自己走路，而且要走自己的路，企求在学术研究中找到自己。1990 年开始，他提出了一系列具有原创性的学说。这就是：1990 年提出"两个三角"说，1991 年提出"主观视点"说，1995 年提出"小句中枢"说，2001 年提出"句管控"说，等等。他于 1997 年出版《汉语语法学》，"导言"中指出：本书的语法系统，是"小句中枢"语法系统。到 2013 年 5 月，他发表大小文章 476 篇，其中 1990 年以后发表 308 篇；出版书籍 50 本（个人独著 21 本），其中 1990 年以后出版 34 本（个人独著 15 本）。在中国高等学校人文社会科学研究优秀成果的六次评奖中，他四次获得一等奖，皆为独撰专著。另外，他还三次获得湖北省社会科学优秀成果一等奖，并获得国家级教学成果奖、中国图书奖、国家优秀教材奖等多个奖项。2001 年出版的《邢福义选集》，为季羡林主编《20 世纪现代汉语语法八大家选集》丛书之一，该丛书

2003 年获第六届国家图书奖。俄罗斯国际刊物《语言研究问题》2010 年第 2 期译载了他的论文《复句格式对复句语义关系的反制约》，称他为"汉语逻辑语法学派奠基人"。

邢福义有自我训勉二则：（一）抬头是山，路在脚下。他说：眼里要有山。那山顶没有峨嵋佛影、昆仑雪莲、武当金顶、黄山奇雾，却有科学的圣光。但是，更要不停地迈动双脚。学术研究没有现成的路，必须脑指挥脚，眼引导脚，手帮助脚，靠着坚忍不拔的意志劈荆斩棘，越涧攀壁，一步步地往前跨越。（二）年年岁岁，春夏秋冬。他说：年年有四季，岁岁三百六十五天；四季意味着既有鲜花和温暖，更有冰雪和严寒。要有韧性，不然坚持不了漫长的春夏秋冬；要有承受力，不然适应不了千变万化的春夏秋冬；要自强不息，不然跟不上永远发展着的春夏秋冬。

（作者系华中师范大学语言与语言教育研究中心教授）

湖北社会科学报

2011年8月15日　星期一　农历辛卯年七月十六　今日03版

句号放大是个零　往前又是零起点
——记杰出的汉语语言学家邢福义教授

简历和记事

1935年5月30日，邢福义出生于海南岛乐东县黄流乡。出生不久，家乡沦陷，日军占领期间，祖父教其识字。大概4、5岁的样子，听祖父念念《醉仁贵征东》、《水浒》、《西游记》、《三国演义》和《红楼梦》。1945年日军投降，家乡约起了2个初小，后一直应家乡就读。

邢教授1954年年级中年就读大学中文系专修科，1956年毕业后留中文系任现代汉语专业助教。1956年9月到1978年4月，当了22年的助教。1978年5月，越级提升为副教授，1983年11月，晋升为教授，1984年4月起，在华中师范大学语言学研究所工作，1986年4月起，任国家教委社会科学规划组成员，1998年起，任语言学科组副组长，1990年11月，分院学位委员会批准为现代汉语专业硕士生导师，1993年3月~2008年5月，连任第八、九、十届全国政协委员。1995年9月，被评为全国教育系统劳动模范，获人民政府。1997年9月起，任教育部人文社会科学研究专家咨询委员会委员及（后为教育部社会科学委员会委员），1999年2月，华中师范大学出口语言学界，任系主任，一年后由在任顾问继任，1994年4月~2002年3月，任中国对外汉语学会会长，2000年11月，华中师范大学语言主体研究中心被批准为教育部人文社会科学重点研究基地，任基地主任，到2010年4月由任国教授。2001年5月~2006年5月，任新加坡教育部顾问英文教材海外顾问。2001年起，校级导评聘为汉语深教授，身有任职。2002年1月，湖北省政府授予"湖北省杰出专业技术人才"称号。2010年6月起，任华中师范大学学术委员会主任。2010年11月，中共湖北省委员评为"荆楚社科名家"荣誉称号。此外，曾任湖北省育职组主席。湖北省语言学会会长、第一届冯修静学会副会长、中国语言逻辑研究会学术委员、教育部高等学校文科教学指导委员会委员、国家语委咨询委员会会员等职。

学者之路

邢教授走入汉语语言学研究，有些许的偶然性。他从小特别喜欢画画，后因经济原因，考取了华中师范大学的中专材做材。

1955年一个傍晚，邢教授在《语文学习》上读到了几篇讨论主宾语问题的文章，立即对诸言里存在的神奇而奥妙的规律大感惊讶。于是邢教授下定决心，立志研究语言。

回顾半个世纪走过的学术道路，从小时对文学、对数学的兴趣而能珍惜的时候起来对了10年，他积极"恰"学、勤奋自悟，直至"有我"的境界。

一、偷学（1956~1965年）：不交学费而能掌握自知识和提高能力

从参加工作起，他的不懈努力，在攻语《中国语文》上书写表一篇重要讨论文字，那就提是一道"创业一起新一发展"的轨迹——直接续步，接身了一定好处文章。作者是怎么那到这个题目的？是怎么展开这个题目的？在方法上有什么长处？怎么又能重点？靠"偷学"，经历"投稿一退稿一再投稿"的多次循环反复，1957年，时值22岁的邢福义在《中国语文》上发表了第一篇文章。

他将应阶段的收获总结为：1）一只眼睛用来看懂别人文章的表面，正面和一行行文字。另一只眼睛用来探探别人文章的背面、反面和字里行间里潜藏的奥秘。2）学会了处处留心抓问题，重视了捕捉论题的敏锐感，开始了最小问题研究的自我锤炼。

二、自悟（1966~1989年）

（一）学会写好了字文。"文革"前，邢教授在《华中师范学报》上发表过了2万多字的长文，但在《中国语文》上发表的，都是数千字的论文，这成了他的"心病"。1979年，他在《中国语文》第1期上发表《论定名结构充当分句》1万多字。自身湖北生成写《语言问题探讨》写作。从此邢教授深受鼓舞，发表文章文字彩。

（二）学会读多一本书。在这段期间，他读苏联诸格拉多夫、库慈明的《逻辑学》。又联系汉语实际，检验逻辑定律和语言运用的联系和事实的发展。

三、深化事实发现。一没有对事实的清楚了解，理论的创建难成为空中楼阁。然而，仅就谈语研究而言，对汉语的许许多多仍然认为理所当然了。那么研究工作正面靠事实与理论和应用的两面，研究了许多理论切合于事实做的发展，而任何过激都能做好了事实的检验。深化事实的发展，意味着一要多方面的含义。包括：从众多的事实中发掘出值得研究的事实；从值研究的事实中发现规律性，从所得细解中发现理论启蒙；总结出研究语言实践的经验。可以认为，汉语语法事实的深化研究越不可缺；也可以认为，汉语语法事实的发展本身，就是汉语语言研究。

四、踏上时代步伐。一自然科学和社会科学的立足于语言学。语言是21世纪科学发展的合作互相密切相关，汉语语言学工作者应该了解和考虑现代化的步伐，跟上时代的步伐，为我国语言文字信息处

陈文华 摄

学术人生

邢福义，语言学家。1935年5月出生。海南省乐东县人，华中师范大学文科资深教授，华中师范大学学术委员会主任，教育部社会科学委员会委员，国家哲学社会科学规划组语言学科组副组长，主攻汉语语法学，也研究逻辑、修辞、文化语言学和其他问题。其论著三次获得全国高校人文社会科学秀研究成果一等奖，三次获得湖北省人文社会科学优秀研究成果一等奖。2001年出版的《邢福义选集》，为季羡林主编《20世纪现代汉语语法八大家选集丛书之一》。2010年11月，入选湖北省批"荆楚社科名家"。

理出义不容辞的贡献。为此，应该强调"两个意识"（世界意识和现代意识）和"两个沟通"（本土语言研究内部的沟通和自然语言研究的现代运用的沟通），戒励，勿力进行学科的更新改造，改变传统汉语研究的纯人文状况，重视汉语研究特别是汉语语法研究同信息处理的对接，使之在更广阔的天地里实现研究工作的实绩。

五、认准一个目标。一我国的汉语语法研究，始终指向汉语语法事实的客观规律性，这是可贵性的创造，语言有共性，不研究语言的共性，无法建立能够全面解释全人类语言的普通语言学。然而，缺少了有恒性，语言共性的认识，必须建立在对各种语言的特性具有深刻认识的基础上。对于汉语语法研究来说，不能满足于了解和使用别人已经建立的理论和框架，要真正做到圆满中的成长、语言共性和汉语特性的研究和补充、二者之间相互促进、互为条件的关系，系必须处理好，揭示汉语语法的客观规律，建立起符合汉语规的反映自己风格和流派的汉语语法学，这是能的应该认真去对待，否则，汉语故乡的汉语语法学，就会永远处于不能跟别人平等和事实一起探讨科学问题，而在科学面前是人人平等的，是可以教学相长的、师生之间发挥学术长才，有利于形成良好学风和风旗，有利于人才的造就。

作为学者，邢教授最大希望是不断自我超越；作为一名教师，邢教授最大希望是学生能够超越他。

名家访谈

谈及盛行的网络语言——语言专家不是语言的警察，是语言的向导。

邢福义教授说对待网络语言应宽容和宽宏的态度。任何事物都是发展的，网络语言的发展反映了时代的发展和人类思维的活跃，这种活跃程度愈应促进语言的功能。

网络语言有传统规范语言正确表有一定的中庸，但两者之间的关系应该超越。网络语言由群众创造，并逐渐在群众的运用间发展的，它的发展一方面与飞速发展的信息时代有关，另一方面与具有强大生命力的汉语自身愈然存在速生成的现象。但是任何一种语言现象若是得到时的趋势的，自然会大澜澜的，留下有生命力的东西。如果一个网络词汇成为日常用语，有时代特征、且仅有更好的词语代替它，就可以用消去"警察"的角色。

语言是以群众为基础，群众总是走在最前面。语言学家不是语言的警察，不仅要做引导的，语言学家更为敏锐愈。不仅要研究问题，还要跟踪群众、语言及发展的。进而的命运，有必要及时研究后起者。比如"给予"一词的读音，词典从过去的版本到最新的版本，都标注为jǐyǔ，然而，读成gěiyǔ的人越来越多，也许将来会有所修改了。可见语言规范是由人制定的，根据群众的语言习惯，从群众中来到群众中去，从实验中来到实践中去。

谈语言的功能——为整个世界语言的发展

语言学家的出现以后，跟着语言的发展研究事实，搭写语言规则的人。语言学家的出现是根据历史的需要产生的，但语言学家具有制定规范和修改颁词字的功能，但任何修改都是发展的。

针对当今语言理论与应用逐步兴起的现状，邢福义教授在理论技术应用实践的桥梁，构建应用逻辑的需求应适成一条畅畅的机构轨迹。

8月，邢教授的一个"全球华语语法研究"项目即将启动，他认为华语要向世界推广"，必须坚守了解社会现象的运用，在研究汉语语言学时他提倡"古为今用、洋为中用"的原则，引进国外理论是要有了解全面的、本土化的阶段，他说："不研究语言的共性，就无法建立能够全面解释全人类语言普通语言学。同时，中国是汉语的故乡，如果没有对汉语反映自己风格和成就的语言特点，就会永远处于不能跟别人平等对待的附庸地位。"

在谈及当前的教育需求推力与民族精神时，他认为，"弦上的现象，教育对民族精神，他认为，"弦上的现象、教育的尊严"，这是一个强大国家的两大标志，或者说，是一个强大国家的两大标志。因此中国的双语教育和语言教育是要更加爱国主义精神，"语言爱国"值得我们珍视。

针对语言家的和恢复繁体字的热点问题，邢教授认为为简体字的实质，是与字发展的趋势和势。他认为一方面全体字都够使学习更好掌握和掌握，他主张繁体字的人要认识繁书中，用倡了繁体字的人要认识繁体字。

语言既是古老和新兴的社会有所相信。研究国家语言是具有普通性的道理。研究国如"已所不欲、勿施于人"，不管何时何地，做人数事，研究者的言判具有特定的语用适应性，如"大器晚成"和"厚积薄发"，归根结底，对待国学要思辨看待。

汉语语言学发展思考

在50余年的学术生涯中，邢教授总结了如下思考。

一、提倡学派意识。一经过一代代学者的不懈努力，我国的汉语言学迫着"创业一创新一发展"的轨迹——直接续步，接身了一定好处文章。面对新的理论分法和科技手段，应该以科学精神反复验证，不应大而化之。写文章，一定要让读者懂、信得过、用得上。回顾研究中懂到的种种问题，解释研究中懂到的种种现象，可以利用这种基样的研究的理论，有且出发、但是、学不定位、求变测通，进无定格，用上学识，这开发，不管从什么样的理论出发，都必须以解决实际问题为最终目的，以提高研究成果的实践性为目的。

二、加强理论建树。一"研究权威于汉语词汇上，对汉语的许许多多仍然认为理所当然的，学科理论的建树。多年来，学科理论的不断引进国外理论、促进了学科面貌的改变。新理论、新观点、新材料、是学者们对材料研究的对象，深入地进行独立思考、开和性思考成果可以形成，而学术流派的形成，起码要具备三个条件。其一，开辟了富于创造性和的研究方向、其二、提出了标志性的理论。有自己成套的研究方法；其三、显示了鲜明的治学特点、有传承并且且经日益壮大的学者够越不同时的学者的认信。审视当为现状，差距甚大，因而特别需要培养学派续进的当力军。

三、强调朴学精神。—朴学精神表现为朴实、实在、讲实证。其具体来事人人的精神，反映了中华民族神质的最具生命力的一种学风。做研究，应该按科学精神反复验证，充分占有材料，据实思辨，不应滚而过之。面对新的理论分法和科技手段，应该以科学精神反复验证，不应大而化之。写文章，一定要让读者懂、信得过、用得上。

四、踏上时代步伐。一自然科学和社会科学的立足于语言学。

七、寄希望于将来。一"后来居上"，这是一种理性的发展观。理想和现实之间存在偏大的距离。学说性成就，学科理论的建树，语言事实的全面汇展，适应时代要求的学科新系真正符合汉语要的，汉语语言学工作者历生长的历史沉淀，有一辈辈群贤。曾经历的历史勾渐之移山的汲力精神。愚公不是孤思来道，他把自己"愚公"与儿众强壮、儿众成就的团队结合，重要理论的否定之否定、理维再提，时而寄到知寿和发扬光大，寄望希望于将来，寄希望于将来，是因为更寄望希望于将来。

学者风范　良师益友

邢教授自1958年正式登上大学讲台，1981年开始带硕士研究生，1991年开始带博士研究生，几十年来，他一直恭谦着己心，一个好的大学教师，一方面也一辈子的学者，另一方面又必须是一个好的长者。在教学方面，他有自己的行为规范。

引导学生始到同号的起点之上。句号放大是个零，同号过嚼嚷测，邢教授要求自己，一定引导学生同等号，在指导学生的过程中，加强研究示范，避免教师的不同，研究工作同学生心灵工作互不沟通，注意发现他们的长处，诱发他们的潜在优势。

师生关系，亦师亦友，教师要起"指导"的作用，首先必须是"师"；另一方面，教师要与学生一起探讨学术，探讨人生。

（陈文华采写）

学术年表

1956年　毕业于华中师范学院中文系2年制中文专修科。

1972年　与高庆赐合作，由湖北人民出版社出版著作《现代汉语语法知识》。

1978年　由助教越级提升为副教授。

1979年　湖北人民出版社出版著作《逻辑知识及其应用》。

1980年　湖北人民出版社出版著作《现代汉语语法知识》。

1981年　甘肃人民出版社出版著作《词类辨略》。

1983年　晋升教授。

1985年　黑龙江人民出版社出版著作《复句与关系词语》。

1986年　湖北教育出版社出版《语法问题探讨集》。1989年该书获湖北省社会科学优秀成果二等奖。

1988年　3~5月，以"访问教授"的身份，赴美国夏威夷大学讲学。

1990年　湖北教育出版社出版著作《文化语言学》（主编）；人民教育出版社出版著作《形容词细语》。

1991年　高等教育出版社出版著作《现代汉语》，此书获国家政府特殊津贴。

1992年　湖北教育出版社出版《语法问题探索》。1995年，该书获首届中国高校人文社会科学研究优秀成果一等奖。

1995年　北京语言学院出版出版《语法问题思索》。《邢福义自选集》获第二届国家图书奖优秀图书；《现代汉语》（主编），获第三届普通高校优秀教材二等奖。

1996年　东北师范大学出版社出版著作《汉语语法学》。

1998年　《汉语语法学》一书获中国高校第二届人文社会科学研究成果一等奖，获第十一届中国图书奖。

1999年　北京语言文化大学出版社出版著作《汉语语法九个问题》（主编）。

2000年　湖北教育出版社出版《文化语言学》修订本（主编）；华中师范大学出版社出版著作《公关语言》（主编）。

2001年　商务印书馆出版著作《汉语语句研究》；东北师范大学出版社出版著作《邢福义选集》；《文化语言学》增订本获第五届国家图书荣誉奖。校级导评聘为大科资深教授，终身任职。应聘担任新加坡教育部华文教材海外顾问。

2002年　商务印书馆出版著作《汉语语法三百问》；高等教育出版社出版著作《现代汉语语法修辞专题》（主编）。

2003年　商务印书馆出版著作《词类辨略》修订本；华中师范大学出版社出版著作《邢福义学术论著集》获第八届社会科学优秀成果奖一等奖；《汉语复句研究》获武汉市第十二届社会科学优秀成果一等奖。

（本版由党波涛供稿，陈方华采编）

走近荆楚社科名家

楚天都市报

2011年3月14日　星期一　农历辛卯年二月初十　今日 B8 版

楚天都市报网址:http://www.ctdsb.cnhubei.com　　国内统一刊号 CN 42-0035

B08 开卷周刊

影集　主编　刘我风　视觉　汪芹

楚天都市报
2011.3.14 星期一
责任编辑　刘我风
美术编辑　汪芹
电话：88777777
E-mail：crazywf@263.net

名家名片

邢福义生于1935年，海南省乐东人，华中师范大学文科资深教授，博士生导师，为教育部社会科学委员会委员，国家哲学社会科学研究规划语言学科组组长，教育部人文社会科学重点研究基地语言与语言教育研究中心主任，主攻现代汉语语法学，也研究逻辑、修辞、文化语言学和其他问题。1995年、1998年、2006年，其著作3次获得中国高校人文社会科学研究优秀成果一等奖，此外，还3次获得湖北省人文社会科学研究优秀成果一等奖，并且获得中国图书奖和国家级教学成果奖。国家优秀教材奖等多个奖项。2001年出版的《邢福义选集》，为季羡林主编《20世纪现代汉语语法八大家选集》丛书之一，《丛书》2003年获第六届国家图书奖。2010年11月，被评为"首届荆楚社科名家"。

邢先生1935年出生于海南，祖宅离"天涯海角"和"南天一柱"不过数十里。

本报记者 刘我风
通讯员 党波涛

大器须早成

首届荆楚社科名家邢福义博导谈成才

自去年底，记者一直在联系访评为"首届荆楚社科名家"的华中师大文科资深教授邢福义先生，但先生既有自己既定的研究计划，又要照顾瘫痪卧床15年的妻子，因此一直非常低调地和蔼地保持着距离，直到上周四，记者才在华中师大的博导楼里找到邢先生。

1995年之前的36年里，先生一直住在武昌华林一栋老旧的公寓楼里。近些年搬进博导楼以后，家中那股"处处见先生"、出则汗牛马"的藏书终于有了一个舒展的书房，先生接待采访者也有了一个宽敞明亮的起居室。记者进门时，先生坚持不让换鞋，"人不如为物役"，电脑一打开，立即进入活泼的讲课状态。

祖父启蒙
识字自《薛仁贵征东》始

先生出生不久，家乡沦陷，父亲参加黄埔军校14期，再回乡已是12年之后，家中全靠祖父支撑。

祖父当过药重，后来开个小杂货铺，算乡村知识分子，日占期间，祖父教他认字，让只有三四岁的邢福义坐在膝盖上听德之《薛仁贵征东》。说起来一般人不相信，如此一本《薛仁贵征东》读完，不过4岁的邢福义便什么书都能读了，10岁之前，他读完了村子里所有能找到的旧小说。

抗战胜利后，家乡办起了小学。入学时只考作文，按写作程度分年级，结果邢福义分到四年级，哥哥倒被分到了三年级，老师看哥哥过意不去，便把哥哥能上学的小学美术教师，主要是学画画，想毕业后能当个小学美术教师，中师毕业时学校却让他考大学，虽然喜出望外，但因为家庭经济困难，他

1954年初到武汉（昌），第一次穿的一双女式鞋

海南祖宅

1986年国庆全家福

读书 10 年
博导学历只是大专

邢先生自小身体羸弱，祖父临终前都在叮嘱家人，"不要让阿义读书"——怕他把身体读垮决定报考时间较短的二年制专修科；又因为喜欢画画，决定报考华中师范学院的美术专修科。

按照要求，考美术必须加试"术科"，而要参加"术科"的加试，必须去广州，邢里才有考点。邢福义没有去广州的路费，思来想去，决定报考华师的中文专修科，希望考取后再转到美术专修科去。

1954年9月、19岁的邢福义来到武汉，从来只穿木屐的海南小伙第一次穿上了旺鞋，他在华师中文专修科报到后，提出转到美术专修科去，没有得到批准。好在他对文学也很有兴趣，于是安下心来学习。

1956年，邢福义大专毕业，这是邢先生到目前为止的最高学历。从小学到初中，从中师到大专，这位华中师大中文系的首位博士生导师，在学校里一共只读了10年书。

大器早成
22 岁薄积薄发

邢先生说，他走上汉语语言学研究之路，有相当大的偶然性。

1955年的一个傍晚，他走进中文系资料室，翻看一本《语文学习》，读到了几篇讨论主宾语问题的文章，立即对语言里居然存在那么神奇奥妙的规律大感惊讶。1956年7月中专修科毕业之后，中文系领导宣布把他留在系里当助教，要求他表明希望分到哪个专业。他毫不犹豫地选择了"汉语"——当时大家都不愿意的一门被认为十分枯燥的学科。

开始作为现代汉语专业助教时，邢福义学历比同事们低一两个层次。那时候，家乡的一句俗话对他起了作用。于是，他开始"偷师"，以《中国语文》为"函授教材"，以望编论文的作者为"未见面的老师"，既研习材料的内容，更琢磨老师的方法，处处留心，充分发挥两只眼睛的功能。抓住问题，做个专题研究，1957年，22岁的邢福义在《中国语文》上发表了文章。至"文革"前《中国语文》停刊，他连续发表7篇重要论文，引起吕叔湘等前辈学者的特别关注。

邢先生反对"大器晚成"这种说法。他说，"大器晚成"是一些人为自己的惰性找借口，20岁左右是人生创造力最旺盛的时候，年轻人千万不要拿什么"厚积薄发"所述道——积一点就发一点嘛。大器就应该早成。

过了10年"偷师"岁月，邢先生在学术道路上又经历了23年坐冷板凳的"自悟"阶段，如今已进入学术上的"有我"状态。到2011年3月，他发表文章、论文450多篇，出版书籍50余本（个人独著18本）。入选"20世纪现代汉语语法八大家"，被俄国际刊物称为"汉语逻辑语法学派奠基人"。

详见《楚天都市报》2011年3月14日第38版开卷周刊

楚天都市报

2011 年 4 月 12 日　星期二　农历辛卯年三月初十　今日 B3 版

楚天都市报网址 :http://www.ctdsb.cnhubei.com　　　国内统一刊号 CN　42-0035

邢福义：语言学家不是语言警察

本报记者　朱玲　通讯员　党波涛　摄影　陈勇

1935 年 5 月出生，海南省乐东县人。华中师范大学文科资深教授，校学术委员会主任，教育部社会科学委员会委员，国家哲学社会科学研究规划语言学科组副组长。主攻汉语语法学，也研究逻辑、修辞、文化语言学和其他问题。其论著三次获得全国高校人文社会科学优秀研究成果一等奖，三次获得湖北省人文社会科学优秀研究成果一等奖。2001 年出版的《邢福义选集》，为李美林主编《20 世纪现代汉语语法八大家选集》丛书之一种。2010 年 11 月 16 日，中共湖北省委命名表彰的首批"荆楚社科名家"之一。

"网络语言反映了时代的发展和思想的活跃，也会促进语言的发展，我觉得应持欢迎态度。"日前，邢福义先生在华中师范大学接受采访时，他对网络语言的宽容，瞬间拉近了先生与一众年轻记者的心理距离。"语言是群众创造、运用的，把它们运用轻松、愉快一点有何不好？语言学家可不是语言警察。"先生的微笑感染了在座所有人。

在邢福义先生眼里，语言是活的，随着时代不断发展。"语言学家是语言出现之后，跟着其发展去研究、描述其规律的人。"为跟上语言的发展变化，先生从 1990 年就开始学习计算机，"我的 PPT 做得还不错，还会剪辑录像。"直到现在，先生仍广泛阅读小说，目的是从中学习新词。

在先生看来，对信息语言的研究，找出人机对话的语言规律，是摆在我国语言学家面前的一个难题，"汉语的很多语法事实，我们还没接触到，甚至是研究的空白。"

先生表示，活泼跳跃的网络语言，并不会对汉语造成多大影响，相反眼下的双语教育值得反思。"双语教育本来是为了培养人才，让自己的国家更强盛，却让孩子认为英语是更优秀的语言，汉语反而成了老土的语言。"邢福义先生说，很多人都记得都德的《最后一课》，我们的双语教育也要贯穿爱国主义精神。

邢福义先生一生只在正规学校念过 10 年书，最高学历是大专。到 2011 年 3 月，共发表文章、论文 450 多篇，出版书籍 50 余本（个人独著 18 本）。先生有自我训勉数则："抬头是山，路在脚下"、"猪往前拱，鸡向后扒"、"年年岁岁，春夏秋冬"、"句号放大是个 0"。先生强调：人要立志，立了志，就要求成。踏实前进，抓紧光阴，全力以赴朝目标迈进。先生喜欢金庸笔下的老顽童，"周伯通拜过很多人为师，不管是他的前辈还是后辈，只要能教他新的东西，这才是活到老学到老。"

楚天都市报

2011 年 8 月 22 日　星期一　农历辛卯年七月廿三　今日 A4 版

楚天都市报网址:http://www.ctdsb.cnhubei.com　　国内统一刊号 CN 42-0035

国语的尊严是强大国家的标志之一
邢福义：助推华语向全球推广

本报记者 陈博雷　**实习生** 余婷婷　邹　龙　张　程

人物名片： 邢福义，华中师范大学文科资深教授，我省首届荆楚社科名家之一。生于 1935 年，主攻现代汉语语法学，也研究逻辑、修辞、文化语言学等。

　　"领土的完整，国语的尊严，这是一个强大国家的两大基石，或者说，是一个强大国家的两大标志。" 8 月 12 日，在著名语言学家邢福义教授（如图）的办公室里，他兴奋地告诉记者："全球华语语法研究"项目即将启动。为这个项目，他和他所带的团队已足足准备了两年。

　　邢福义介绍，以往，汉语言的研究只限定在中国国内，有着诸多制约。现在中国要走向世界，华语要向世界推广，因此要了解全世界华语的使用情况。

　　"不研究语言的共性，就无法建立能够全面解释全人类语言的普通语言学。同时，中国是汉语的故乡，如果没有建立起反映自己

风格和成就的汉语语法学，就会永远处于不能跟别人平等对话的附庸地位。"在此责任意识下，邢福义深刻探讨汉语言内在特性，被俄罗斯期刊誉为"汉语逻辑学派的创始人"。

　　邢福义与汉语言研究结缘半个多世纪。少年时，他梦想成为小学美术老师。1954 年，他被华师中文专修科录取后，曾希望转到美术专修科，可惜没被批准。一个偶然的机会，他在资料室翻看书籍，被几篇讨论主宾语问题的文章所吸引，"原来语言里居然存在那么神奇奥妙的规律！"邢福义饶有兴致地试着思考有关问题，越思考兴趣越浓，就这样走上了语言研究的道路。

　　虽为语言学大家，邢福义其实只接受过大约十年的课堂教育，但他勤奋异于常人。多年来，他一直没有星期天、寒暑假，更多收获来自于自学。至今，他发表文章、论文 450 多篇，出版书籍 50 余本（个人独著 18 本），其中《汉语复句研究》一书近 50 万字，曾获得中国高校第四届人文社会科学研究优秀成果一等奖等三项大奖。

　　邢福义说，学者要牢记自己肩负的责任，为人第一，为学第二；文品第一，文章第二！

楚天金报

2011年3月20日　星期日　农历辛卯年二月十六　今日A24版

楚天金报网址:http://www.ctjb.cnhubei.com　　国内统一刊号 CN 42-0102

眼中有山　越涧攀岩
胸怀当代的语言学家邢福义

本报记者 饶 超　通讯员 党波涛　实习生 冯 彬

邢福义，华中师范大学文科资深教授，博士生导师。主攻现代汉语语法学，也研究逻辑、修辞、文化语言学和其他问题。教育部社会科学委员会委员、国家哲学社会科学研究规划语言学科组副组长、教育部人文社会科学重点研究基地语言与语言教育研究中心主任，2010年11月16日，入选湖北省首批"荆楚社科名家"。

邢福义（右）和吕叔湘先生

谈成长——
祖父膝盖上的启蒙教育

邢福义生于海南岛乐东县黄流乡，很多资料显示他的出生日期是1935年5月30日。"其实，记录我出生的日子，用的是阴历，论阳历，却是当年的6月30日。上学时不知阳历，按阴历填表。于是阴历的日子便一直被当作阳历的日子，定格在了档案里和户口簿、身份证、护照之上。"邢老笑着告诉记者。

在他出生不久，海南岛就被日军占领，国难当头，祖父带着尚在襁褓中的邢福义，从此投身抗战，八年不能谋面。年幼的邢福义在家由祖父

照看，随着年事见长，祖父经常把他放在膝头，读小说给他听。"其实祖父只是当过药童，后来开个小杂货铺，略略认得一些字。他教我认字，只是整体地认，不讲究什么认模搬搬、部首偏旁、笔画笔顺、正字正音。他带着我读旧小说，只是用属于闽方言的海南黄流话猜着读，不求'字字过关'。"由于缺乏最基本的训练，几十年来邢福义都在"补课"，书桌上和枕头处总是放着各种字典词典、辞源、辞海等错字和用错词。语言大家翻翻字典来认字？听起来不可思议，但邢福

义多年来已经翻破了好几本字典。

据邢老回忆，祖父给他读的小说从《薛仁贵征东》、《杨家将》开始，逐渐扩散到《三国演义》和《西游记》之类。"说来简直难以相信，我基本就能猜着大意读下来了。"到最后，村子里能借到的旧小说，几乎全被邢福义搜罗读完了。10岁入学时，要写写作课分班级，凭着扎实的文学功底，邢福义直接进入最高的四年级，而他的哥哥反倒分在了三年级。

谈求学——
"偷学"成就的语言大家

其实，少年时期的邢福义，梦想只是成为一名少年美术老师。1954年9月，他被华中师范大学的中文专修科录取后，曾希望能够转到美术专修科，可惜没有被批准。"1955年的一个偶然，我选进中文系资料室，翻看一本《语文学习》，读到了几篇讨论主语问题的文章，立即对语主居然在哪么种奇奥妙的规律大感惊讶。于是我也试着思考一两个问题。于是，越思考越着越深，觉得有一股子力量吸引着我。"就这样，他走上了语言研究的道路。

谈学科——
"语言学不是修改病句"

邢老是个电脑迷，每天上网都有十几个小时，有时候他都跟医生顾不上吃。"语言学决不是帮别人改改病句，语言学也要有现代化。"邢老说。

邢老介绍，无论是美洲新大陆的发现，还是二战时期的战争需要，语言学都曾发生了巨大的历史作用。上世纪80年代之后，随着计算机的问世和发展，语言学的历

身为语言学大家，邢福义其实只接受过大约十年的课堂教育。更多收获来自于口学自悟。"我的学术之路，大概可以分为'偷学'、'自悟'和'有我'三个阶段，我把不交学费，而能学到的方式称为偷学"，邢老笑着说。他所谓"偷《中国语文》这本期刊说起。

《中国语文》是1952年创刊的语言类权威期刊，也是邢福义自学的"课堂"。从1956年参加工作起，该刊物每发表一篇重要的语法论文，邢福义都要潜心于"借道"，作者是怎么抓到这个题目的？是怎样展开这个题目的？在方法上有什么长处？在材料运用上有什么特点……

就这样，他逐渐养成了无言中求教于众多萌明学者的习惯，众多学者也在"懵不知情"的情况下，给历了"投稿—退稿—再投稿"的多次循环反复，1957年到1965年的短短时间里，《中国语文》发表了邢福义的7篇文章。一时间，邢福义成为语言学界的璀璨新秀，并得到吕叔湘等语言大家的赞赏。

史使命也相应发生着变化。为了把握邢老这样的一个人物，我每天还花费大量时间上网，关注国内外动态和信息。"我上课用的PPT课件都是自己做的，学生们看完后很怅惊讶，争吵着要向我学习！"邢老自豪地笑了。

中华民族要强大，中国要走向世界，汉语言将有着重要的使命。不研究语言的共性，就无法建立能

够全面解释全人类语言的普通语言学，同时，"中国是汉语的故乡，如果没有建立起反映自己风格和成就的汉语语法学，就会永远处于不能跟别人平等对话的附庸地位。"邢福义深刻探讨汉语语言内在特点，被徐国斌刊誉为"汉语逻辑学派的创始人"。

 提要

谈态度——
365天从不休息的勇士

很多人羡慕大学者所取得的成绩，却看不到成绩背后的汗水。邢福义的学生萧国政评价老邢说："邢福义是一个勇士，一个在学术和人生道路上不断向高峰攀登的勇士。其为人为文为学，可概括为三句话：无畏惧的韧性，无止境的追求，人和物的统一。"邢老的勤奋有目共睹。多少年来，他一直没有星期天，没有寒暑假，三九严寒和三伏酷暑都不会让他放下手中的笔。

1979年暑假，酷暑和闷热几乎令寸江城窒息。但为了赶写《词类辨难》，邢福义穿着短裤，打着赤脚，两脚泡在水桶里，一条湿毛巾搭在肩膀上，硬是把武汉市连续40℃的高温扛过去了。1997年，老伴突然中风入院，子女又都不在身边。60多岁的他，每天在操持家务、送医院陪伴老伴之后，仍然坚持他的写作任务。2000年夏天，邢老身患痛风，脚痛得像刀割，但他在病床中还坚持写3篇大文章，其中一篇就发表在《中国语文》……

据介绍，邢老一年365天从不休息，忘了周末、年关、生日等一切"特殊日子"。有一次，大年初一有客人来拜年，进门才发现，邢老正趴在客厅整理资料卡片。"有时候我女儿打来电话说：'爸爸，今天是我生日！'我才忽然大悟，于是告诉她：'那祝你生日快乐。'回头接着继续工作。"邢老是笑着回忆，对此他也很无奈。

1982年，邢福义的第一届研究生入学，他们向老邢索罗，邢老就把他的座右铭"抬头是山，路在脚下"书赠予生，他解释说："一个学者眼里要有山。那山顶没有峨眉佛都、昆仑雪莲、武当金顶、黄山奇峰，却有科学的圣光。同时，一个学者更要不停地迈动双脚，学术研究没有现成的路，全靠自己劈荆斩棘、越涧攀岩，一步一步地向前跨进。"

谈教育——
像老顽童那样虚怀若谷

一般人很难想象，像邢福义这样的语言学大家，不仅是时尚的电脑迷，还是金庸小说迷。"我以前比很少关注金庸小说，后来在美国夏威夷大学访问讲学期间，翻到了金庸小说，从此一发不可收拾，我最喜欢邪顽童周伯通。"说起武侠小说，邢老很侃侃而谈。"不管是精明的黄蓉，还是愚笨的郭靖，哪怕是小字辈的杨过，他都虚心学习不耻下问，是真正练成了双手互搏，挑战自己。"

这是一种虚心且宽容的学习态度。这种宽容也体现在邢老对子女的教育方法上。一般人可能以为，邢福义的子女肯定是学语言文学的，至少也应该学习文科，但实际上，邢老的子女并没有都学文科。儿子本科学习数学专业，研究生则在美国学习心理语言学，女儿则是生物学的毕业生。"所学专业都是他们自己选择的，我完全尊重他们的个人意愿。"据邢老的话说，他相信学习兴趣最重要，有兴趣才能在这领域闯出一片天地。"儿子高考前夜还在看电视，我放隐地放松心情"，邢老疼爱地说。有事证明，他的教育理念是成功的。1995年，部分已经走上工作岗位的学生，相约前去看望邢老，有学生问："您的最大希望是什么？"他回答说："作为一名学者，我的最大希望是能够永远不断地自我超越；作为一名教师，我的最大希望是我的学生能够超过我的高低；作为一个中国人，我的最大希望是在自己的研究成果中多出现一些中国的特色。"

邢老就是把这种宽容的教育理念带进课堂，感染他的每名学生。

寄言后学——
做学问贵在文品正

采访结束时，记者希望邢老对于读者和后学给予建言。他语重心长地讲：做学问，贵在文品正。文品反映人之人格、人之学风，又决定文章面貌及格调与修道的高低。"在我的人生中，特别佩服的人是毛泽东。他是顶天立地的中国男子汉，是中华儿女应该学习的榜样。学者要牢记自己肩负的责任。为人第一，为学第二，文品第一，文章第二。"关于治学，他有三句名言："抬头是山，路在脚下"、"建往前跨，鸟往后飞"、"年年岁岁，春夏秋冬"。"做学问要有目标，更要脚踏实地去做。但具体去做的时候，要慎往前跨，鸟往后飞。要结合自身特点，否则就找不到食物。第三句话既是气候概念，也是发展的概念。指做学问既要恒久坚持，也要有发展变化的眼光，要跟上时代的脚步。"邢老解释说。

报道详见《楚天金报》3月20日第24版 人物风流

邢福义在华中村的住处前

邢福义在长江大桥桥头

邢福义在华盛顿

长江商报

2011 年 5 月 16 日　星期一　农历辛卯年四月十四　今日 07 版

长江商报网址 :http://www.changjiangtimes.com　　国内统一刊号 CN　42-0053

首届荆楚社科名家邢福义——

“语言学家只能当导游，不能当警察”

大家

约好上周五早上 8:30 在华中师大语言研究所邢福义教授的办公室见面，记者提前 20 分钟到了约见地点。走进邢老的办公室，位于办公室中央的办公桌上空无一物，靠门的一排书架上整整齐齐摆着邢老的著作，另一边放着一台电脑。简单干净的陈设让办公室显得格外空旷。“邢老师去医院换药了，可能要晚点来。”邢老的学生邓天玉说，由于长时间坐着工作，邢老的腰部长了一个小肿瘤，前几天刚动了手术。

等到近九点时，邢老来到了办公室。“不好意思，我去医院换了个药，晚了点。”一进门邢老就表达了歉意。面带笑容，76 岁的邢老看起来精神奕奕，条纹衬衫扎在裤子里，袖子整齐地折到小臂上。

邢老说，他把上午十点的会议推迟到下午，下午换药的计划就被提前到早上。“这样上午我们就有充足的时间聊天了。”

“我们先聊聊斑鸠吧！”邢老提议从他的“斑鸠日记”开始讲起。

邢福义，生于 1935 年，海南省乐东人。华中师范大学文科资深教授，博士生导师。教育部社会科学委员会委员，国家哲学社会科学研究规划语言学科组副组长，教育部人文社会科学重点研究基地语言与语言教育研究中心主任。主攻现代汉语语法学，也研究逻辑、修辞、文化语言学等。2010 年 11 月，被评为首届“荆楚社科名家”。

观察生活：观斑鸠悟“鸟语”

“5 月 5 日，老大 13 天，老二 12 天，昨晚斑鸠爸爸、斑鸠妈妈没来，今晨妈妈来了一会儿。”

“5 月 10 日，老大十八天飞走了，老二‘我好孤独’。”……

每一天，邢老都会拍摄斑鸠的日常生活，然后给照片配上充满趣味的说明文字。邢老的学生邓天玉给这一系列斑鸠照片取了个“做研究一要不怕苦二要不怕死”的标题，存在邢老办公室的电脑里。

2009 年 3 月，邢老偶然看到两只斑鸠在自己的阳台上搭窝，为了方便斑鸠搭巢，邢老用铁丝在阳台的围栏上搭建了一个“地基”。至此，从第一对斑鸠“落户”邢老家的阳台，邢老便开始记录斑鸠日记。

“别看观察斑鸠好像很简单，里面的学问可不少。”从在其他人看起来是娱乐的观察中，邢老悟出了不少新东西。

“动物有自己的语言么？”每天在书桌前听鸟鸣的邢老很疑惑，在对斑鸠的观察中，他对学术界长久以来的“动物无语言”的说法产生了质疑。“什么是语言，语言就是通过声音表达信息，斑鸠也会通过声音表达信息啊。”邢老说，斑鸠至少有六种声音，根据每种声音不同的音数，自己甚至可以听懂斑鸠的语言。“如每天斑鸠起床后呼唤爱侣会发出‘咣咣咕咕’的声音，而它们换岗照顾孩子的时候，则会发出‘咕咕’的叫声。”时间长了，邢老笑称自己也会“鸟语”了。

大胆质疑：永远站在问号的起点上

“斑鸠下蛋之前如果我惊动了它们，它们马上就会飞走，但是一旦下了蛋，它们怎么都不会飞走。”邢福义由此对俗语所说的“舍不得孩子套不住狼”产生了怀疑。“连斑鸠都不会轻易放弃孩子啊。”邢福义认为俗语所说的“孩子”很可能原意为“鞋子”，“要套狼，所以要走的路很多，因此要舍得‘鞋子’，只是不少地方语言中两者读音一样，所以可能时间长了就讹化成了‘孩子’。”

“学者的道路，是永无休止地追求和探索的路。如果用句号比喻结论，用问号比喻疑问，那么一个有作为的学者绝不会让句号牵着鼻子走，而总是从问号到句号再到问号，永远站在问号的起点上。”邢福义在《现代汉语语法问题》序中说的这句话影响了许多学生，也影响了他一辈子。

“问号打得好、追踪得好就有出息。我们要永远站在问号的起点上。”邢福义强调。而将问号一直挂在心上，不断追寻真实，也是邢老一贯坚持的生活态度。

不久前，莫斯科的一家国家刊物发表了邢福义的一篇论文，并寄了一本样刊给他。样刊封面的不同的语言文字符号引起了邢老的兴趣，在这些文字符号中有汉字、英文字母、法语字母。可有些字母他却无法辨识，为了搞清楚，邢福义坐在电脑前想尽各种方式输入那些奇怪的字母，查阅不同国家的文章中的文字以对照，甚至废寝忘食，直至他终于查到那些不认识的符号原来是埃及语言文字和德国语言文字。

“没有问号的人总停留在原处。”邢福义不断强调问号的重要性，他在教育儿女时也让他们多提问。“做学问，吹毛求疵很重要。”

巧做学问：猪往前拱，鸡往后扒

1996 年邢福义在散文《根在黄流》中写道：从懂事的时候起，我就喜欢挤在祖父身边听老人们“讲古”。家乡老人们经常慨叹着说：“猪往前拱，鸡往后扒！”从这句话，他悟出了许多人生哲理。首先，要拱要扒。拱和扒，意味着奋斗求生存，求发展。其次，猪只能拱，鸡只能扒。猪有猪的特点，鸡有鸡的特点，这决定了它们各有各的办法。如果鸡往前拱，猪往后扒，鸡和猪都活不下去。再次，往前拱和往后扒没有优劣之分，关键在于怎么样才能发挥自身的优势。

为了获取更多的知识，接触更高深的学问，1956 年毕业任助教、仅接受过十年正规教育的的邢福义，以杂志社为学校，以杂志为教材，以杂志里的论文发表者为老师，开始了自己的“偷学之途。”

“先天不足，后天再补，没有办法进修，那就偷学！”身边没有名师指引，邢福义每前进一步，都比别人多几分艰难，但他很“善师”。一方面他善师于方家。从上世纪 50 年代起，《中国语文》每发表一篇有分量的语法论文，他都要反复“悟道”，由于经常如此坚持“偷学”，终于养成了无言中求教于众多高明学者的习惯，众多高明的学者也就在“函授”中成了他的导师。

另一方面，善师于自己。他有一个自己教自己的办法：有的文章写成后搁起来，过一段时间拿出来挑毛病改一改，再过一段时间又拿出来改。有的文章的写作时间跨度竟有三十年。

对于做学问，特别是做大学问，邢福义一直强调，给自己选择一个学术“据点”很重要，所以他就将“复句研究”设置成自己的“据点”，潜心研究“复句”。

除了“据点论”外，邢福义还坚持做语言学问，要立足于本土。他说：“所谓‘古为今用，洋为中用’，中也好，洋也好，都要为今天中国的发展服务。语言学的研究，引进是第一阶段，中国化是第二阶段，没有这第二阶段，第一阶段的成果就好比墙上的藤蔓。”邢福义还把自己能够连续三次获得国家人文社会科学成果奖的首要原因归功于这种“本土化思维”。

坚持不懈：12 年写一篇“大文章”

“春夏秋冬是个时间概念。春夏秋冬意味着一年有四季，四季有十二个月，十二个月有三百六十五天。做什么事，做一天两天，做十天半个月，这还是比较容易的。要是一年三百六十五天天天如此，这就不容易。这就需要坚持不懈，需要韧性和毅力。”邢老解释。

1994 年 3 月中旬，邢福义应东北师范大学出版社之约，撰写一部《汉语语法学》，合同规定 1996 年 6 月交稿。从此，他给自己立了“法”：一年多时间里，平均每天必须为这部书写一千字。假若哪一天没写，第二天一定得补还；假若出差，回来后得按天数补起来。他说，如果放弃了这个要求，就等于自己为人做事的失败。

文革前，邢福义在学术杂志上发表多篇小论文，他不满足于一直写小文章，于是他决定学会写好一篇“大文章”。但这时，文革开始了，条件艰苦，邢福义跟着学生到工厂下放，大夏天，他躲在厚厚的蚊帐后面写文章，“帐子厚，大家都看不到我写东西的。”从 1965 年开始直至 1976 年最后一稿，这篇一万字的“大文章”邢福义写了十二年。

1997 年 2 月 5 日，邢老的妻子中风。在旁人看来，妻子中风，儿女又不在身边，邢老可能要放弃研究了，谁知近十五年的时间，邢老在照顾妻子的同时却依然笔耕不辍。一有空隙，他立即坐到计算机旁，写起东西来。十五年来，邢老就发表了论文 204 篇，相当于每年 13.6 篇。

“顺利的时候轻松点过，不顺利的时候也要往前走。”说起这段艰难的时间，邢老一脸平静，“做人要有韧性，不然坚持不了漫长的春夏秋冬；要有承受力，不然适应不了千变万化的春夏秋冬；要自强不息，不然跟不上永远发展着的春夏秋冬。”

乐于纳新：网络语言挺好的

“邢老师会自己剪辑录像，在照片上添加文字。这些在电脑上完成的工作我都不会。”学生邓天玉笑着说，邢老活跃的思维有时让她都觉得很惊讶。从 1990 年就开始学习使用电脑，如今能够熟练使用电脑的邢福义颇为自豪。但同时他也告诉记者，有很多新的东西他都得跟着学生学习。“我是他们的老师，他们也是我的老师。”

和普通人眼中老学者保守的印象不同，邢福义思维活跃且乐于接受新鲜事物。“我觉得网络语言挺好的。”研究中国传统母语的邢福义对待网络流行语言的态度和许多学者截然相反。“比如说那个火星文，我们看不懂，但一部分人在交流时为了方便使用还是挺好的。”

“就说起‘一姐’这个词，当年邓亚萍拿世界冠军的时候没人说她是中国女乒的一姐，但是到了王楠、张怡宁这个词就出现了，这个词就比较形象。”这个能够时常把“给力”等网络语言挂在口中的学者认为，时代是发展的，语言更是发展的。

“语言学家只能当导游，不能当警察。文字不会跟着你走，我们只能当导游。”当了十几年的政协委员，在无数的会议中留心发言人“给予”的发音，邢福义发现读“gěiyǔ”的渐渐超过了“jǐyǔ”，于是他认为“给予”应当从众改读“gěiyǔ”。“研究语言最重要的是群众观，大众接受的普遍运用的才是合理的。”这也是邢福义在教学生时一直秉承的观点。“学者做研究仅靠自己的理解远远不够，仅靠个人的认知不够，群众的语言观很重要。”

本报记者　张瑜琨
通讯员　汪喆　黎垲轩　曾晶

长江商报

2012 年 1 月 15 日 星期日 农历辛卯年十二月廿二 今日 08 版

长江商报网址:http://www.changjiangtimes.com 国内统一刊号 CN 42-0053

孩子名字体现父母的智慧

记者 张瑜琨 实习生 唐小涛

古人云:人如其名。从中国的历史传统来看,名字有着相当深的含义。近日,一位监考老师在天涯、东湖社区论坛上发帖,对考生的名字"心生感慨"。

"今天上午监考,瞥过几个学生的名字,心里生发一些感慨。"这位网名叫"林深数树"的老师说,"孩子的名字是一种文化的体现,从中可以读出诗情画意。"还"晒"了当堂几个考生名字。

他说,"刘莎、杨浪、陈景"形象和诗画效果最好,"孔强、方华(女)、孔乐"有大气,谐音出意境的是"冯缘"(女,相逢是缘)。

"现在名字趋向传统文化,趋向传统美学,越来越具有诗情画意。"

著名语言学家、华中师范大学邢福义教授说,名字具有鲜明的时代特点。科举考试时期,名字都喜欢取"登科、上榜、升元"等与功名有关的,诸如"顾鼎臣、张居正"等;也有希望长寿的,"张九龄""胡长龄"也不在少数。改革开放后,"建国""立业"等字眼出现在名字中。

"林深数树"说,如今孩子的名字中蕴含的文化呈现的是"70 后"父母们的智慧与文化。

不少网友跟帖表示,名字只要文字通顺、贴切,能

够传达自己的意思就行了。

"名字是一种博大的文化,与中国的传统文化是分不开的。"邢福义教授认为,名字的选取与几千年的汉族文化、性别取向以及取名人的文化背景都有关系,总的来说寄托着取名人对孩子的希望。

邢教授说,绝大多数名字是具有含义的,同一个名字,不同的人有不同的理解,"名字本身的含义是模糊的,也是笼统的,是具有文化取向属性的。"

走出语言学的语言学家邢福义教授

邓天玉

邢福义，1935年5月30日出生，海南乐东县黄流人。华中师范大学资深教授、博士生导师，教育部首批人文社科重点研究基地之一华中师范大学语言与语言教育研究中心名誉主任。教育部社会科学委员会委员，国家哲学社会科学规划语言学科组组长，湖北省语言学会会长，第八、九、十届全国政协委员。主攻汉语语法学，也研究逻辑、修辞、文化语言学和其他问题。其论著三次获得全国高校人文社会科学研究优秀成果一等奖，三次获得湖北省人文社会科学研究优秀成果一等奖。2001年出版的《邢福义选集》，为享誉社会国内外的语言学大家。2010年11月，入选湖北省首批"荆楚社科名家"。

邢福义先生是国内外著名的语言学家，长期在华中师范大学从事汉语语法学的教学与研究。由于时代和家庭的原因，他只上过十年学（小学2年，初中3年，中师2年，大学2年）。1956年，21岁专科毕业的他，留在了华中师范大学中文系任教。22岁，他就在《中国语文》上发表了《动词作定语看"的"字》。30岁时，他就在《中国语文》上发表了7篇学术论文。截止到现在，他已在《中国语文》（1962年第8期）上发表了《关于副词修饰名词》。文章刊一发表，学师委员，学术界一致赞誉方光焘先生在1962年5月通过"研究过语言确定该注意，华师教授授予光焘先生之间真理矛盾。特殊现象，特殊现象把名词和一别现象的相互关系，并对。他这样做在那里……

文学教育

事实胜于雄辩

——邢福义先生做客黄侃讲坛

（来源：武汉大学文学院网站 http://chinese.whu.edu.cn/xsjl_text.Asp?ArtID＝329）

（2012 年 4 月）17 日上午，教育部人文社会科学重点研究基地"华中师范大学语言与语言教育研究中心"主任、教授、博士生导师邢福义先生做客我院黄侃讲坛，作了题为"事实胜于雄辩"的讲座。

邢福义先生指出：研究问题，不管是研究语言学问题，还是非语言学问题，都是需要事实的；理论与事实相互驱动，没有理论的牵引，研究工作只能盲目进行。反过来说，事实是"源"，理论是"流"，理论的生命力由事实所赋予。研究中，无论采用什么样的理论，都不能不面对事实。任何结论，其可靠性都决定于证据的真实充足。过硬的证据，即事实。"事实胜于雄辩"，这是颠扑不破的真理。

邢福义先生通过讨论三个具体问题来论证了自己的观点：

一、"我不但是个大人，而且是个人！"这个说法能成立吗？

邢福义先生通过对具体作品中的一些具体的句子进行分析，认为现代汉语的许多递进复句，只要有语用需求，前后项可以倒换位置，即可以双线交互递进。但是，有些递进复句，前后项只能由此及彼，不能倒置。如第一个问题中的句子，这是一种单线递进句。邢福义先生对单线递进句的三种组构方式分别进行了详尽的举例说明，最后指出不管是谁，脑子中存放的语言信息总会有所局限。必须深入考察客观语言事实，尽可能全面地审视和观照他人的语言运用，借以弥补自己的缺漏，或充实自己的认识。引进外来理论，更需在发掘本土事实上下功夫。一篇文章，一项研究，如果停留在自己想到的几个例子上面，便有可能仓促断定，以偏概全。

二、"诞辰"的涵义，可以有变化吗？

"诞辰"一词，存在古今演化的问题。邢福义先生从"诞辰日"和"诞辰多少周年"这两个结构模式着手分析，

论证了语言学家不是语言的指挥官，而是语言的解说员的观点。邢福义先生认为语言学家应该用发展的眼光尽可能全面地观察语言事实，不要拘泥于古法。而且事实上，关于"诞辰"一词的使用，语言学家们已经在顺应语言的发展观和群众观了。

三、动物有语言吗？

邢福义先生认为，我们不能用现代人的语言高度，来定义初始人类语言的高度，从而否定动物也可能有语言。显而易见，从非人到人，不是顿变的，而是渐变的。类人猿也不是原本没有语言，而一成为类猿人后就突然有了语言。现代科学的发展，逐渐发现，动物是有思维的，同时也是有表达思维的声音和手段的。邢福义先生通过四年对斑鸠的实验观察以及一些对其他动物观察资料的搜集，逐步证明了自己的观点。邢福义先生强调，语言学是一门领先的科学，把语言学研究扩展到动物，意义要多大有多大。研究者要细心观察，耐心跟踪，弄清事实。掌握和利用现代化科技手段，建立起强大的研究团队，通力合作，共同推进。

邢福义先生认为，语言是丰富多彩的，在需要严肃地证明结论正确的时候，必须拿出足够的事实根据。而有的时候，却需要一种"机智巧辩"，包括所说的话并不符合事实，但极具风趣，显言者智商之高，能令人拍案叫绝。邢先生举了古今多侧面的实例。同时认为，语言研究是充满快乐的。

文学院院长赵世举主持了讲座，他鼓励大家向邢福义先生学习，做学术时从事实入手，发现问题，总结规律，甚至升华至理论。萧国政、卢烈红等语言学科的学术带头人和教师、研究生出席了今天的讲座。

（文：商小燕、梁越）

MACAU RLPOHI

澳門報告

2013.03 总第 63 期

"文化黃流" 海南文化的奇葩

柯建剛（澳门）

　　恩師邢福義先生 1956 年畢業於華中師範大學（原華中師範學院）中文系中文專修科，留系任助教。1978 年，由助教越級晉升副教授；1983 年，晉升教授；1988 年起，擔任華中師範大學語言學研究所所長；1990 年，國務院學位委員會批准為現代漢語專業博士生導師；1995 年，被評為全國教育系統勞動模範；1999 年，出任華中師範大學語言學系主任；2000 年起，擔任教育部百所人文社會科學重點研究基地之一華中師範大學語言與語言教育研究中心主任。第八、九、十屆全國政協委員，國家哲學社會科學研究規劃語言學科組副組長，教育部人文社會科學研究專家諮詢委員會委員，教育部高等學校教學指導委員會委員，

中國對外漢語教學學會會長，中國語文現代化學會副會長，中國語言學會常務理事。曾任中國修辭學會副會長，湖北省語言學會會長。

　　那是全國政協八屆四次會議期間，我去駐地看望恩師邢福義先生。寒暄落座後，先生語重心長對我說：建剛呀，你是咱們學校的名牌校友。你在國家某機關刊物主事，工作那麼忙你還有那麼多作品問世，我知道你是在憑實力主事，但在國家機關工作，文憑固然不可少。啟蒙思想家、實業家、教育家鄭觀應先生在《盛世危言·考試上》曰："考取文憑，方准用世。"我建議你利用工餘時間一定要完成碩士、博士學位學業。

　　恩師一席話，是無聲的命令。於是，我按程式

履行完有關入學手續後，我每個週五下午下班後，我就乘坐 T37 次列車回武漢華中師範大學上課，周日下午放學後，我又乘坐 T38 次列車回北京上班……幾年來的求學路，無論是學友一塊聽他的課，無論是他單獨對我耳提面命，先生的學富五車、著作等身的確讓我折服。為什麼先生能成為中國漢語言學界一面旗幟，到底有什麼淵源，一方水土養育一方人，瞭解先生的成長、瞭解先生的家族成了我的夙願。

　　今年春節，我趁海南旅遊之機，特意專程去先生的家鄉海南省樂東黎族自治縣黃流鎮黃流村，拜謁了先生的始祖——邢夢璜之墓，參觀了《邢福義學術陳列室》，並向長者詢問了黃流曾經的人和事。

　　先生的始祖邢夢璜、原籍海南文昌，南宋鹹淳年間，先後出任昌化知軍和萬安知軍等職。卸任後，定居黃流。《涯州志》載："元知萬安軍邢夢璜墓，在黃流村西水井山"。在黃流，看到邢夢璜墓地周圍的磚砌圍欄，墓前是樓式牌坊，牌坊正中鑲嵌的石碑有金刻大字："大宋倉崖始祖授崖令判升萬安知軍諡文學邢太公墳"。墓地歷經明代九世孫重修，道光七年（1827 年）"合族眾孫重修"，1983 年邢氏後裔再募捐修繕，使之古雅蕭穆。

　　邢夢璜舉人出身，他學養深厚，賢良恭謹，聲望甚隆，他注重言傳身教，不斷用自身的學識素養來影響子女，影響族人，而使黃流開啟了讀書成風的時代。學風浩蕩，碩果累

累，黃流歷代通過科舉考試獲取功名的舉人和貢生將近60人。翻開光緒《崖州志·人物志》，其中有不少記載古代黃流人士的卓行故事。最為顯赫的應該數明代嶺南巨儒——著名文學家、史學家、哲學家鐘芳，他是黃流人、崖州人的最大驕傲……

在黃流村，從村幹

現的文化，如學風、詩文、書法、民歌、花燈等等，既是"文化黃流"的結晶，又是枝繁葉茂的中華文化、海南文化樹上的最耀眼的奇葩。從黃流走出去的人，都受著"文化黃流"的恩澤。而文化，看似虛，其實卻和血緣一樣，最牢固最綿久，最能給人以心理上的安全感。黃流，蘊

而成為海南文化教育重鎮之一的脈絡。黃流先哲尊儒重學、兼收並蓄、博弈開能，黃流前賢扶揚文教、耕讀傳家、造福桑梓，千秋萬代的不懈努力，為現代的黃流成為文化名鎮奠定了厚實的文化基石。走近他們，你將感受到一種如天風海濤，又如潤物細雨般的力量在精神的世界

塑造地方和國家形象的引擎。根據中央的精神，各地在中華文化的大傳統與小傳統、本土文化、地域文化，或者挖掘鄉賢歷史，搶救文化遺存等諸多方面做了很好的工作。在黃流，弘揚"文化黃流"，是黃流人對中央精神的熱烈回應，積極籌畫建設《海南邢氏歷史文化長廊》，則

部到村民接待客人的禮數中，從男女老少的舉止言談中，我看到了純樸民風，看到了農村、農業變革中黃流人的進取精神，也更讓我看到了中華傳統文化浸潤所產生的無窮魅力。人們常說，文化不直接關係國計民生，但卻直接關聯民族的性格、精神、意識、思想、言語和氣質。黃流的民俗風情、生活習慣、生產方式以及直接顯

含的不僅僅是一種和合儒雅的精神氣質、一種崇文重教的文化傳統，更重要的是一種穩健審慎的生活態度、一種經世務實的價值觀念。"文化黃流"所折射出來的不僅是一個地方名詞，更是一種普羅大眾受益終身的意象理念。

在黃流，我追思了黃流自宋至清以來歷史主線的重要節點上的靈魂人物，觸摸到黃流歷盡艱辛

裏迴旋，向生命的深處鍥入，這力量是黃流靈魂的象徵，她是一代代黃流人在歲月的風雨中甘願有所擔當的憑恃。可以說，"文化黃流"是海南文化的一朵奇葩。

黨的十七屆六中全會審議通過的《中共中央關於深化文化體制改革、推動社會主義文化大發展大繁榮若干重大問題的決定》，就曾強調，文化是

是他們的具體舉措。

黃流走一圈了卻多年的夙願，也找尋到了"為有源頭活水來"的感覺。為了讓人們更多更好地瞭解"文化黃流"這朵奇葩，現將恩師撰寫的《海南邢氏歷史文化長廊·序言》和他發表在《光明日報》上的《邢夢璜與文化黃流》一併刊發，目的是想給關心和支援"文化黃流"發展的人們提供深度閱讀。

后　　记

　　现在是 2013 年 12 月 31 日晚上 10 点，过两个小时，神州大地上就会响起 2014 降临人间的悦耳钟声。随着这钟声，邢福义先生将跨进 80 岁的年龄段；奋斗不息的他，将开始新一段的征程。

　　邢先生是清醒的，他从来认为自己是个"低能者"。在《汉语复句研究》的序言中，他写道："研究工作无限艰辛。而且，越研究，问题越多，越有更多的糊涂。""我跟我的学生李宇明教授谈心。我说：'宇明啊，我怎么越研究越糊涂哇？'宇明说：'邢老师，您这是高级的糊涂！'宇明很会说话，回答得很巧妙，然而，再高级的糊涂毕竟也还是糊涂！"在先生看来，"糊涂"是绝对的，"不糊涂"是相对的，世上不存在完全"不糊涂"的学人。

　　宋人晏殊写过《玉楼春·春恨》："绿杨芳草长亭路，年少抛人容易去。楼头残梦五更钟，花底离情三月雨。无情不似多情苦，一寸还成千万缕。天涯地角有穷时，只有相思无尽处。"此词道出了刻骨相思的无限和永恒。其实，做学问更是如此。学海无涯啊！在《汉语复句研究》的序言中，先生把晏殊的词句改换了其中的两个字："天涯地角有穷时，只有学问无尽处！"他说："这大概能表明自己现今的心绪。"他又说："同时，我要说：这本书，总算为自己的复句研究打了个句号，但是，句号只意味过去，却不代表终结。句号放大是个 0，往前又是 0 起点！"

　　我们深信，在新的起点上，以"路在脚下"、"春夏秋冬"为自勉的邢先生，定会又留下一串长长的脚印！

汪国胜　匡鹏飞　邓天玉　沈威

2013 年 12 月 31 日